数字检察的实践路径

江苏省苏州市人民检察院 编著

SHUZI JIANCHA DE
SHIJIAN LUJING

中国检察出版社

图书在版编目（CIP）数据

数字检察的实践路径／江苏省苏州市人民检察院编著. —北京：中国检察出版社，2025. 6. —ISBN 978 -7 -5102 -3186 -5

Ⅰ. D926. 32 -39

中国国家版本馆 CIP 数据核字第 20258PM768 号

数字检察的实践路径

江苏省苏州市人民检察院　编著

责任编辑：刘思昊
技术编辑：王英英
美术编辑：徐嘉武

出版发行：中国检察出版社
社　　址：北京市石景山区香山南路 109 号（100144）
网　　址：中国检察出版社（www. zgjccbs. com）
编辑电话：（010）86423796
发行电话：（010）86423726　86423727　86423728
（010）86423730　86423732
经　　销：新华书店
印　　刷：唐山玺诚印务有限公司
开　　本：710 mm × 960 mm　16 开
印　　张：17
字　　数：311 千字
版　　次：2025 年 6 月第一版　　2025 年 6 月第一次印刷
书　　号：ISBN 978 -7 -5102 -3186 -5
定　　价：58. 00 元

出版说明

数字检察是新时代检察工作的生动实践，是检察机关扎实推进法治领域改革任务落实的关键举措。最高人民检察院深入贯彻落实党中央决策部署，将数字检察作为“一把手工程”，要求以数字革命赋能法律监督，推动新时代检察工作高质量发展。

检察机关作为国家法律监督机关，肩负着维护社会公平正义的重要职责。数字检察通过运用大数据、人工智能等技术，实现法律监督从个案办理向类案监督、从被动应对向精准监督转变。最高检明确提出，要健全数字检察制度体系，加强数据整合和技术支撑，推进数字检察深度应用。这一规划为数字检察的发展提供了指引，检察机关要在数据归集、模型建设、人才培养等方面持续发力。

2024 年 12 月，最高检发布《关于全面深化检察改革、进一步加强新时代检察工作的意见》中强调“充分释放数据要素价值，有效发挥成熟数据模型作用”。按照最高人民检察院的统一部署，苏州检察机关在江苏省人民检察院的指导下，持续深入实施数字检察战略，坚持上下一体、横向联动，努力找准数字检察融入大局、服务大局的切入点、着力点，构建并应用了一大批法律监督模型。在全国检察机关大数据法律监督模型竞赛中，苏州检察机关连续两年获得一等奖，为全国地市级唯一；在全国检察机关模型推广应用活动中，19 个模型获全国推广，辖区内 4 家检察院获得优胜等奖项；10 个数字检察案例分别获评全省数字法治创新案例或典型案例。

为使数字监督模型的构建与运用更加规范有序，苏州市人民检察院组织编撰了苏州市检察机关本地建用的 26 个数字监督模型办案指引，系统整合了涵盖刑事、民事、行政、公益诉讼等多领域的成熟实践案例，并结集成册。本书着力推动监督模型构建标准化、应用场景具象化、实践成效可视化，为全国检察机关开展大数据法律监督、善用数据模型，做好办案“后半篇文章”提供“苏州方案”，切实以基层实践为新时代检察工作高质量发展注入数字动能。

目　录

破产领域虚假劳资债权类案监督

江苏省苏州市人民检察院

关键词

破产　虚假劳资债权　虚假诉讼　逃废债

要旨

企业大量欠债后，企业法定代表人可能肆意出具工资欠条，由亲友以员工身份向企业追索劳动报酬，在企业破产后参与分配获取利益。为打击此类非法行为，检察机关在大数据排查中可以按照进入破产程序的被告企业涉劳动报酬纠纷案件的数量、主张权利时间节点、庭审缺乏对抗性、债权形成和债权金额异常、原被告之间不存在劳动关系或者存在关联关系等特征，发现虚假诉讼、申报虚假劳动债权等线索。通过审查、调查，纠正民事裁判，推动和保障管理人依法履职，维护司法权威和司法公信力。

基本情况

2013年底，张家港市某甲化工有限公司（以下简称某甲公司）停业后，其法定代表人张某甲分别于2015年2月15日、2016年12月30日向张某乙、汤某甲、汤某乙、张某丙、张某丁等10余人出具虚增数额的工资欠条，某甲公司结欠上述人员4.6万元至35万元不等的劳动报酬。2018年2月至3月，张某乙、汤某甲等人先后向张家港市法院提起诉讼，请求某甲公司及法定代表人张某甲支付工资报酬，后张家港市法院分别作出民事判决书予以支持。2020年6月某甲公司在另案执行中被移送破产审查进入破产程序，张某乙、汤某甲等人以上述生效民事判决书申报职工债权。同时，王某甲、王某乙等8人以某甲公司出具的虚假、虚增数额的工资欠条直接向破产管理人申报债权。上述劳动债权共计390余万元，均经债权人会议核查通过。

张家港市检察院经大数据排查发现上述案件可能存在虚假劳动债权，通过对民事裁判文书中立案时间集中、证据单一、缺席判决等“模式化”特征进行汇总分析，并对当事人之间的人员关系、社保缴纳等进行大数据穿透，发现4名原告与某甲公司法定代表人系亲属关系，劳动关系存疑。

检察机关立案后，经审查、移送侦查，查明某甲公司在资不抵债后，其法定代表人随意向其亲友出具虚假、虚增数额的工资欠条，由其亲友采取民事诉讼或直接申报劳动债权的方式，在某甲公司破产后参与分配的事实。苏州两级检察院就某甲公司虚假劳动债权系列案件提出抗诉2件，发出再审检察建议9件，发出审违检察建议1件，并将相关犯罪线索移送至公安机关立案侦查。

线索发现

张家港市检察院在审查某甲公司系列劳动争议案件中发现，可能存在工资欠付时间长、数额大且原告与某甲公司法定代表人张某甲之间可能存在亲属关系等疑点，遂向苏州市检察院汇报。

两级检察院依托苏州市检察院大数据法律监督平台，对涉及某甲公司的涉诉案件进行全面排查，发现某甲公司在同一时间段内有多起追索劳动报酬纠纷案件，遂对上述案件裁判文书进行分析研判，发现这批案件存在证据单一、数额较大、缺席判决、证据形成时间同一、起诉时间段相近等共同点。经对原告被告身份关系进行比对，发现原告张某乙、张某丙、张某丁与某甲公司法定代表人张某甲存在亲属关系，经对涉某甲公司的追索劳动报酬纠纷案件及破产债权申报中的劳动关系、人员关系、债权形式、社保缴纳等进行审查，初步查实工资欠条存在虚假或虚增的情形，遂将相关材料汇总整理后启动调查。

数据分析方法

（一）数据来源

1. 破产企业信息（来源于法院）
2. 民事裁判文书（来源于法院）
3. 民事审判卷宗（从法院调阅）

（二）数据要素

针对目标破产企业所涉的民事裁判文书，提取原告、被告、诉讼代理人、起诉时间、诉讼标的、庭审情况等数据要素。

（三）数据分析步骤

第一步：数据整合关联。通过全国企业破产重整案件信息网或法院共享信息获取相关破产企业明细，以及因为没有可供执行的财产被法院裁定终结本次执行的企业明细，将这些企业打包为风险企业集合。同时，运用人工智能对苏州地区民事裁判文书实现智能处理，以劳动类纠纷为关键词进行数据筛选，形成3万多条数据的集合。然后，将这两个集合进行数据关联，形成风险企业涉劳动纠纷的数据集合。

第二步：数据汇总分析。以破产企业为索引，将同一个企业的案件数据汇集在一起，计算出同一企业的涉劳资债权纠纷案件数量、涉劳资债权的总额以及涉劳资债权的平均金额等，对企业从高到低进行风险排序。

第三步：疑点数据画像。在同一个破产企业的案件集合中，对相关裁判文书以立案时间、审判程序、债权金额等为要素进行疑点标注。经数据画像分析发现，某甲公司部分案件具有证据单一、缺席判决、金额很整等“模式化”特征，特别是部分原告与破产企业法定代表人姓名相似，明显存疑。

第四步：收集调查信息。向破产管理人收集申报债权信息及破产企业财务账册等，梳理企业的资产、债权债务等情况。收集社保、银行、人口信息等，对原告的人员关系、社保缴纳信息、资金流向等进行检索，发现原告与企业法定代表人的亲属关系，且社保缴纳信息与劳动关系存续期间无法对应等情形。初步判断此类案件存在虚假诉讼情况，启动调查。

（四）思维导图

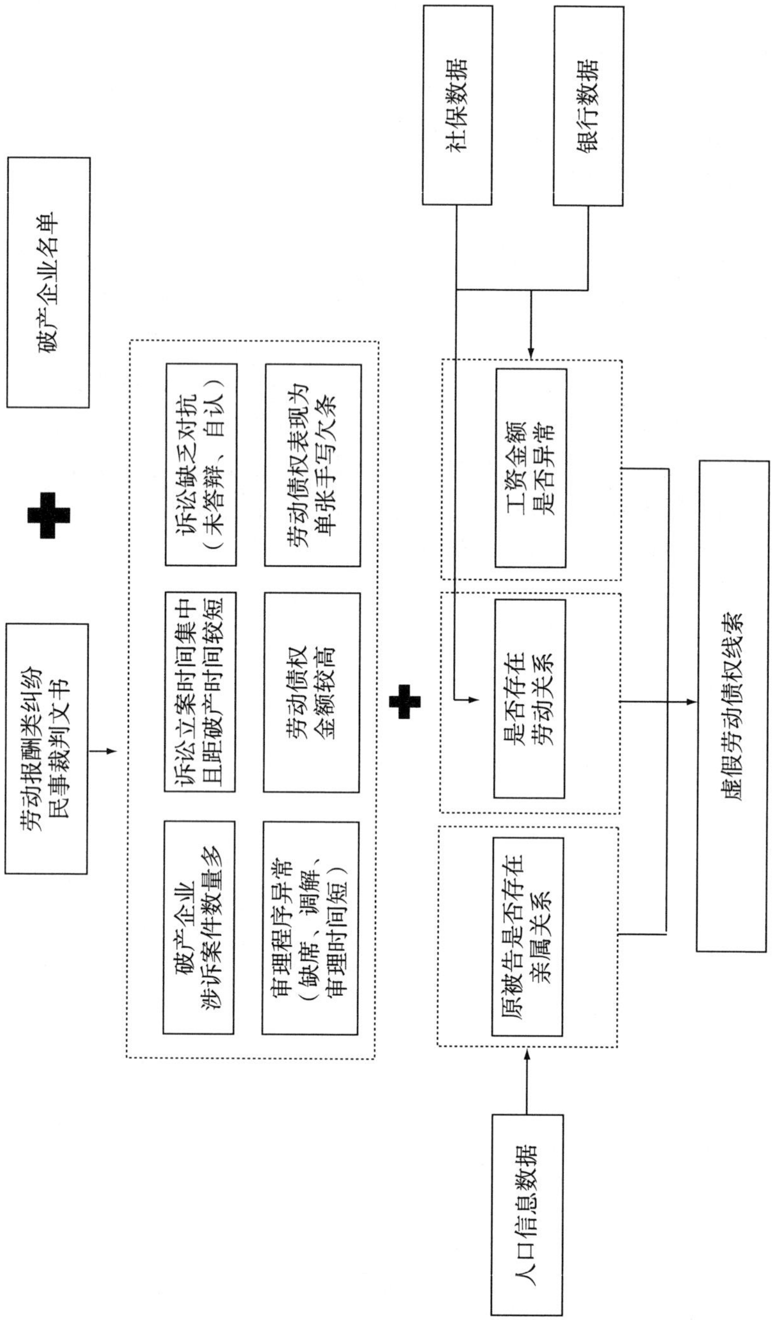
破产企业名单
劳动报酬类纠纷民事裁判文书
破产企业涉诉案件数量多
诉讼立案时间集中且距破产时间较短
诉讼缺乏对抗（未答辩、自认）
审理程序异常（缺席、调解、审理时间短）
劳动债权金额较高
劳动债权表现为单张手写欠条
社保数据
银行数据
工资金额是否异常
是否存在劳动关系
原被告是否存在亲属关系
人口信息数据
虚假劳动债权线索

检察监督

（一）民事检察监督

民事检察部门通过对筛选出的破产企业民事裁判数据进行分析研判，梳理出诉讼过程中证据单一、缺席判决等共性特征。对涉诉案件存在的异常点进一步审查，调取法院卷宗，收集整理人员信息、社保信息、公司资产等，对企业债权债务、人员关联关系等进行审查，确定部分原告与企业法定代表人的亲属关系。

在初步审查的基础上，充分运用调查核实权，在企业法定代表人下落不明的情况下，开展外围调查。对破产企业涉诉案件、破产案件全案审查，并对相关原告进行调查，了解公司破产案件的具体情况。将劳动债权数额与公司资产进行对比分析，从侧面了解涉诉案件虚假的可能性。根据外围调查收集的证据，对涉诉相关原告进行调查询问查明事实，在固定证据的基础上，民事检察部门以再审检察建议为主、抗诉为辅，分阶段、分批次对查实的5起虚假劳动债权案件作出生效裁判结果监督。法院再审后均裁定撤销原判、驳回起诉。

在取得初步突破的基础上，民事检察部门对未提起诉讼而直接以虚假工资欠条向破产管理人申报劳动债权的情形开展监督，即对法院审判活动进行监督。通过分析研判和询问调查，查实系申报虚假劳动债权的，向法院发出检察建议，建议法院督促破产管理人在破产清算中剔除虚假债权，获得法院采纳。

（二）刑民融合监督

就该破产案件审理过程中向管理人申报捏造的债权的事实，民事检察部门将该涉嫌虚假诉讼罪的犯罪线索移送公安机关，后公安机关立案侦查。通过公安侦查手段，为后续案件的顺利办理奠定基础。通过刑事立案，找到下落不明的企业法定代表人，填补了民事调查手段缺乏强制性的局限。法定代表人到案后，在公安机关的配合下，突破关键人员的口供，查明随意出具虚假工资欠条及虚增工资数额的情形。在此基础上，民事检察部门对其余6件追索劳动报酬的虚假诉讼案件向法院发出再审检察建议。法院均裁定再审，其中3件法院再审后，裁定撤销原判、驳回起诉，另外3件案件当事人均表示放弃工资欠条中虚增的金额，向破产管理人更正申报职工债权，经破产管理人予以确认，基于案件已经纠正可不予再审，法院裁定终结审查。

社会治理成效

破产案件是虚假诉讼的重灾区，在破产案件中防范和打击虚假债权是一项长期性、系统性工程。以江苏省为例，2021 年度，江苏法院受理各类企业破产案件 12864 件，同比增长 94.17%。企业破产案件数量的增长带来涉虚假劳动债权的风险持续增高。

在本案基础上，张家港市检察院、张家港市法院、张家港市公安局联合出台《关于破产案件中防范和打击虚假债权的协作意见》，共同建立协作配合机制，明晰企业破产虚假债权调查核实要点，通过建立联席会议制度，加大查处虚假诉讼力度，维护司法公正、权威，促进社会诚信建设。

法律法规依据

1.《中华人民共和国民法典》

第一百四十六条 行为人与相对人以虚假的意思表示实施的民事法律行为无效。

以虚假的意思表示隐藏的民事法律行为的效力，依照有关法律规定处理。

2.《中华人民共和国民事诉讼法》

第一百一十五条 当事人之间恶意串通，企图通过诉讼、调解等方式侵害国家利益、社会公共利益或者他人合法权益的，人民法院应当驳回其请求，并根据情节轻重予以罚款、拘留；构成犯罪的，依法追究刑事责任。

当事人单方捏造民事案件基本事实，向人民法院提起诉讼，企图侵害国家利益、社会公共利益或者他人合法权益的，适用前款规定。

第二百一十七条 按照审判监督程序决定再审的案件，裁定中止原判决、裁定、调解书的执行，但追索赡养费、扶养费、抚养费、抚恤金、医疗费用、劳动报酬等案件，可以不中止执行。

3.《中华人民共和国刑法》

第三百零七条之一 以捏造的事实提起民事诉讼，妨害司法秩序或者严重侵害他人合法权益的，处三年以下有期徒刑、拘役或者管制，并处或者单处罚金；情节严重的，处三年以上七年以下有期徒刑，并处罚金。

单位犯前款罪的，对单位判处罚金，并对其直接负责的主管人员和其他直接责任人员，依照前款的规定处罚。

有第一款行为，非法占有他人财产或者逃避合法债务，又构成其他犯罪的，依照处罚较重的规定定罪从重处罚。

司法工作人员利用职权，与他人共同实施前三款行为的，从重处罚；同时构成其他犯罪的，依照处罚较重的规定定罪从重处罚。

办案心得体会

司法实务中，破产企业的法定代表人或者实际控制人为了转移企业财产，常以虚增工资欠款的方式，由亲友以劳动者身份起诉破产企业追索劳动报酬，损害其他债权人的合法权益。检察机关充分利用大数据，围绕异常点、通过数据碰撞，发掘案件线索。充分行使调查核实权，对欠薪数额高、时间长、相关人员关系密切等异常之处开展调查，查实虚假诉讼，提出监督意见，打击虚假诉讼和虚假劳动债权申报行为，从债权人中剔除虚报债权者，促进公平正义实现。

一、发现线索

通常情况下，制造虚假劳动债权的双方往往早已达成“攻守同盟”，案件信息较为隐蔽，提前铺设的证据链条使得检察官单凭审查个案卷宗不容易发现疑点。但是通过对大数据进行数据筛选，将目标破产企业的涉诉案件进行归集整理，通过数据比对，可以有效“破局”，解决案件线索发现难的问题。通过大数据排查，将相关案件进行整合对比，可以发现个案中无法精准识别的“模式化”特征，而这些特征往往也是案件的异常点。这样就能锁定目标破产企业、识别该破产企业可能存在虚假劳动债权。

（一）通过数据筛选确定目标破产企业

第一步：通过人民法院公告网、全国企业破产重整信息网，或者法院共享的破产企业信息获取破产企业明细，对筛选出的破产企业，以案由为切入点着重筛查该企业涉追索劳动报酬纠纷、劳动争议等民事案件。

第二步：将破产企业所涉案件进行归类整理，对相关裁判文书进行要素提取，重点提取案件类型为“判决书”“调解书”且剔除判决驳回等文书。

第三步：对筛选出的文书进一步筛查，以涉劳动报酬、劳动纠纷的民事诉讼案件数量为要素进行筛查，发现某甲公司有以下疑点：涉追索劳动报酬纠纷案件数量偏多、劳动债权总额数量偏高、劳动债权平均金额数量偏高等，随即将某甲公司初步确定为疑点企业。

（二）识别目标破产企业所涉劳动债权的疑点

1. 运用文书信息碰撞得出“模式化”特征。从起诉时间、诉讼标的、主要证据、判决依据等角度对案件进行整理，发现案件有以下疑点：

（1）缺席判决。系统对10余份裁判文书进行文书比对，发现被告某甲公司、法定代表人张某甲未作答辩，法院缺席判决这一共性特征。被告方放弃诉讼权利，法院仅依据原告方一方陈述和证据进行判决，存在虚假的可能。

（2）证据单一。经文书比对，法院查明的事实和据以判决的证据均是某甲公司的法定代表人张某甲向原告出具的欠条，证据形式单一且唯一。

（3）立案时间集中且距离企业破产时间3年以内。系统将文书归集后，梳理出案件的基本信息，发现10余起追索劳动报酬纠纷案件的立案时间集中在2018年2月至3月，某甲公司被移送破产审查系在2020年6月，时间相隔较近。通过之前的文书筛选了解该企业除劳动纠纷，还有10余起民间借贷纠纷、买卖合同纠纷等，推断存在劳动债权稀释普通债权的可能性。

（4）多起案件诉讼代理人集中。系统将文书归集后，梳理出案件的基本信息，发现有8起集中时间段起诉的案件，诉讼代理人也呈现集中性的特点，推断存在共谋的可能性。

（5）工资数额大且拖欠时间长。通过将各个案件中的欠条进行汇总对比，发现工人工资数额很大，大部分在20万元以上，个别达到35万元。从欠条来看，拖欠工资时期大部分集中在2008年12月至2013年12月的5年间，分析得出5年未发工资而劳动关系存续的可能性极小，工资欠条的真实性明显存疑。

（6）相关原告与企业法定代表人姓名相似。在对案件原告信息进行梳理时，发现原告张某丁、张某丙与被告企业法定代表人张某甲名字相似，推断可能存在亲属关系，这个问题值得高度重视。

2. 通过外围信息初步进行排查。因未调查核实案件的“模式化”特征也就是异常点，暂不能确认存在虚假债权。在正式调查核实之前可先进行初步排查，充分收集案件信息。

（1）调取法院卷宗材料。通过在卷材料，详细审查在案证据，发现原告据以诉讼的欠条均为手写出具，存在随意性。

（2）与劳动争议仲裁委员会沟通。通过法院裁判文书、仲裁裁决书数据的对比，确定破产企业相关人员涉及的诉讼判决或裁定、劳动仲裁确认劳动债权具体情况及申请仲裁的劳动者的基本信息，了解相关人员之间的关联关系。

（3）与法院办理某甲公司破产案件的法官及破产管理人沟通。了解某甲公司破产案件的具体情况，主要了解某甲公司的资产、债权债务等情况。破产管理人提供的职工债权申报表显示，除了已经查实的起诉劳动报酬的案件，还有大量直接依据工资欠条申报职工债权的，两项合计申报了370余万元的职工债权，而该公司的剩余资产经评估拍卖仅剩500万元。

（4）人员信息验证。通过公安机关常住人口信息、流动人口信息、户籍信息等进行比对，原告中的张某乙、张某丁、张某丙等三个起诉的主体与某甲公司法定代表人张某甲具有亲属关系，通过数据穿透，发现原告汤某某与张某甲的家人具有亲属关系。

综合上述裁判文书的异常点及初查确认的人员关联关系，民事检察部门认为存在虚假劳动债权的可能性较大，并制定调查方案进一步调查核实。

二、调查核实

在虚假债权的调查核实上，要明确调查思路，确定调查方向。通常调查核实需注意按照先外围再深入、先客观再主观的步骤展开。对数据碰撞中，社保缴纳情况与破产企业的关联进行实质性核查，核查可通过银行流水对比、身份信息比对、当事人询问等多种形式。此外，因虚假劳动债权案件证据的完备和隐蔽性，通常还需要找到案件调查的突破口。对于可能存在犯罪线索的，可以移送公安机关予以立案，借助刑事侦查手段助力案件查办。

（一）开展外围调查

1. 与人社部门沟通确认劳动者的相关社保缴纳信息和企业用工备案信息。通过调取的相关涉案人员的社保记录，发现有的劳动者没有某甲公司的社保缴纳记录，有的劳动者仅在拖欠工资期间的一段时间内有社保缴纳，有的劳动者在欠条所载的拖欠工资期间还有其他单位的社保缴纳记录。虽然某甲公司缴纳社保的人员不确定，对未缴纳社保及仅缴纳一段时间社保的人员，无法完全排除劳动关系，但对其他单位缴纳社保的人员则是重点询问对象。

2. 调查涉案人员履历。对涉案人员的工作经历、文化程度等进行初步调查，与某甲公司的工商登记信息进行比对，排查是否存在劳动关系。

3. 调取银行流水信息。核实个人与公司的银行转账情况，但由于公司工资发放形式并不统一，无法排除劳动关系。

4. 与破产管理人联系，了解某甲公司的财务账册、工资发放清单等。工资发放清单制作虽不规范，但可以通过每月的发放清单初步确认存在劳动关系的人员，对并未出现在工资单中的涉案人员进行梳理，这部分人员即是存在虚假劳动债权的重点人员。

5. 询问调查。确定调查人员及顺序，对相关人员进行询问。考虑到原被告之间关系密切、可能串供等情形，张家港市检察院主要领导决定抽调有侦查经验的刑检同志一起组成虚假劳动债权攻坚小组。就相关个人、公司或公司员工进行询问，并针对询问反映的情况进行下一步的疑点排除。

（二）找到突破口

在破产领域虚假债权案件的查办过程中，往往面临关键当事人不到案的情况，因检察机关调查核实权缺乏强制性，导致调查核实面临瓶颈难以推进，因此在个案中需要找到调查的切入点，从而取得进一步突破。

1. 反向推论找突破。当时某甲公司的法定代表人张某甲不在案，无法取得联系，需要突破口供。假定原告与某甲公司确实存在劳动关系，则劳动者需要满足年龄、身体素质、文化程度等诸多因素的匹配。通过对前期数据筛查汇总的人员基本信息进一步分析，发现其中一名原告张某乙是1987年出生，而其在诉讼中出示的借条上，载明的是拖欠2008年至2013年的工资。经推算，按理2008年、2009年张某乙应该尚在大学就读。为确认张某乙是否在2008年已踏入社会参加工作，接下来重点围绕张某乙个人学习经历、参加工作时间等情况开展外围调查。通过到档案馆、教育局查张某乙的初高中学籍，了解到张某乙2006年9月考上大学。再到张某乙就读的大学调查张某乙在校学习情况，确定张某乙一直到2011年7月才毕业。至此基本可以证明张某乙起诉某甲公司时的工资欠条至少存在虚增的部分。因此，民事检察部门将张某乙作为重点询问人员。通过制定详细工作预案、询问提纲等，张某乙在接受调查时承认工资欠条虚增情形。

2. 重要疑点找突破。通过前期外围调查确定的由其他单位缴纳社保的人员为重点突破对象。通过社保缴纳记录了解到该劳动者对应的个人社会保险参保单位，经过对该参保单位的调查和工资发放情况的记录调取，基本可以确定其与参保单位系存在劳动关系。而对于其是否在某甲公司兼职，经对其开展调查询问，其也承认在工资欠条注明的钱款时间内并未同时到某甲公司工作。

（三）刑民融合推动调查核实

此后民事检察部门又陆续对其他人员进行询问，但没有直接的证据证明存在虚假。企业法定代表人一直下落不明，对于其他涉案人员的劳动债权是否属实难以进一步核实。民事检察部门将该案中涉及的虚假诉讼线索移交给公安机关，借助刑事侦查来推动民事案件调查，刑民融合持续推动案件进展。公安机关立案侦查后，找到下落不明的企业法定代表人，民事检察部门将案件基本信息与公安机关侦查人员进行沟通，明确调查方向，突破了关键性口供，公司法定代表人承认其随意出具虚假工资欠条及虚增工资数额的事实。在此基础上，民事检察部门对其余未能查明事实的案件全部查清。

三、开展监督

在此模型中，检察机关可以实现三个层次的监督：

一是裁判结果监督。对涉嫌虚假诉讼的民事判决、裁定或调解书，检察机关可以通过提出抗诉或再审检察建议方式进行监督；对于利用虚假劳动仲裁获取生效仲裁裁决书，检察机关探索向仲裁所在地中级人民法院提出检察建议撤销仲裁。

二是审判程序违法监督。破产债权申报中向破产管理人提交虚假劳动债权申报材料的，检察机关通过向指定破产管理人的法院发出检察建议，建议法院加强对破产管理人债权审查工作的审查、督促。张家港市检察院即向张家港市法院发出检察建议，由法院督促破产管理人剔除虚假劳动债权，保障相关债权人的合法权益。

三是移送涉嫌虚假诉讼罪的犯罪线索。对案件中涉嫌虚假诉讼的犯罪线索，检察机关移送公安机关立案侦查，同时向刑检部门移送涉嫌虚假诉讼犯罪线索，通过与法院沟通交流虚假诉讼、虚假仲裁、虚假债权申报情况，加强预警和研判，完善防范对策。

苏州市检察院将破产领域检察监督确定为工作重点，组建全市破产专业化办案团队重点突破。进一步依托苏州检察·数字监督平台推动破产领域虚假劳动债权法律监督线索挖掘，通过打通社保缴纳信息查询渠道，制定排查方案，两级检察院对诉讼阶段和劳动仲裁阶段的虚假劳动债权同步排查。利用模型，苏州检察机关陆续发现多家公司涉虚假劳动债权线索 24 件，已经提出监督意见 12 件，移送犯罪线索 3 件，剔除虚假劳动债权 327 万元，有效维护了真实债权人的合法权益。

四、推动社会治理

检察机关通过延伸办案触角，会签工作机制，构建打击破产领域逃废债行为长效治理体系。破产案件是虚假诉讼的重灾区，在破产案件中防范和打击虚假债权是一项长期性、系统性工程。以江苏省为例，2021 年度，江苏法院受理各类企业破产案件 12864 件，同比增长 94.17%。企业破产案件数量的增长带来涉虚假劳动债权的风险持续增高。但由于人民法院被动司法特性、破产管理人调查手段有限、部门之间数据衔接不畅，虚假债权难以甄别。苏州检察机关主动出击，联合多部门构建长效治理体系。

如张家港市检察院在苏州市检察院指导下，联合与张家港市法院、张家港市公安局会商，凝聚三机关防范、查处及惩治破产领域虚假诉讼案件的共识，成功促成三机关会签《关于破产案件中防范和打击虚假债权的协作意见》。明确了虚假债权的内涵、虚假诉讼的常见形式、监督节点、线索移送、调查核实要点、情况通报、协作配合等事项。同时要求三部门畅通信息沟通渠道，搭建信息互通数据平台；建立联席会议制度，定期就破产案件中涉及的虚假债权申报等情况沟通交流。

吴江区检察院在苏州市检察院指导下，会同吴江区法院、吴江区公安局、吴江区司法局联合发布《关于建立司法联动保障破产工作规范运行机制的意见》《破产案件检察监督工作指南（试行）》。上述意见建立了司法联席会议制度，通过通报破产审判及协作配合工作情况，会商会办重要事项，共同保障破产工作的规范运行；明确了检察机关重点通过检察建议、实地走访破产企业、旁听债权人会议等途径对法院破产审理活动行使法律监督职权；针对破产案件中对破产管理人及其他破产参与人监督困难、保障不到位等问题，强化了检察机关对破产管理人和其他破产参与人的监督管理；切实预防和排除各种妨碍破产程序推进的行为，突出检察机关依法惩治企业破产相关犯罪主导责任。为落实上述意见，吴江区检察院制定上述指南，将破产申请和受理、管理人、法院审理、破产重整、逃废债和虚假诉讼等的检察监督作为工作重点，进一步规范破产案件审理，提高破产案件审判质效。上述意见和指南签订后，吴江区检察院已受吴江区法院邀请参与 4 件破产案件的债权人会议、指导管理人认定债权、债务人资产处置等环节，并针对管理人履职中的涉税开票问题，向法院发出检察建议 1 件。

苏州检察机关通过数字治理，形成了检察机关依法监督，各部门各尽其责，规范破产审判活动，协同化解破产难题，积极防范各类风险的工作合力，充分发挥检察机关在妥善处置僵尸企业、拯救困境市场主体中的积极作用。

模型团队成员：刘军、卞叶、杨梅、张天琪、蔡恺、吴瑶清

债权转让虚假诉讼逃避执行类案监督

江苏省苏州市人民检察院　常熟市人民检察院

关键词

债权转让　虚假诉讼　拒不执行判决裁定　刑民融合履职

要旨

运用民事裁判文书、执行信息数据，通过债权转让人与被执行人、债权转让时间与执行时间的关联碰撞，发现被执行人与他人恶意串通进行虚假债权转让，借受让人名义提起虚假诉讼、逃避执行的情况，同步锁定虚假诉讼与拒执犯罪线索。通过内部民刑一体化履职，外部公检法联合办案，精准监督虚假诉讼，纠正民事错误裁判，联动打击拒执犯罪，延伸发现律师帮助犯罪问题。以深层次类案监督推动司法标准统一和法院内部审判模式治理，助力解决执行难问题，切实维护法律权威和司法秩序。

基本情况

常熟市检察院立足检察监督主责主业，聚焦《民法典》实施过程中债权转让、民事法律行为效力等适用难点，发现被执行人与他人恶意串通进行虚假债权转让，受让人提起虚假诉讼，通过申请执行等方式要回款项后再返还被执行人，从而逃避执行的类案行为模式，以此构建债权转让虚假诉讼逃避执行监督模型。

模型构建以来，已推送虚假诉讼线索 84 条，在办案件 27 件，涉及金额 5000 余万元，已提出再审检察建议 6 件，促使当事人主动履行债务 700 余万元；已有 9 名拒执犯罪被告人被追究刑事责任；推动公安机关立案侦查虚假诉讼犯罪案件 1 件 3 人，涉及民事案件 19 件。挖掘出一名律师构成拒执共同犯罪，已提起公诉。

线索发现

2022 年 7 月，常熟市检察院民事检察部门在梳理虚假诉讼常见行为模式时发现，部分被执行人通过虚假转让债权实施虚假诉讼进而逃避执行的情况时有发生，在实践中却容易被忽略。由于法院审判程序与执行程序的分离，人民法院在审查涉及债权转让的民事诉讼时，难以发现背后可能隐藏的虚假诉讼，给不法分子可乘之机。民事检察部门立即依托苏州检察 · 数字监督平台，对涉及债权转让的民事案件进行初步检索，发现有继续调查的价值和数字建模的可能性，遂将相关材料汇总整理后向苏州市检察院汇报。

数据分析方法

（一）数据来源

1. 裁判文书（苏州政法平台共享获取）

2. 执行信息（通过企查查定向获取）

没有上述渠道的，也可以通过中国裁判文书网、中国执行信息公开网等公开渠道获取。

（二）数据要素

主要是“行为”“人物”“时间”三要素。“行为”指债权转让行为，涉及债权转让合同纠纷民事案由的数据要素，以及债权转让、转让债权等关键词；“人物”指债权转让人、债权受让人（民事诉讼原告）、被执行人等数据要素；“时间”指“债权转让时间”和“执行时间”要素，其中“执行时间”包括失信被执行人时间、执行案件立案时间、执行依据裁判文书作出时间、执行依据裁判文书立案时间、执行案件立案前一年时间等五种时间。

（三）数据分析步骤

第一步：“行为”提取，筛选目标案件。通过“债权转让行为”的民事案由和关键词检索，筛选出涉及债权转让的裁判文书，形成基础数据集合。同时，运用人工智能“开放式信息抽取”技术，将隐藏在裁判文书主文中的“债权转让人”“债权转让时间”等信息提取出来。

第二步：“人物”关联，锁定关键对象。将筛选出的案件中提取的“债权转让人”形成“债权转让人”信息库，与“被执行人”信息关联，找到债权转让人同时是被执行人的数据。

第三步：“时间”碰撞，推出疑点线索。此类虚假债权转让的动机是为了逃避执行，模型将提取到的“债权转让时间”与“被执行时间”碰撞，找到“债权转让时间”在“被执行时间”之后的线索。为了区分正当处分财产与恶意转移财产，模型围绕“被执行时间”设置了失信被执行人时间、执行案件立案时间、执行依据裁判文书作出时间、执行依据裁判文书立案时间、执行案件立案前一年时间等5个时间节点，分别与“债权转让时间”碰撞，赋予不同风险等级。其中，债权转让发生在失信被执行人时间之后的线索风险等级最高，以此类推。

为了直观展现案件疑点，模型内设置了“时间轨迹分析”图，点开线索列表后，执行案件立案时间、列为失信被执行人时间、债权转让时间、提起民事诉讼时间等信息一目了然。

第四步：“异常”画像，分类办理线索。充分利用民事裁判文书、企查查企业股权信息等在手的数据资源，对线索案件中的人物关系进行数据核查和深入挖掘，进一步发现债权转让人和受让人之间可能存在的异常关系，分别是基础债权债务关系异常、债权转让对价异常、身份关系异常、代理人异常。按照异常情形越多、疑点程度越高的规则进行线索分类和风险度赋值，优先办理疑点程度更高的线索。“异常”画像也为之后的调查核实、监督履职打下基础、指明方向。

(四)思维导图

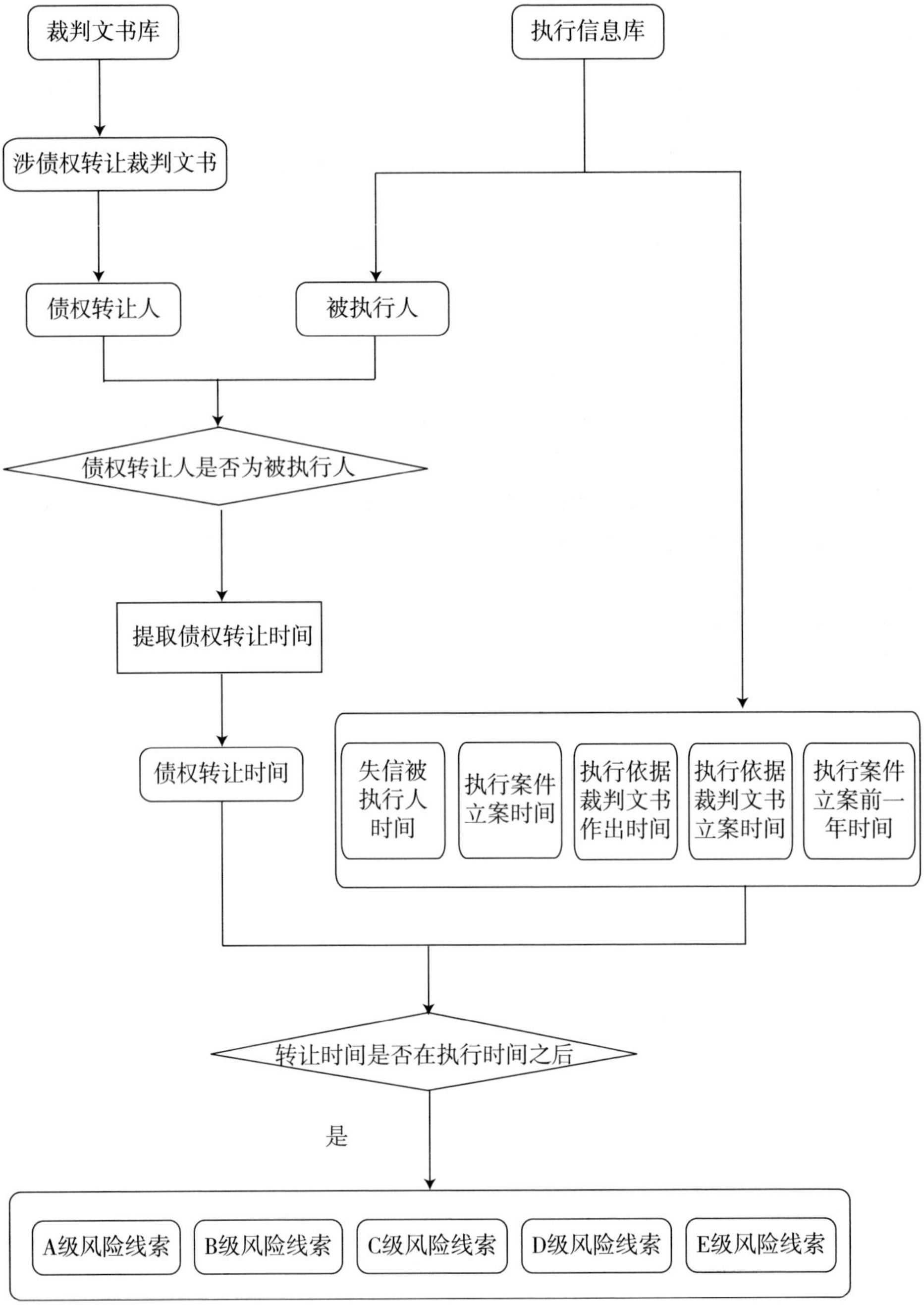
裁判文书库
执行信息库
涉债权转让裁判文书
债权转让人
被执行人
债权转让人是否为被执行人
提取债权转让时间
债权转让时间
失信被执行人时间
执行案件立案时间
执行依据裁判文书作出时间
执行依据裁判文书立案时间
执行案件立案前一年时间
转让时间是否在执行时间之后
是
A级风险线索
B级风险线索
C级风险线索
D级风险线索
E级风险线索

检察监督

（一）民事检察监督

一是针对债权受让人提起的虚假诉讼开展民事裁判结果监督。债权受让人本身与被执行人的债务人并无任何法律关系，甚至双方都不认识，出于帮助被执行人的考虑，配合被执行人虚构债权转让，使其自身产生诉权，向法院提起虚假诉讼。通过对模型推出的线索进行调查核实，民事检察部门揭开债权受让人台前的虚假“面具”，以再审检察建议、抗诉等方式向法院提出监督意见。二是针对虚假诉讼关联的执行案件开展民事执行监督。获得裁判文书后，多数案件债权受让人会申请法院强制执行，执行到款项后再将款项私下回流至被执行人手中。对此，我们向法院执行局提出检察建议，建议对以虚假诉讼方式获得的裁判文书停止执行，在执行阶段进一步及时截断双方串通逃避执行的路径。

（二）刑事检察监督

对于模型推送的拒执犯罪线索，刑检部门及时介入全程引导侦查，以刑事侦查有效弥补民事检察调查手段单一、刚性不足的缺陷。将拒不执行判决、裁定的犯罪线索移送公安机关。调集民刑业务骨干，组建民刑交叉办案团队，双方以模型为基础，根据拒执犯罪以及虚假诉讼的不同侧重共同拟定询问、讯问提纲。公安机关收到线索材料后进行立案侦查，取证固证，民刑检察团队同步进行引导侦查，及时跟进案件办理，实时通报案件进展。

社会治理成效

（一）推动虚假诉讼多元防范与联合共治

针对模型发现的债权转让领域虚假诉讼高发的问题，向法院提出类案检察建议，建议法院在涉债权转让民事案件的审判中细化标准、加强审查、主动调查，慎重调解，建立强制检索、适时通知第三人参加诉讼等制度。同时，与法院就虚假诉讼惩治形成信息共享、线索移送、协调惩治等工作机制，推进司法标准统一和法院审判模式的治理，将事后监督推向事前预防。

（二）推动“执行难”问题综合治理

向地方党委政府专题汇报拒执工作推进情况，在市委政法委组织领导下，启动为期两年的集中打击拒执犯罪专项行动，将打击拒执犯罪工作纳入地方板块法治建设监测评价内容。针对办案中发现的被执行人逃避执行的金融机构债权占比较高，相关案件已终本执行，造成不良贷款增加，累积金融风险等问题，通过模型办案，追回被转让的债权供法院案件执行，督促被执行人主动履行执行义务，同时，以座谈会等方式提出执行案件终本建议，为服务保障经济社会高质量发展提供有力司法保障。

（三）推动律师行业作风纪律建设，规范执业行为

针对律师教唆帮助、共同实施违法犯罪情况，深入司法行政机关、律师协会开展多次实地调研，向司法行政机关、律师协会，提出社会治理检察建议，参加市司法局、律师协会举办的青年律师训练营，就虚假诉讼、拒执犯罪等法律法规开展主题宣讲，警示教育。推动市司法局、律师协会召开全市法律服务行业作风纪律建设大会，聚焦行业管理和执业中重点领域、关键环节、执业纪律，开展学习教育、自查自纠、集中整治、总结提升，进一步推动律师行业作风纪律建设，助力打造风清气正行业生态。

法律法规依据

1.《中华人民共和国民事诉讼法》

第一百一十五条 当事人之间恶意串通，企图通过诉讼、调解等方式侵害国家利益、社会公共利益或者他人合法权益的，人民法院应当驳回其请求，并根据情节轻重予以罚款、拘留；构成犯罪的，依法追究刑事责任。

当事人单方捏造民事案件基本事实，向人民法院提起诉讼，企图侵害国家利益、社会公共利益或者他人合法权益的，适用前款规定。

第一百一十六条 被执行人与他人恶意串通，通过诉讼、仲裁、调解等方式逃避履行法律文书确定的义务的，人民法院应当根据情节轻重予以罚款、拘留；构成犯罪的，依法追究刑事责任。

2.《中华人民共和国刑法》

第三百零七条之一第一款 以捏造的事实提起民事诉讼，妨害司法秩序或者严重侵害他人合法权益的，处三年以下有期徒刑、拘役或者管制，并处或者单处罚金；情节严重的，处三年以上七年以下有期徒刑，并处罚金。

第三百一十三条第一款 对人民法院的判决、裁定有能力执行而拒不执行，情节严重的，处三年以下有期徒刑、拘役或者罚金；情节特别严重的，处三年以上七年以下有期徒刑，并处罚金。

3. 最高人民法院《关于审理拒不执行判决、裁定刑事案件适用法律若干问题的解释》

第二条 负有执行义务的人有能力执行而实施下列行为之一的，应当认定为全国人民代表大会常务委员会关于刑法第三百一十三条的解释中规定的“其他有能力执行而拒不执行，情节严重的情形”：

（一）具有拒绝报告或者虚假报告财产情况、违反人民法院限制高消费及有关消费令等拒不执行行为，经采取罚款或者拘留等强制措施后仍拒不执行的；

（二）伪造、毁灭有关被执行人履行能力的重要证据，以暴力、威胁、贿买方法阻止他人作证或者指使、贿买、胁迫他人作伪证，妨碍人民法院查明被执行人财产情况，致使判决、裁定无法执行的；

（三）拒不交付法律文书指定交付的财物、票证或者拒不迁出房屋、退出土地，致使判决、裁定无法执行的；

（四）与他人串通，通过虚假诉讼、虚假仲裁、虚假和解等方式妨害执行，致使判决、裁定无法执行的；

（五）以暴力、威胁方法阻碍执行人员进入执行现场或者聚众哄闹、冲击执行现场，致使执行工作无法进行的；

（六）对执行人员进行侮辱、围攻、扣押、殴打，致使执行工作无法进行的；

（七）毁损、抢夺执行案件材料、执行公务车辆和其他执行器械、执行人员服装以及执行公务证件，致使执行工作无法进行的；

（八）拒不执行法院判决、裁定，致使债权人遭受重大损失的。

4. 最高人民法院、最高人民检察院《关于办理虚假诉讼刑事案件适用法律若干问题的解释》

第一条　采取伪造证据、虚假陈述等手段，实施下列行为之一，捏造民事法律关系，虚构民事纠纷，向人民法院提起民事诉讼的，应当认定为刑法第三百零七条之一第一款规定的“以捏造的事实提起民事诉讼”：

（一）与夫妻一方恶意串通，捏造夫妻共同债务的；

（二）与他人恶意串通，捏造债权债务关系和以物抵债协议的；

（三）与公司、企业的法定代表人、董事、监事、经理或者其他管理人员恶意串通，捏造公司、企业债务或者担保义务的；

（四）捏造知识产权侵权关系或者不正当竞争关系的；

（五）在破产案件审理过程中申报捏造的债权的；

（六）与被执行人恶意串通，捏造债权或者对查封、扣押、冻结财产的优先权、担保物权的；

（七）单方或者与他人恶意串通，捏造身份、合同、侵权、继承等民事法律关系的其他行为。

隐瞒债务已经全部清偿的事实，向人民法院提起民事诉讼，要求他人履行债务的，以“以捏造的事实提起民事诉讼”论。

向人民法院申请执行基于捏造的事实作出的仲裁裁决、公证债权文书，或者在民事执行过程中以捏造的事实对执行标的提出异议、申请参与执行财产分配的，属于刑法第三百零七条之一第一款规定的“以捏造的事实提起民事诉讼”。

第六条 诉讼代理人、证人、鉴定人等诉讼参与人与他人通谋，代理提起虚假民事诉讼、故意作虚假证言或者出具虚假鉴定意见，共同实施刑法第三百零七条之一前三款行为的，依照共同犯罪的规定定罪处罚；同时构成妨害作证罪，帮助毁灭、伪造证据罪等犯罪的，依照处罚较重的规定定罪从重处罚。

办案心得体会

债权转让领域的虚假诉讼隐蔽性很强，危害性很大。债权转让虚假诉讼逃避执行监督模型立足民事虚假诉讼监督主责主业，坚持双赢多赢共赢理念。线索发现、调查核实、监督治理各方面都需要依靠模型，吃透模型，才能办好虚假诉讼及背后犯罪案件，维护法律权威和司法秩序。

一、通过构建数字模型破解监督难题

（一）虚假债权转让逃避执行的行为模式

司法实践中，一些被执行人出于逃避执行的目的通过虚假转让债权隐匿财产。具体来说，被执行人（债权转让人）明明有到期债权可供法院执行，但不向法院如实申报，而是虚假转让给关系人（债权受让人），关系人以债权人身份（即民事诉讼原告）提起诉讼、实现债权，最后关系人将钱款回流至被执行人手中。由此，被执行人得以隐在幕后逃避执行。此行为不仅侵害了真实债权人的合法权益，更损害了司法权威和公信力，人民群众对此反映强烈。其中，关系人（债权受让人）以捏造的债权提起的民事诉讼是虚假诉讼的表现形式之一；被执行人逃避执行的行为涉嫌拒执犯罪。打击该环节中的虚假诉讼和拒执犯罪，是检察机关监督履职的应有之义。

（二）数字建模的必要性

在此行为模式下，仅依靠当事人申请、案外人举报等被动方式，检察机关能发现的涉债权转让虚假诉讼线索非常有限。虚假债权转让系双方合谋制造，仅有债权受让人在台前提起诉讼，具有相当的隐蔽性。另外，由于司法审判与执行工作的割裂，单独审查民事诉讼这一环节很难发现其中的异常。检察官要想在海量的民事案件中仅依靠人工审查识别虚假诉讼，难度极大。如果运用大数据模型将债权转让人、债权受让人、被执行人、执行时间、债权转让时间等

信息要素提取出来并进行串联，就能编织出捕捉虚假诉讼信息的大网，大大缩小审查范围。

（三）数字建模的思路

具体的建模思路上，我们牢牢抓住行为模式的整个链条，以链条中“提起民事诉讼”这一环节为切入口，反向关联出疑点人物和疑点案件。具体来说，模型聚焦“行为”“人物”“时间”三大要素，构建研判规则。

一是提取“行为”，判断案件中是否存在“债权转让行为”。关系人以债权人身份（民事诉讼原告）提起民事诉讼、意图实现债权的环节中，民事裁判文书中一般会提到民事原告的债权来源，据此，我们想到可以从民事裁判文书出发，先找到涉及“债权转让”的民事案件。模型通过检索“债权转让”的民事案由（要素提取）和关键词（“债权转让”或“转让债权”等关键词），在50余万份民事裁判文书中，筛选出涉及“债权转让”的文书8559份，形成目标案件集合。

二是关联“人物”，判断“债权转让人”是否系“被执行人”。整个行为模式的链条中，被执行人明明有到期债权可供法院执行但不如实申报，而是虚假转让给关系人。据此，我们找到涉及“债权转让”的文书后，还要重点筛查出“债权转让人”的信息，看他到底是不是“被执行人”，如果不是“被执行人”的就排除疑点，是“被执行人”的要纳入下一步排查范围。由于“债权转让人”在民事诉讼中通常不以当事人身份出现，传统的关键词检索和要素提取方式很难提取到“债权转让人”信息。我们的模型运用了人工智能“开放式信息抽取”技术，将隐藏在裁判文书主文中的“债权转让人”信息提取出来，与“被执行人”信息关联，筛查出债权转让人同时是被执行人的信息906条。

三是碰撞“时间”，判断“债权转让时间”是否在“被执行时间”之后。“债权转让人”信息与“被执行人”信息关联后，还需要进一步比对时间的先后，如果债权转让发生在被执行之前很久的，那很有可能是正当的处分财产行为，就要排除疑点；如果债权转让时间与被执行时间相近，或者发生在被执行时间之后的，那么疑点很大，很有可能是恶意转移财产的行为，就要作为线索推送。据此，我们同步将执行案件的信息与涉及“债权转让”的民事裁判信息关联起来，从中提取出“列为失信被执行人时间”“执行案件立案时间”“执行案件立案时间前一年”等时间节点，分别与“债权转让时间”比对，碰撞出债权转让时间在执行时间之后的线索，并赋予不同的风险等级。经过模型层层过滤，线索范围缩小到629条。其中，债权转让时间在列为失信被执行人时间之后的最高等级线索有84条。

二、借助数据资源开展线索分类与线索挖掘

（一）根据异常程度确定线索疑点等级

对于推送的疑点线索，为更好地开展调查核实工作，办案人员可以充分利用现有裁判文书数据，检索发现转让人和受让人之间可能存在的四大异常，分别是基础债权债务关系异常、对价异常、身份关系异常、代理人异常。由此进行线索分类，异常情况越多，风险度就越高。具体办案中可以根据时间、人力、精力情况按照顺序依次办理。

首先，债权转让一般是有原因的，要么是基于基础债权债务关系的转让，要么是支付对价的转让，在裁判文书中可以查找债权转让人与受让人之间有无基础债权债务关系或有无约定债权转让对价，如果无基础债权债务关系也未约定债权转让对价，或者虽约定债权转让对价但明显偏低的，均属于异常情况。

其次，根据虚假诉讼恶意串通的本质，转让人和受让人之间一般具有亲近关系，查询转让人和受让人所涉及的其他裁判文书以及企查查等信息，有助于发现债权转让人与受让人之间的关系。比如说在丁某良诉赵某忠案件中，通过其他民事裁判文书检索出债权转让人丁某良与受让人丁某龙系父子；另外，在顾某诉蔡某案件中，通过企查查查询发现转让人潘某与受让人顾某是总公司负责人与分公司负责人的关系，进一步调查后发现二人是兄弟。债权转让具有一定的专业性门槛，普通群体突然实施债权转让行为本身就有一定疑点，而这背后可能会有律师“出谋划策”的身影。我们通过查询民事案件可以发现债权转让人与受让人的共同代理人，比如在陆某诉汪某案件中，检索发现受让人陆某的代理人郑某曾经是转让人林某作为被告案件的代理人，因此串通共谋的可能性极大，后续查实了律师郑某帮助违法犯罪的事实，构成拒执共同犯罪，现已提起公诉。

（二）逆向筛查扩大线索范围

行为人犯案往往不是个例，可以将转让人、受让人、代理人三个信息返回到民事裁判文书中再次筛查，以人找案找到其他线索。比如将债权转让人返回到民事裁判文书的数据库里进行检索，可以检索出该债权转让人的其他民事案件，重点关注民间借贷等虚假诉讼常见领域，进行进一步审查。审查中仍然是按照“四大异常”的排查思路确定线索等级。比如，我们在审查模型推出的一个债权转让纠纷的裁判文书后，通过对该案原告某小贷公司涉及的其他民事裁判案件的检索，又发现了一批民间借贷虚假诉讼线索，现已推动公安机关立案侦查虚假诉讼犯罪 1 件 3 人。

三、刑民融合履职推动调查核实

（一）审查调查，移送线索

民事检察调查核实权缺乏强制力，要么找不到人，要么找到人不接受调查，要么接受调查但不如实陈述，严重制约虚假诉讼案件的审查办理。为避免打草惊蛇，造成串供的可能，民事检察部门不急于接触当事人，而是先行通过调取案卷、收集信息、调查身份、流水等方式获取外围客观证据，比如有对价的，我们调取银行流水，查证对价是否实际支付以及有无回流；同时到公安机关调查转让人与受让人身份信息，以排查是否存在亲近关系，以此形成初步审查报告，向检察长汇报后，将其中的犯罪线索移送刑事检察部门。

（二）集中研讨，求同存异

线索移送后，首先遇到的就是罪与非罪、罪名竞合问题。在检察长的主持下，召开案件研讨会，明确模型紧紧抓住逃避执行的本质构建，推出线索涉及拒执罪的部分较为明确，完全符合相关法律司法解释规定，因此，对于被执行人隐藏转移财产逃避执行的定性没有争议。关于是否构成虚假诉讼罪，因为立法层面不甚明确，司法实践中也无先例，民刑检察对于该类虚假诉讼是否属于“无中生有型”存在不同的观点。为了及时稳妥推进办案进度，两部门一致决定仅以拒执犯罪向法院、公安移送线索。

（三）组建团队，提前介入

达成共识后，检察长决定组建民刑联合办案团队，民事检察将模型设计里的法律思维及法律依据进行详细讲解介绍，双方以此为基础根据拒执犯罪以及虚假诉讼的不同侧重共同拟定询问、讯问提纲。除此之外，拒执犯罪以及虚假诉讼案件涉及大量民事审判、执行法律规范，隐蔽性、主观性较强，相较于传统刑事案件办理难度较大，需要民事检察力量共同提前介入侦查，增强公安机关对民事法律规范的理解与运用能力。引导公安机关从主观口供、客观证据两方面进行调查，突破口供，取得证据，形成完整证据锁链。

四、加强公检法协作配合实现双赢多赢共赢

（一）与公安机关通力合作，推动案件侦办

在组建民刑联合办案团队的基础上，我们以刑事案件提前介入为推手，协助公安侦查取得突破。例如，我院在办理其中一起拒执案件中，公安机关传唤犯罪嫌疑人到案后，因其始终否认虚假诉讼、逃避执行的事实，讯问一度陷入瓶颈。检察官建议侦查人员提取其随身使用的手机，并进行手机内电子证据的调取、固定。随即侦查人员提取到了犯罪嫌疑人与一名律师的通话录音。以此

作为突破口再次讯问，最终犯罪嫌疑人供认了其违法犯罪情况。

（二）与审判机关信息共享，实现精准打击

对模型推送的线索，我们先行移送法院执行局，对涉及的执行信息、执行案件情况进一步核实梳理，形成案卷材料共同移送公安机关。同时，公检法三机关联合构建惩治拒执犯罪联动配合机制，及时对接案情、总结提炼事实、明确证据审查要点。在凝聚共识的基础上出台《拒不执行判决、裁定犯罪办案指引》，指导基层实践办案，推动拒执犯罪立得住、诉得出、判得了。

五、类案监督推动法院审判模式治理

综观此类案件，当事人、代理人之所以能够得逞，法院之所以没有发现，主要是因为审判与执行工作分离产生的漏洞。法院在审判过程中只关注债权转让案件的表面情况，忽视背后债权转让的原因，更不重视关联分析相关执行案件。检察机关建模的目的重在深层次类案监督，模型发现的债权转让虚假诉讼逃避执行的行为模式就是此类案件的共性问题，模型的数据分析思路实际上也是审判机关预防、发现此类虚假诉讼的方法。依据模型的设计思路及司法实践，我们向法院提出了具体建议：

第一，强制检索。《最高人民法院、最高人民检察院、公安部、司法部关于进一步加强虚假诉讼犯罪惩治工作的意见》明确规定对于作为被执行人的自然人、法人和非法人组织的财产纠纷案件人民法院应当重点关注。因此，在涉及债权转让案件的审理中，审判人员应当对债权转让人是否为被执行人进行强制检索，及时发现转让人异常情况。

第二，适时依职权追加第三人。《最高人民法院关于防范和制裁虚假诉讼的指导意见》规定，“对于与案件处理结果上存在法律上利害关系的，可适当依职权通知其参加诉讼”。因此，法院发现损害他人合法权益的案件，依案情可以通知利害关系人参加诉讼。具体到涉及债权转让案件审理中，建议法院将债权转让人追加为第三人，从幕后拉到前台，对债权转让的具体事实及转让双方的关系情况进行审查。

第三，主动调查，慎重调解。债权转让人未履行生效法律文书确定的义务，其在法院有大量被执行案件，已经成为被执行人，之后又转让债权，明显侵害他人合法权益，逃避履行法律文书确定的义务。在此情况下，审判机关应当慎重适用调解制度，严格审查核实证据，主动进行调查。

第四，加强民事制裁和犯罪线索移送。当事人、代理人之所以敢于冒险，还在于对拒执犯罪、虚假诉讼打击力度不足。要加大对虚假诉讼妨害民事诉讼行为的处罚力度，及时将审理、执行阶段发现的涉嫌犯罪的线索移送公安机

关、检察机关，从民事制裁、刑事惩治两方面对虚假诉讼形成强大震慑。

第五，强化配合，形成机制。与人民法院、公安局等政法单位建立虚假诉讼案件信息共享、线索移送、协调惩治等工作机制，共同维护司法权威，保护当事人利益。

六、推动“执行难”问题综合治理

“执行难”问题不仅是困扰法院工作的突出问题，也是人民群众反映强烈的社会问题，需要综合治理。检察机关立足自身职能，充分行使各项职权，以实际行动帮助、支持人民法院执行工作，促进执行难问题的切实解决。

（一）以拒执犯罪打击形成强大威慑

模型运用之后，检察机关不仅发现了被执行人逃避执行的虚假诉讼手段，而且挖掘了批量拒执犯罪线索。在此之前，因本市司法机关对拒执罪的证据标准在理解上未达成一致，每年拒执罪追诉人数寥寥无几。在模型推送涉嫌拒执犯罪的线索之后，亟待一份凝聚司法共识且具有实操性的办案指南解决案件办理困境。据此，常熟市检察院联合公安、法院一边办案一边总结，出台苏州地区首部《拒执案件办案指引》，靶向指导案件办理。该指引围绕罪名事实审查要点、证据审查要点、案件办理协作机制三个方面，供本市公安机关、检察院、法院在办理拒执案件时参照执行。通过精准挖掘线索、公检法联合开展专项行动、出台文件等举措，拒执罪适用率得以提升。以常熟市检察院为例，2022 年常熟市拒执犯罪打击人数跃居全省县级市首位，形成了对逃避执行的巨大威慑。

（二）穿透式审查挖掘律师犯罪，助推行业治理

通过债权转让方式逃避执行这样“专业”的犯罪方式，其背后往往有律师参与的身影，办案人员对模型线索进行分类时，针对“四大异常”中的代理人异常情况进行深入分析后，可以挖掘到律师帮助、教唆被执行人进行虚假诉讼逃避执行，涉嫌违法犯罪的线索。目前已发现 1 名律师在明知其当事人系失信被执行人之后，仍积极帮助当事人伪造协议并提起民事诉讼，以虚假债权转让债权 620 万元，该律师因涉嫌拒执犯罪被提起公诉。针对律师违法犯罪问题，常熟市检察院与司法行政机关、律师协会召开主题座谈并制发《检察建议书》，推动召开全市法律服务行业作风纪律建设大会，开展为期半年的行业纪律整顿，规范律师执业行为，助力打造风清气正的行业生态。

模型团队成员：明文建、卞叶、蔡恺、吕军鹏、朱怡童

密切接触未成年人行业从业禁止类案监督

江苏省苏州市姑苏区人民检察院

关键词

密接未成年人行业　入职查询　从业禁止　未检融合履职

要旨

为保障《中华人民共和国未成年人保护法》关于密切接触未成年人单位入职查询和相关违法犯罪人员从业禁止制度的落实，解决密接单位应查不查、主管部门应管未管的问题，检察机关通过搭建大数据法律监督模型，将自有的涉性侵害、虐待等犯罪人员信息，从公安机关获取的相关行政处罚人员信息，与人社部门社保缴纳信息、企查查市场主体经营信息等碰撞比对后，筛查出相关违法犯罪人员在学校、教培机构等密接单位从业的线索。通过检察建议书、风险提示函等方式，督促主管部门及时核查并清退，切实筑牢未成年人保护的“防火墙”。

基本情况

2020年开始，姑苏区检察院开始探索建立密接行业从业人员违法犯罪记录查询与从业禁止机制，联合教委、公安机关对教职员工有无性侵害违法犯罪记录进行查询，3年累计排查3.2万人次，清退3名有性侵害犯罪记录人员。在开展查询工作的过程中，检察官发现密接单位普遍对《未成年人保护法》的相关规定了解少，主动查询职工违法犯罪情况不理想，存在应查不查、应清退未清退的情况，行政主管部门监督不到位，检察机关也无法掌握相关执行情况。总结专项查询经验后，姑苏区检察院转变监督思路，尝试搭建大数据法律监督模型，基于检察业务应用系统、公安机关全面收集相关违法犯罪人员信息，并与人社部门充分沟通，建立查询协作机制，将违法犯罪人员信息数据与社保信息数据、市场主体经营信息数据进行比对、碰撞，从而快速、批量筛查出有性侵害、虐待、拐卖、暴力伤害等违法犯罪记录但仍在密接行业从业的人员。

2022年8月，姑苏区检察院通过大数据模型对姑苏区近5年涉性侵害等违法犯罪人员信息进行筛查，发现了有猥亵行政处罚记录但仍在密接行业从业的教职员工沈某某。检察机关走访学校调查核实情况后，立即启动监督，向沈某某所在学校制发检察关注函，并将相关情况通报教育部门持续跟进监督学校处理结果，目前沈某某已被停职。

2022年9月至10月，苏州市检察院通过模型对比、碰撞江苏省2014年以来涉性侵害、虐待、拐卖、暴力伤害等1.7万余条犯罪人员信息，苏州市2012年以来涉及猥亵、吸毒、卖淫的4.2万余条行政处罚人员信息与社保缴纳信息、市场主体经营信息等，发现违反禁业规定人员线索50条。根据筛查结果，苏州两级检察机关向教育、市场监管等部门制发检察建议、风险提示函8份，督促处置违反禁业规定教职员工24人，相关人员均已被辞退或调离密接岗位。以线索移送函的形式移送省内其他地市26条线索，已收到回复19条，相关人员均已依法处理，其他线索处理结果也在持续跟进中。

线索发现

2020年以来，姑苏区检察院在办案中发现有性侵害前科劣迹的人员再犯概率较高。其中，在办理邱某某猥亵儿童案时，发现犯罪嫌疑人邱某某曾在外省担任中学教师，后因强奸罪被当地法院判处有期徒刑6年，刑满释放后，邱某某来到苏州入职一家教育培训机构。该机构并未按照相关规定进行入职前违法犯罪记录审查，邱某某又利用职业便利，在一对一上课期间实施了猥亵儿童的犯罪行为。

数据分析方法

（一）数据来源

1. 刑事判决数据（来源于检察业务应用系统）
2. 行政处罚数据（来源于公安部门）
3. 违法人员社保信息数据（来源于人社部门）
4. 市场主体经营信息数据（来源于企查查）

（二）数据要素

针对行政处罚数据，以被处罚人身份信息、事由、时间等为要素；针对刑事判决数据，以被告人身份信息、罪名、刑期等为要素；针对社保信息数据，以参保人身份信息、社保状态、社保缴纳单位名称等为要素；针对市场主体经营信息数据，以公司企业名称、简介、经营地址、经营范围等为要素。

（三）数据分析步骤

第一步：查禁业人员。收集违法犯罪人员信息数据。通过全国检察业务应用系统2.0获取因性侵害、虐待、拐卖、暴力伤害等犯罪被判处刑罚、相对不起诉的人员信息数据；从公安机关获取性侵害、虐待、拐卖、暴力伤害等治安行政处罚案件的人员信息数据。将相关人员确定为密接行业从业禁止人员，梳理出裁判、处罚文书，提取姓名和身份证号，建立人员信息库。

第二步：找就业单位。对比社保信息数据。将第一步梳理出的人员信息数据，与社保部门提供的社保信息数据进行碰撞、比对，了解有性侵害、虐待、拐卖、暴力伤害等违法犯罪人员的参保情况，提取社保缴纳单位信息。

第三步：筛密接线索。对社保缴纳单位名称进行筛查，设定单位名称中包含“学校”“幼儿园”“婴幼”“儿童”“教育”“培训”“体育”“艺术”等字样的为可能密切接触未成年人的单位。进一步整理分析经前两步后得出的数据，将涉学校、幼儿园的直接划入密接行业从业人员；将涉及培训等其他市场经营主体的，通过企查查对单位名称进行搜索，查看企业简介、经营范围，筛选是否属于密切接触未成年人的单位，符合条件的划入密接行业从业人员。

（四）思维导图

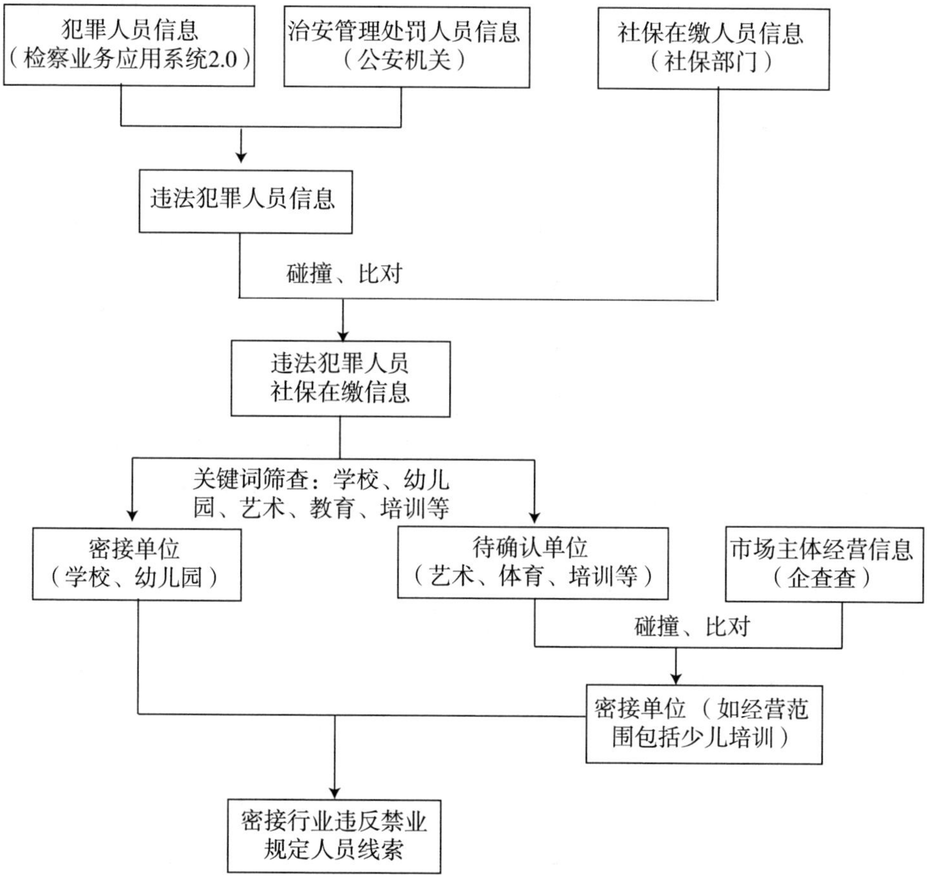

检察监督

（一）行政检察监督

运用大数据法律监督模型，快速筛查出本地密接行业从业人员中有性侵害等违法犯罪记录人员线索，以线索移送函形式移交行政主管部门，督促主管部门履行监管职责，持续跟进监督处理结果，确保违反禁业规定人员应退尽退；对于主管部门不重视入职查询工作的、不依法行使职权的，依照法律法规制发检察建议予以督促，加强主管部门对密接行业用人用工的监管。

（二）线索移送异地监督

社保信息数据全省联网统查，依托大数据法律监督模型，还可以筛查出在本市其他县区乃至本省其他地市密接行业从业的违法犯罪人员线索，再以线索移送函形式层报共同上级检察机关将相关信息反馈到用人单位所在地的检察机关，联动开展协同治理，推动异地用人单位及行业主管部门依法清退、处理不适宜在密接行业从业的违法犯罪人员，强化监管力度。

社会治理成效

（一）精准筛查非法从业人员，强化从业禁止落地见效

检察机关依托大数据法律监督模型，精准筛查、批量生成在密接行业从业的有相关违法犯罪记录人员线索，有效破解了从业禁止人员非法从业情况发现难、监督难的问题。2022年6月至10月，模型筛查全省范围内6万余条违法犯罪人员信息，发现相关违反禁业规定人员线索50条。根据筛查结果，苏州两级检察机关向教育、市场监管等部门制发检察建议、风险提示函8份，移送违反禁业规定教职员工线索24条，目前相关人员15人已被辞退、1人调岗、8人正在处理中。移送省内其他地市线索26条，已收到回复15条，均已依法处理，其他线索处理结果也在持续跟进中。

（二）监督行政机关履职，推动加强密接行业监管

检察机关通过在密接行业持续开展大数据法律监督工作，有效推动行政主管机关加强对密接行业用人用工监管。苏州市教育局、苏州团市委主动完成了对全市76000余名教职员工、2300余名暑托班志愿者的违法犯罪记录查询，依法处置相关前科劣迹人员3名。

（三）联合多部门建章立制，共筑未成年人保护屏障

在大数据模型发挥监督成效、密接行业从业禁止形成共识的基础上，苏州市检察院联合市中级法院、市教育局、市人社局等多单位会签《苏州市密切接触未成年人行业从业人员入职查询和从业禁止实施意见》，就入职查询制度落实搭建起多部门间的沟通协作机制，合力筑牢保护未成年人免遭侵害的有效屏障。

（四）同步筛查其他监督线索，堵塞社保管理疏漏

在开展大数据法律监督过程中，检察机关通过违法犯罪人员信息和社保缴纳信息的数据碰撞，还发现存在部分正在服刑人员的社保账户未被及时封存，导致所在单位仍在为其缴纳社保，社保缴费年限累计计算的问题。通过制发检察建议书、检察关注函等方式，提醒、督促社保部门及时处理、封存，确保社保基金健康、良性运行。

法律法规依据

1.《中华人民共和国未成年人保护法》

第六十二条 密切接触未成年人的单位招聘工作人员时，应当向公安机关、人民检察院查询应聘者是否具有性侵害、虐待、拐卖、暴力伤害等违法犯罪记录；发现其具有前述行为记录的，不得录用。

密切接触未成年人的单位应当每年定期对工作人员是否具有上述违法犯罪记录进行查询。通过查询或者其他方式发现其工作人员具有上述行为的，应当及时解聘。

第一百二十六条 密切接触未成年人的单位违反本法第六十二条规定，未履行查询义务，或者招用、继续聘用具有相关违法犯罪记录人员的，由教育、人力资源和社会保障、市场监督管理等部门按照职责分工责令限期改正，给予警告，并处五万元以下罚款；拒不改正或者造成严重后果的，责令停业整顿或者吊销营业执照、吊销相关许可证，并处五万元以上五十万元以下罚款，对直接负责的主管人员和其他直接责任人员依法给予处分。

2. 最高人民法院、最高人民检察院、教育部《关于落实从业禁止制度的意见》

三、教职员工实施性侵害、虐待、拐卖、暴力伤害等犯罪的，人民法院应当依照《未成年人保护法》第六十二条的规定，判决禁止其从事密切接触未成年人的工作。

教职员工实施前款规定以外的其他犯罪，人民法院可以根据犯罪情况和预防再犯罪的需要，依照《刑法》第三十七条之一第一款的规定，判决禁止其自刑罚执行完毕之日或者假释之日起从事相关职业，期限为三年至五年；或者依照《刑法》第三十八条第二款、第七十二条第二款的规定，对其适用禁止令。

七、人民检察院应当对从业禁止和禁止令执行落实情况进行监督。

八、人民法院、人民检察院发现有关单位未履行犯罪记录查询制度、从业禁止制度的，应当向该单位提出建议。

办案心得体会

2022 年，全国起诉强奸、猥亵儿童等性侵未成年人犯罪 36957 人，同比上升 20.4%，且有性侵害前科人员再犯概率较高。入职查询制度的建立是解决上述问题的一项有力举措，但检察机关在推进入职查询制度的过程中发现，该项制度在运行中存在密接单位查询积极性不高、自行申报信息误差大、主管部门监管难等诸多问题，导致部分有性侵害、虐待、拐卖、暴力伤害等违法犯罪记录人员仍在密接单位从业。教育部发布的《2022 年全国教育事业发展统计公报》显示，全国共有各级各类专职教师 1880.36 万人，密接行业从业人员数量巨大，入职查询得不到有效落实正成为影响未成年人健康成长的重大隐患。为此，姑苏区检察院尝试搭建密切接触未成年人行业从业禁止监督模型，回应解决这一突出重点问题，通过模型筛查定向追踪相关违法犯罪人员的就业情况，督促行政主管部门履职，加强密接行业用人用工监管，从源头进行防控，筑牢未成年人保护的防火墙。

一、关于检察履职的问题

《未成年人保护法》第六十二条明确规定了密接单位在招聘工作人员时应当进行违法犯罪记录查询。入职查询依申请展开，由密接单位主动向检察机关、公安机关等部门提出申请，提交人员名单，检察机关、公安机关查询后反馈结果。密接单位是查询主体，主管部门依职权对密接单位入职查询和从业禁止的执行情况进行监督。

通过对邱某某猥亵儿童案的个案办理以及 2020 年以来推行入职查询制度的经验，姑苏区检察院发现传统依申请开展的入职查询在落实中存在密接单位“应查不查”，主管部门“应管未管”的困境。《最高人民法院、最高人民检察院、教育部关于落实从业禁止制度的意见》中明确规定了人民检察院应当对从业禁止执行落实情况进行监督，在发现有关单位未履行犯罪记录查询、从业禁止制度后，应当提出建议。通过大数据模型，高效、批量发现密接行业违规从业人员线索，以检察建议、风险提示函等方式督促主管部门履行监管职责，保障入职查询与从业禁止制度的落实。

二、关于数据获取的问题

构建大数据法律监督模型最为关键的就是解决数据来源问题，回归到密切接触未成年人行业从业禁止监督模型的具体应用场景，需要获取四个方面的数据：犯罪人员信息、行政处罚人员信息、社保信息、市场主体经营信息，获取的渠道有以下几种：

一是筛查提取自有数据。在检察业务应用系统以“强奸罪”“猥亵儿童罪”“故意伤害罪”等罪名为关键词进行筛选，获取涉性侵害等犯罪人员信息。二是充分利用落地数据。苏州市检察院与企查查签订合作协议，在汇报申请后，从苏州市检察院企查查数据接口获取市场主体经营信息。三是打通部门间壁垒定向获取外部数据。行政处罚数据来源于公安机关，一方面姑苏区检察院在2020年即与公安机关就开展入职查询会签文件，建立了查询协作机制，有数据共享的基础，另一方面公安机关也是未成年人保护法里明确规定的接受查询申请机关，模型的应用带来的是“双赢”的结果。社保缴纳信息来源于人社部门，为了打通部门间信息壁垒，姑苏区检察院副检察长多次带队与人社部门沟通，最后协商一致由检察机关将查询名单（仅包括姓名、身份证号）提供给社保部门，由社保部门查询后将结果统一反馈，在数据安全得到保障的基础上，与人社部门建立了数据共享机制。

三、关于推进治理的问题

（一）由点及面形成规模效应

数据池越大，发现的线索越多，司法工作与大数据的叠加效应越能够展现。姑苏区检察院运用模型筛查出一条违反禁业规定教职员工线索后，立即向苏州市检察院汇报情况。在之后模型的完善与应用中，由苏州市检察院提供技术、数据支持与业务指导，并统筹推广应用，实现了一地建模、全域共享。模型对全市违法犯罪人员信息进行筛查，批量发现线索，两级院联动开展监督，督促处置违反禁业规定教职员工24人。

（二）推动主管部门加强监管

一是提前沟通增进理解。检察机关、公安机关、人社部门在保护未成年人的目标价值上具有一致性，公安机关、人社部门均有监督密接单位落实入职查询的法定义务。模型监督实际上是一个帮助主管部门“查漏补缺”，加强依法行政的过程，对三方来说是一个“多赢”的结果，提前沟通可以化解矛盾、增进理解、加强落实。二是柔性手段减少对抗。现实中很多行政机关希望不要发检察建议，为了减少对抗性，苏州两级检察机关多是通过风险提示函进行监督，行政机关均在收到后立即开展治理，在有效解决问题的同时也节约了办案资源。

（三）建章立制确立长效机制

在大数据模型取得监督成效的基础上，苏州市检察院联合市教育局、市人社局等15个单位会签了《苏州市密切接触未成年人行业从业人员入职查询和从业禁止实施意见》，明确了各部门在落实入职查询中应当履行的法定职责，搭建起部门间的沟通协作机制。

四、关于应用前景的问题

（一）拓展跨区域协作，逐步密织未成年人守护“安全网”

该模型数据获取相对容易、运行逻辑清晰，可复制性、可推广性较强，目前该模型已在江苏省范围内进行推广。下一步，苏州检察机关将借助长三角一体化发展趋势，通过建立跨区域协作机制，获取长三角地区违法犯罪人员信息数据及社保缴纳数据，将模型筛查范围扩大至所有在长三角地区密切接触未成年人行业就业的违法犯罪人员。同时，在跨区域试点成功的基础上，将数据获取及模型应用范围拓展至全国。通过步步推进，逐层密织未成年人守护的“安全网”。

（二）拓展跨部门应用，提前筑牢未成年人安全“防火墙”

本模型虽由检察机关开发，主要用于检察机关对密接行业单位及主管部门贯彻入职查询和从业禁止制度情况进行监督，但检察机关事后监督不如主管部门主动作为，本模型具有跨部门应用的可行性。根据主管部门职能范围修改相应数据权限，即可直接用于主管部门对所管行业单位执行入职查询和从业禁止制度的监管。如教育部门可使用本模型对学校、学科类教培机构执行从业禁止和入职查询情况进行查询监管；文旅部门可使用本模型对少儿艺术培训机构执行从业禁止情况进行查询监管等。

（三）拓展跨领域应用，深化从业禁止制度执行监督

从业禁止制度不仅适用于未成年人保护领域，在食品、药品、生产安全等其他领域，法律、行政法规也有类似从业禁止、限制的规定。本模型构建原理在从业禁止制度执行监督方面具有普适性，通过法院判决从业禁止人员信息、社保信息、市场主体经营信息的碰撞，定向追踪其他被禁止从业人员就业情况，批量筛查违反禁业规定人员线索，移送、督促监管部门依法处理，破解其他判决“从业禁止”却“禁而不止”的问题，实现对刑罚执行的有效监督。

模型团队成员：卞叶、于悦、何帆

刑事裁判判项监督

江苏省苏州市人民检察院

关键词

刑事审判监督　罚金刑　主刑错判　刑期不当折抵

要旨

刑事裁判判项监督模型利用大数据手段对刑事裁判文书、案卡信息等数据进行处理，通过设定好的数据运算规则，精准发现刑事裁判中主刑错判、附加刑错判、刑期不当折抵等错误裁判问题。通过大数据方式进行法律监督，能更及时、高效、精准地发现监督线索，弥补传统人工监督方式遗漏监督、滞后监督、低效监督的缺陷，实现常态化、融入式“类案”监督。

基本情况

刑事裁判判项监督模型是审判监督的“业务规则”数字化的呈现，苏州市人民检察院根据苏州近5年、江苏省检察机关近3年来成功抗诉案例，全面梳理成功抗点，结合相关刑法条文与司法解释的明确规定，及时将能够借力科技手段的规则进行数字化转化。模型目前虽分类为几类规则集群，但是涉及规则的底层逻辑基本一致，均是依照法律规定，根据既往错判情形中的“业务规则”转化为可以后台碰撞的“技术规则”。

截至目前，通过平台对主刑种类错判、刑期计算、罚金刑错判等方面进行数据比对、分析，共发现错判案件200余件。其中已启动、拟通过审监抗程序纠正40余件，发出再审检察建议纠正8件。苏州市检察机关在刑事判项监督模型建制过程中梳理监督点的成功经验，被江苏省检察院采纳并分享给全省检察机关，助推全省刑事裁判判项监督工作。相关经验材料被最高检重大犯罪检察厅重罪动态刊发。

线索发现

2020年，苏州市检察院在开展卖淫类犯罪专项评查行动时，发现该类案件有漏判罚金的情况，对其中陈某某等人组织卖淫案提出抗诉。2021年，苏州市检察院利用自建的大数据法律监督平台，对2019年以来刑事案件裁判文书进行全文解构，根据“犯组织、强迫、引诱、容留、介绍卖淫罪的，应当依法判处犯罪所得二倍以上的罚金”，抽取“犯罪所得”以及“罚金”数额，推送罚金未达犯罪所得二倍的线索，推送至人工核查；经人工核查，发现迟某某等人组织卖淫、协助组织卖淫等案罚金刑有错判，并提出抗诉。此后，陆续将大数据发现错判线索的方式推广到涉及罚金判项的其他罪名，如贪贿类、知产类、食药类等罚金在一定区间的罪名，如敲诈勒索、故意毁坏财物等对罚金判处有特殊规定的罪名，如非法吸收公众存款、职务侵占等刑法修正案对罚金刑规定有变动的罪名。

在罚金刑判项成功的基础上，苏州市检察院通过梳理历年来的成功抗诉案件抗点、专项评查及平时监督工作中发现的错判监督点，提炼业务规则，陆续将业务规则转化为技术规则，在大数据监督模型平台上运行，不断挖掘抗诉线索。从一开始的发现罚金刑错判，到发现刑期计算错判，逐步增加到组织卖淫、协助组织卖淫等罪名不能判处拘役刑的主刑错判，持续推送审判监督线索。

数据分析方法

（一）数据来源

1. 刑事裁判文书（来源于全国检察业务应用系统）
2. 案卡信息（来源于全国检察业务应用系统）
3. 法院裁定减刑信息（来源于法院或监狱）

（二）数据要素

刑事裁判文书：部门受案号、文书全文、裁判结果、诉讼基本信息、被告人姓名、判决罪名、罚金数额、判决时间等；

案卡信息：部门受案号、被告人姓名、一审判决罪名、判决其他罪名、主刑、附加刑、刑期、审结数额等；

法院裁定减刑信息：罪犯姓名、裁定减刑日期等。

（三）数据分析步骤

1. 罚金刑

（1）应并处未并处

第一步：数据筛选。通过案卡信息筛选应当并处罚金的罪名要素，如危险驾驶罪，生产、销售伪劣产品罪等，整合为应当并处罚金数据集。

第二步：数据比对，发现异常。对第一步筛选出的罪名数据集进行关键要素碰撞，与案卡信息中的附加刑要素进行比对，比对出“附加刑”不包含“罚金”且不包含“没收财产”的作为线索推送。

（2）不应判处而判处

①第一类

第一步：通过案卡信息筛选不应当并处罚金的罪名要素，如故意毁坏财物罪等，整合为不应当并处罚金数据集。

第二步：从第一步得到的罪名数据集中，筛选出案卡信息中有主刑且附加刑包含罚金的作为线索推送。

②第二类

第一步：通过案卡信息筛选不应当判处罚金的罪名要素，如袭警罪、故意伤害罪等，整合为不应当判处罚金数据集。

第二步：从第一步得到的罪名数据集中，筛选出主刑或附加刑任一包含罚金的作为线索推送。

（3）罚金数额错误

通用规定：罚金下限规定，将应判罚金的数据集进行“罚金数额”筛查，筛选出罚金低于1000元的线索。

具体罪名的罚金数额错误：根据具体罪名的罚金区间，分罪名筛查罚金数额是否符合法律规定。

一是法条或司法解释规定具体数额的。如敲诈勒索罪法律规定，罚金数额不得低于2000元，且不得大于犯罪数额两倍，将“罪名”与“审结数额”“罚金数额”进行对比，筛选出罚金数额低于2000元或高于犯罪数额两倍的线索；

二是法条或司法解释规定需要结合犯罪事实判断的。如卖淫类犯罪司法解释规定罚金在犯罪所得二倍以上，将“罪名”“审结数额”“罚金数额”进行对比，筛查出“罚金数额”低于“审结数额”两倍的线索。

2. 刑期计算与折抵错误

（1）已减刑期错误计入已执行刑期

第一步：数据筛选，关键词模糊匹配。在裁判文书中筛查“第七十条”或“第七十一条”，并过滤掉包含“剥夺政治权利”的，推送出数罪并罚数据集。

第二步：数据比对，发现异常。将法院裁定减刑信息数据与第一步的数罪并罚数据根据姓名进行碰撞，推出疑点线索。

（2）撤销缓刑后数罪并罚，前罪存在被羁押期限未被折抵

第一步：数据筛选，关键词模糊匹配。在“诉讼基本信息”段落筛查“被羁押”或“刑事拘留”，并全文筛查“第七十七条”，得出撤销缓刑且曾疑似前罪曾被羁押的数据集。

第二步：数据比对，发现异常。从第一步推送的数据集中，提取判决信息中刑期时间段进行计算，与判决结果进行比对，若判决结果与刑期完全对应，则锁定存在“被羁押”，但刑期计算未予以折抵的线索。

（3）一般监视居住错误折抵刑期

第一步：在裁判文书分段的“诉讼基本信息”段落中检索“监视居住”，且不含“指定”，筛选出一般监视居住案件数据集。

第二步：在裁判结果中包含“二日折抵一日”，筛选出将一般监视居住错误折抵刑期的线索。

3. 刑种错判

（1）不应判处管制或拘役

第一步：根据不应判处管制或拘役的罪名对案卡信息进行筛选，得出相关罪名数据集。如组织卖淫罪、协助组织卖淫罪等。

第二步：从第一步数据中筛选出主刑为管制或拘役的，推出不应判处管制或拘役的线索。

（2）盗窃数额减半提档量刑

第一步：针对盗窃类中的“盗窃数额减半计算刑档”的特别规定，通过文书要素提取，将盗窃罪判决书中含“凶器”或“入户”或“入室”关键词的判决书作为可疑数据集。

第二步：针对审结数额与主刑进行过滤，若审结数额大于或等于 2.5 万元且主刑在三年以下则推出为线索；若审结数额大于或等于 20 万元且主刑在十年以下则推出为线索。

（四）思维导图

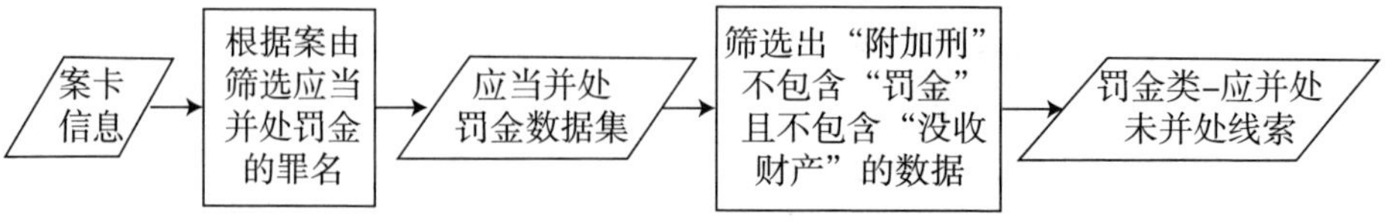

图 1 罚金类：应并处未并处

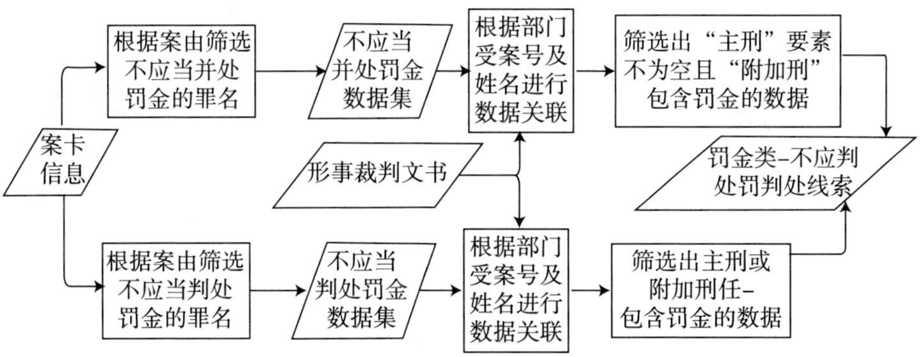

图 2　罚金类：不应判处而判处

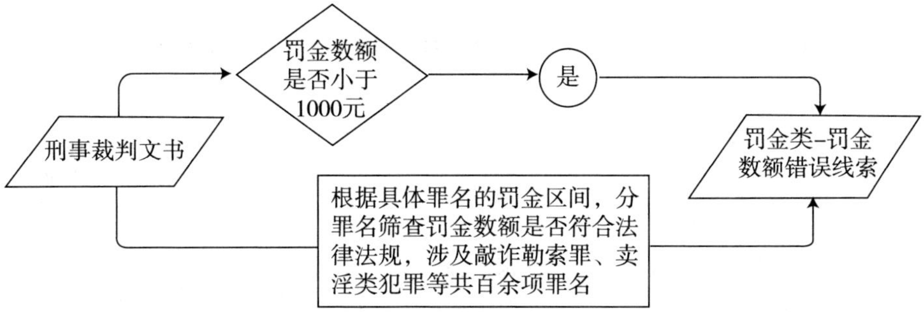

图 3　罚金类：罚金数额错误

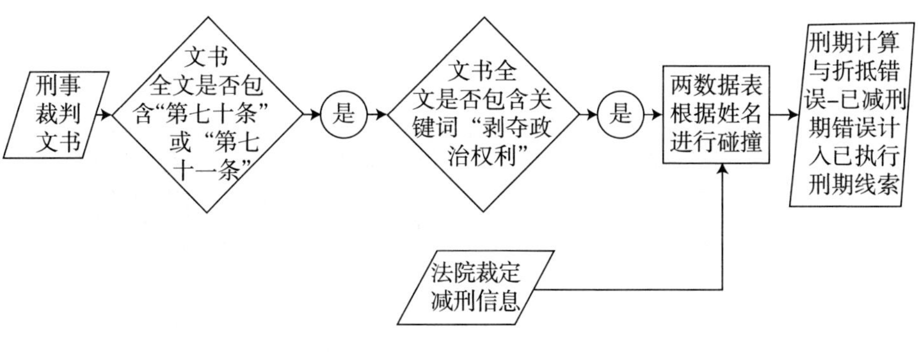

图 4　刑期计算与折抵类：已减刑期错误计入已执行刑期

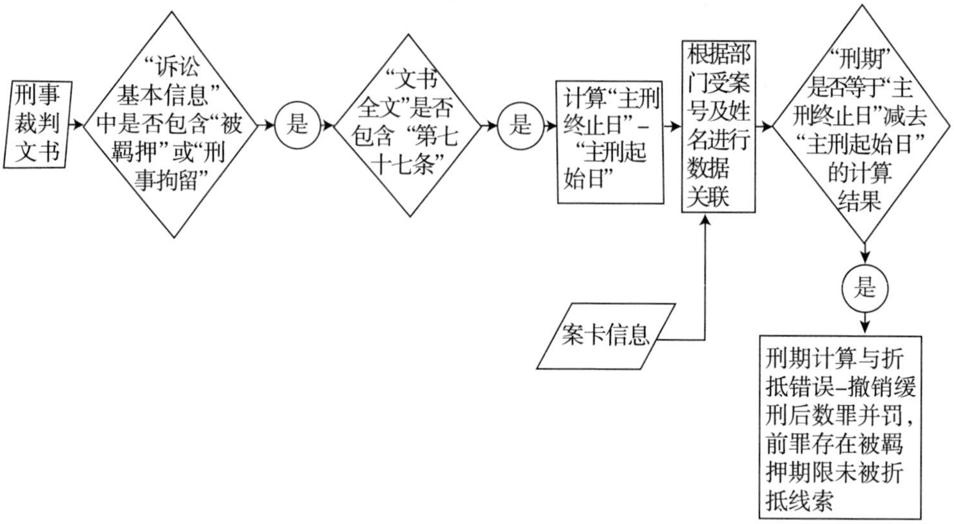

图 5　刑期计算与折抵类：撤销缓刑后数罪并罚前罪羁押期限未折抵

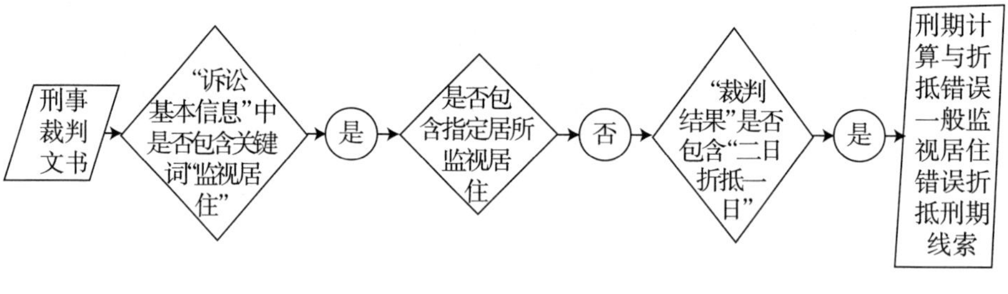

图 6　刑期计算与折抵类：一般监视居住错误折抵刑期

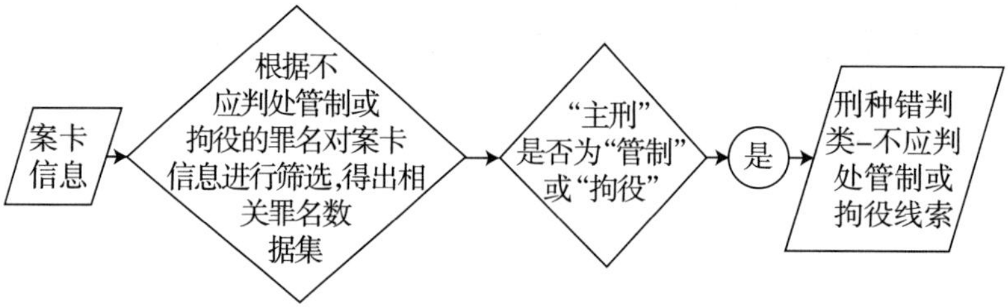

图 7　刑种类：不应判处管制或拘役

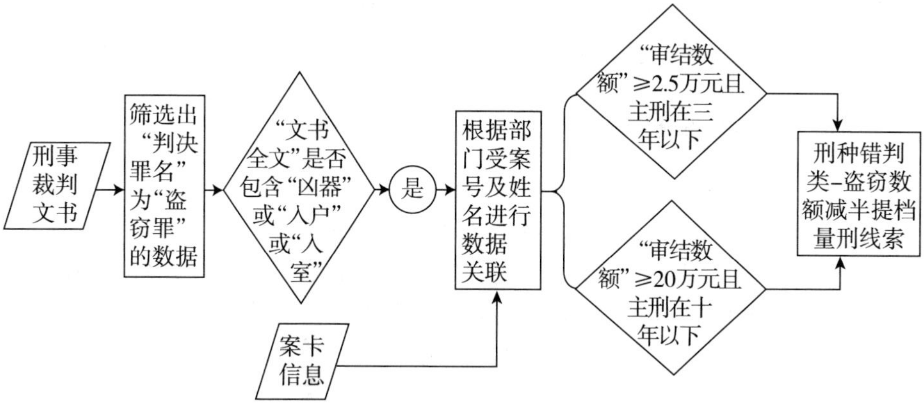

图8　刑种类：盗窃数额减半提档量刑

检察监督

研究抗诉必要性，确定纠正方式。对平台推送的线索由审判监督团队进行核查，研判分析后认为错判的案件，从裁判生效时间、刑期是否执行完毕、罚金数额、服刑表现、出狱后表现等角度审查是否应提起抗诉。

对于刑期已经执行完毕、罚金数额不大、出狱后没有再次违法犯罪的，或者裁判生效两年以上的（主要依据相关文件），均通过再审检察建议的方式纠正。对于正在服刑中、错判数额较大、刑期相差较大等情况，则通过抗诉方式纠正。

社会治理成效

（一）提升精准指控犯罪能力和刑事判决书审查能力

在大数据监督模型发现的监督线索中，经人工审核个案，发现检察机关存在控诉内容不够周全的情况，即检察机关起诉时未写明违法所得数额，也没有对违法所得提出处理意见。这也是法院在同类问题上频繁出现错判的原因之一。经大数据监督模型发现38件错判案件并进行纠正后，苏州市检察机关明确要求起诉时应在起诉书事实部分规范表述违法所得的数额，并在指控意见中准确适用刑法第64条关于违法所得处置的规定。促使检察机关加强对刑事判决中涉案财物处置的审查，共提出抗诉4件，通过再审检察建议纠正6件，并发出类案纠违检察建议。

（二）助力审判能力提升，实现监督的双赢多赢共赢

监督的最终目标是维护司法办案的公平正义，形成良性互动的工作关系。

通过加强对罚金刑、刑期计算等判项的全面监督、细节监督，促使审判人员更加关注这些问题，有助于审判水平的提升，减少了错判、漏判问题的发生。

法律法规依据

（一）罚金刑监督点

1. 最高人民法院《关于适用财产刑若干问题的规定》

第一条 刑法规定“并处”没收财产或者罚金的犯罪，人民法院在对犯罪分子判处主刑的同时，必须依法判处相应的财产刑；刑法规定“可以并处”没收财产或者罚金的犯罪，人民法院应当根据案件具体情况及犯罪分子的财产状况，决定是否适用财产刑。

第二条 人民法院应当根据犯罪情节，如违法所得数额、造成损失的大小等，并综合考虑犯罪分子缴纳罚金的能力，依法判处罚金。刑法没有明确规定罚金数额标准的，罚金的最低数额不能少于一千元。

对未成年人犯罪应当从轻或者减轻判处罚金，但罚金的最低数额不能少于五百元。

2. 最高人民法院、最高人民检察院《关于办理组织、强迫、引诱、容留、介绍卖淫刑事案件适用法律若干问题的解释》

第十三条 犯组织、强迫、引诱、容留、介绍卖淫罪的，应当依法判处犯罪所得二倍以上的罚金。共同犯罪的，对各共同犯罪人合计判处的罚金应当在犯罪所得的二倍以上。

对犯组织、强迫卖淫罪被判处无期徒刑的，应当并处没收财产。

3. 最高人民法院、最高人民检察院《关于办理侵犯知识产权刑事案件具体应用法律若干问题的解释（三）》

第十条 对于侵犯知识产权犯罪的，应当综合考虑犯罪违法所得数额、非法经营数额、给权利人造成的损失数额、侵权假冒物品数量及社会危害性等情节，依法判处罚金。

罚金数额一般在违法所得数额的一倍以上五倍以下确定。违法所得数额无法查清的，罚金数额一般按照非法经营数额的百分之五十以上一倍以下确定。违法所得数额和非法经营数额均无法查清，判处三年以下有期徒刑、拘役、管制或者单处罚金的，一般在三万元以上一百万元以下确定罚金数额；判处三年以上有期徒刑的，一般在十五万元以上五百万元以下确定罚金数额。

4. 最高人民法院、最高人民检察院《关于办理危害药品安全刑事案件适用法律若干问题的解释》

第十五条 对于犯生产、销售、提供假药罪、生产、销售、提供劣药罪、妨害药品管理罪的，应当结合被告人的犯罪数额、违法所得，综合考虑被告人缴纳罚金的能力，依法判处罚金。罚金一般应当在生产、销售、提供的药品金额二倍以上；共同犯罪的，对各共同犯罪人合计判处的罚金一般应当在生产、销售、提供的药品金额二倍以上。

第十七条 单位犯生产、销售、提供假药罪、生产、销售、提供劣药罪、妨害药品管理罪的，对单位判处罚金，并对直接负责的主管人员和其他直接责任人员，依照本解释规定的自然人犯罪的定罪量刑标准处罚。

单位犯罪的，对被告单位及其直接负责的主管人员、其他直接责任人员合计判处的罚金一般应当在生产、销售、提供的药品金额二倍以上。

5.《中华人民共和国刑法》

第一百七十六条 非法吸收公众存款或者变相吸收公众存款，扰乱金融秩序的，处三年以下有期徒刑或者拘役，并处或者单处罚金；数额巨大或者有其他严重情节的，处三年以上十年以下有期徒刑，并处罚金；数额特别巨大或者有其他特别严重情节的，处十年以上有期徒刑，并处罚金。

单位犯前款罪的，对单位判处罚金，并对其直接负责的主管人员和其他直接责任人员，依照前款的规定处罚。

有前两款行为，在提起公诉前积极退赃退赔，减少损害结果发生的，可以从轻或者减轻处罚。

6.最高人民法院《关于审理非法集资刑事案件具体应用法律若干问题的解释》

第九条 犯非法吸收公众存款罪，判处三年以下有期徒刑或者拘役，并处或者单处罚金的，处五万元以上一百万元以下罚金；判处三年以上十年以下有期徒刑的，并处十万元以上五百万元以下罚金；判处十年以上有期徒刑的，并处五十万元以上罚金。

犯集资诈骗罪，判处三年以上七年以下有期徒刑的，并处十万元以上五百万元以下罚金；判处七年以上有期徒刑或者无期徒刑的，并处五十万元以上罚金或者没收财产。

7.最高人民法院《关于适用刑法第十二条几个问题的解释》

第一条 刑法第十二条规定的《处刑较轻》，是指刑法对某种犯罪规定的刑罚即法定刑比修订前刑法轻。法定刑较轻是指法定最高刑较轻；如果法定最高刑相同，则指法定最低刑较轻。

第二条 如果刑法规定的某一犯罪只有一个法定刑幅度，法定最高刑或者最低刑是指该法定刑幅度的最高刑或者最低刑；如果刑法规定的某一犯罪有两个以上的法定刑幅度，法定最高刑或者最低刑是指具体犯罪行为应当适用的法定刑幅度的最高刑或者最低刑。

（二）刑期计算与折抵错误监督点

1.《中华人民共和国刑法》

第六十九条 判决宣告以前一人犯数罪的，除判处死刑和无期徒刑的以外，应当在总和刑期以下、数刑中最高刑期以上，酌情决定执行的刑期，但是管制最高不能超过三年，拘役最高不能超过一年，有期徒刑总和刑期不满三十五年的，最高不能超过二十年，总和刑期在三十五年以上的，最高不能超过二十五年。

数罪中有判处有期徒刑和拘役的，执行有期徒刑。数罪中有判处有期徒刑和管制，或者拘役和管制的，有期徒刑、拘役执行完毕后，管制仍须执行。

数罪中有判处附加刑的，附加刑仍须执行，其中附加刑种类相同的，合并执行，种类不同的，分别执行。

第七十条 判决宣告以后，刑罚执行完毕以前，发现被判刑的犯罪分子在判决宣告以前还有其他罪没有判决的，应当对新发现的罪作出判决，把前后两个判决所判处的刑罚，依照本法第六十九条的规定，决定执行的刑罚。已经执行的刑期，应当计算在新判决决定的刑期以内。

第七十一条 判决宣告以后，刑罚执行完毕以前，被判刑的犯罪分子又犯罪的，应当对新犯的罪作出判决，把前罪没有执行的刑罚和后罪所判处的刑罚，依照本法第六十九条的规定，决定执行的刑罚。

第八十六条 被假释的犯罪分子，在假释考验期限内犯新罪，应当撤销假释，依照本法第七十一条的规定实行数罪并罚。

在假释考验期限内，发现被假释的犯罪分子在判决宣告以前还有其他罪没有判决的，应当撤销假释，依照本法第七十条的规定实行数罪并罚。

被假释的犯罪分子，在假释考验期限内，有违反法律、行政法规或者国务院有关部门关于假释的监督管理规定的行为，尚未构成新的犯罪的，应当依照法定程序撤销假释，收监执行未执行完毕的刑罚。

2. 最高人民法院《关于罪犯因漏罪、新罪数罪并罚时原减刑裁定应如何处理的意见》

罪犯被裁定减刑后，因被发现漏罪或者又犯新罪而依法进行数罪并罚时，经减刑裁定减去的刑期不计入已经执行的刑期。

3. 最高人民法院《关于办理减刑、假释案件具体应用法律的规定》

第三十三条 罪犯被裁定减刑后，刑罚执行期间因故意犯罪而数罪并罚时，经减刑裁定减去的刑期不计入已经执行的刑期。原判死刑缓期执行减为无期徒刑、有期徒刑，或者无期徒刑减为有期徒刑的裁定继续有效。

第三十四条 罪犯被裁定减刑后，刑罚执行期间因发现漏罪而数罪并罚的，原减刑裁定自动失效。如漏罪系罪犯主动交代的，对其原减去的刑期，由执行机关报请有管辖权的人民法院重新作出减刑裁定，予以确认；如漏罪系有关机关发现或者他人检举揭发的，由执行机关报请有管辖权的人民法院，在原减刑裁定减去的刑期总和之内，酌情重新裁定。

（三）刑种错判监督点

1.《中华人民共和国刑法》

第六十三条 犯罪分子具有本法规定的减轻处罚情节的，应当在法定刑以下判处刑罚；本法规定有数个量刑幅度的，应当在法定量刑幅度的下一个量刑幅度内判处刑罚。

犯罪分子虽然不具有本法规定的减轻处罚情节，但是根据案件的特殊情况，经最高人民法院核准，也可以在法定刑以下判处刑罚。

第二百六十四条 盗窃公私财物，数额较大的，或者多次盗窃、入户盗窃、携带凶器盗窃、扒窃的，处三年以下有期徒刑、拘役或者管制，并处或者单处罚金；数额巨大或者有其他严重情节的，处三年以上十年以下有期徒刑，并处罚金；数额特别巨大或者有其他特别严重情节的，处十年以上有期徒刑或者无期徒刑，并处罚金或者没收财产。

2. 最高人民法院、最高人民检察院《关于办理盗窃刑事案件适用法律若干问题的解释》

第六条 盗窃公私财物，具有本解释第二条第三项至第八项规定情形之一，或者入户盗窃、携带凶器盗窃，数额达到本解释第一条规定的“数额巨大”、“数额特别巨大”百分之五十的，可以分别认定为刑法第二百六十四条规定的“其他严重情节”或者“其他特别严重情节”。

办案心得体会

在研发刑事裁判判项监督模型过程中，苏州市检察院逐渐形成以大数据为引领，采用大数据比对、人工核查的双结合办案模式。由大数据推送出监督线索给负责审判监督的重罪检察部门，重罪检察部门联合所有刑事检察部门，上下两级院联动对线索进行研判分析，筛选出可成案的监督案件进行监督，纠正错判。

一、筛选线索

人工评查案件发现错判案件监督线索，需要逐案审查案件卷宗及判决，较为费时费力，大数据监督方式仅需要人工提炼监督规则，由大数据后台运行监督规则后推送错判线索。因此，发现错判监督点，提炼监督规则，再转化成模型运行的技术规则是发现错判线索的重点和关键。

（一）发现错判监督点

通过借鉴既往成功抗点、办案经验、案件评查、关注新旧刑法变动、办案审查发现在刑事审判过程中可能会错判的监督点。苏州市检察院根据近年来全省成功抗诉案例，以及对相关刑法条文和司法解释的学习，共整理了100多个抗点，又从这100多个抗点中，选取相对简单明确的，整理了60余条数据监督规则，集成到大数据监督平台。如主刑、附加刑错判、量刑情节认定错误导致量刑错判、新旧刑法变动导致罚金变化等。

（二）提炼监督规则，转化技术规则

对掌握的错判监督点，根据法律的规定和错判的情况，提炼出监督规则，再根据监督模型解构文书的能力，转化成模型的技术运行规则。如故意毁坏财物罪，法律规定数额较大档刑罚有单处罚金，无并处罚金，数额巨大档无罚金刑，但实践中可能存在并处罚金的情形。转化为技术规则，即解构裁判文书，在裁判结果部分出现“并处罚金”即为错判线索。再如盗窃罪，法律规定有“入户”“携带凶器”盗窃等特殊情形的，其数额标准达到“数额巨大”“数额特别巨大”百分之五十的，可以分别认定为“其他严重情节”“其他特别严重情节”。据此提炼监督规则盗窃数额在2.5万元（江苏省标准）以上判处三年以下刑期、盗窃数额在20万元以上（江苏省标准）判处十年以下，并无减轻情节的为错判。

在罚金错判、拘役错判等刑事裁判判项监督方面，只要根据不同罪名的相关规定梳理出正确的数据比对规则，制定合理的大数据运算规则，可以反复运用模型发现监督线索。从层级和地域领域来看，以本地区的刑事裁判为被监督对象，可以发现本地区错判的监督线索。同样，只要能获得被监督对象的数据来源，运行同样的数据规则，可以在任何省市、任何层级运行大数据刑事裁判判项监督模型发现被监督对象的错判线索。数据需求简单、数据规则运行可操作、监督成效立竿见影，有利于复制、推广。

二、核实线索

（一）区分有无经过二审程序

针对平台推送的线索，直接通过结构化数据表格中的一审判决日期、一审判决生效日期来研判筛选经过二审上诉程序的案件。经二审程序后生效的案件抗诉权在省检察院，可将线索反馈。

（二）区分有效线索和无效线索

首先，刑事裁判判项监督模型的数据来源一方面是刑事裁判文书，另一方面是数据检察业务应用系统中填录的结构化案卡信息。但人工填录的案卡可能存在错填或漏填，如罚金数额，会导致模型抓取数据并应用数据进行规则运算的结果出错，此时需要人工点击模型平台中的刑事裁判文书核实线索是否错误推送。

其次，对于共同犯罪，存在分案处理情况。比如卖淫类犯罪，法律规定罚金数额应当是犯罪所得的2倍。但共同犯罪掌握的是总的罚金数额情况，分案处理后，在个案判决中，可能会存在作用地位小、获利少的被告人罚金相应判处得较少，在单独个案判决中罚金数额不足犯罪所得2倍，而被推送成错判线索，故需要人工核实平台中该线索分案处理的其他共犯的判决书综合评判罚金是否错判。

在追缴违法所得判项监督中，对应判处追缴、退赔、没收部分违法所得而未判追缴违法所得的线索，第一，对于不需要扣除犯罪成本的罪名，判断审结数额与违法所得判罚数额是否一致；第二，部分罪名（如非法经营罪）规定要求扣除犯罪成本计算违法所得，判断违法所得判罚有无扣除成本，成本扣除是否符合法律规定；第三，要通过判处追缴、退赔、没收具体情况，判断判罚追缴、退赔、没收后存在重复追缴同一笔违法所得的情况。

最后，裁判文书内容载明错误也会导致错误推送线索。刑事监督模型解析的主要文书是刑事裁判文书，但有部分裁判文书因承办法官失误等原因导致文书内容与实际不符。如判处三年以上刑罚适用独任审判的程序错误，模型根据裁判文书中适用的审理程序及判决刑期来运算规则，但部分文书中载明适用独任审理程序，文书末尾署名有3名审判员，说明该案并非实际适用的是独任审理，而是合议庭审理方式，是因为裁判文书内容错误而被技术规则运行推送，因此需要人工识别这些错误。

三、开展监督

对研判分析确定的错判案件，根据裁判生效时间、刑期是否执行完毕、罚金数额、服刑表现、出狱后表现等选择监督方式。比如，对于刑期已经执行完毕、罚金数额不大、出狱后没有再次违法犯罪的，或者裁判生效两年以上的（主要根据最高检对启动审判监督抗诉程序的指示精神而确定），可以通过再审检察建议的方式纠正。对于正在服刑中、罚金错判数额较大、定性量刑有重大变动等情况，则可通过抗诉监督。对于某些程序违法，但并未影响公正审判的，可以通过纠正违法形式监督。具体操作参照最高人民检察院印发的《人民检察院刑事抗诉工作指引》及江苏省高级人民法院、江苏省人民检察院印发的《刑事再审检察建议案件办理指南（试行)》的规定和精神。

2021年，苏州市检察院开始研发“苏州检察·数字监督平台”，尝试运用大数据收集、分析裁判文书，逐渐形成以大数据为引领，采用大数据比对、人工核查的双结合办案模式。仅2021年，抗诉数量就有明显增升，共抗诉25件，创历史新高，比上年增长一倍有余；2022年共抗诉52件，2023年共抗诉64件，抗诉案件持续增长。截至目前，通过平台对违法所得追缴、刑期计算、罚金刑错判等方面进行数据比对、分析，共发现错判案件200余件。其中已启动、拟通过审监抗程序纠正40件，发出再审检察建议纠正8件。苏州市检察机关在刑事裁判判项监督模型建制过程中梳理监督点的成功经验，被江苏省检察院采纳并分享给全省检察机关，助推全省刑事裁判判项监督工作。

四、推动类案纠正

监督过程中，根据监督模型推送的错判线索，发现毒品犯罪违法所得认定存在标准不一等突出问题。苏州检察机关研究后，针对该问题向法院制发类案纠违检察建议，建议法院改正并注意此类问题不再发生。同时，苏州市检察机关与苏州市中级人民法院会商，制定出台《推动实现涉案财物庭审实质化的意见》，明确在指控、庭审、判决中进一步重视涉案财物的处置，防止遗漏指控与错判。

模型团队成员：吴宇云、王芳、李雅婷、卞叶、付强、李玲玲、孔令辉

专利侵权恶意诉讼类案监督

江苏省苏州市虎丘区人民检察院

关键词

专利权　恶意诉讼　专利黑代理

要旨

专利案件监督专业性高、案情复杂，一直是检察机关监督难点。本模型利用民事裁判文书、专利信息、专利代理资质信息等数据，可以高效发现已生效裁判中隐瞒专利权瑕疵诉讼、无资质从事专利“黑代理”等监督线索、行政违法行为监督线索。经对上述线索进行研判后，还可以发现非正常申请专利骗取补贴的刑事犯罪线索，并可以推动该领域社会治理。模型还发现了广州、杭州等 8 地生效裁判监督线索 21 条，目前已经移送并立案 9 件。本模型为打击知识产权恶意诉讼装上“智慧大脑”，为苏州营商环境之优、经济之稳、发展之进贡献检察力量。

基本情况

专利是知识产权的重要组成。专利制度的本质是“以公开换保护”，旨在通过赋予一定时间的技术垄断，让发明创造被更多地公开，方便后人借鉴，进行新的发明创造。我国实用新型专利和外观设计专利无须进行实质性审查即可获得授权。但实践中，存在专利“黑代理”联合他人将现有技术或公知常识稍作修改甚至不修改申请专利，后大规模恶意诉讼，阻碍技术进步的同时破坏市场公平竞争环境。这种不以保护创新为目的、牟取非法利益的专利被称为“非正常申请专利”。这些专利还可能用于骗取高新技术企业认定，导致国有财产、税收流失等后果，损害国家利益。

模型采用基础数据提取碰撞、智能语义技术比对、关键信息靶点倒查分析等方法推进线索发现：一是甄别涉及“高新技术企业认定”服务、委托合同纠纷、专利代理合同纠纷，数据碰撞筛出无资质从事专利代理事务的案件，将其中法院支持专利代理费用的，列为重点排查线索；二是将专利权状态变动时间节点与诉讼中的关键时间节点进行比对，将专利的技术领域与诉讼主体的经营范围进行比对，将专利权丧失后仍然进行诉讼的列为重点线索；三是对涉案专利在全国范围的涉诉状况、裁判情况、代理人、诉讼代理人进行倒查分析，深挖严查恶意诉讼线索。对上述线索研判后进行监督，可以依法惩治恶意诉讼，及时有效阻止相关主体因专利权失效而承担不必要责任，督促行政机关履行整治“黑代理”乱象的职责，实现维护知识产权秩序，保护创新源头活水的社会治理效果。

模型在运行过程中，累计发现全市监督线索60条。一是生效裁判监督方面：共发现30条监督线索，其中2件民事生效裁判监督案件已向苏州市中级人民法院发送再审检察建议书，8件民事生效裁判监督线索已初步完成调查核实和论证，另有20余件生效裁判监督案件线索在排查过程中。二是行政违法行为监督方面：发现监督案件线索21条，已立案类案监督案件1件，个案监督案件2件，已将涉及的“黑代理”机构信息向监管部门移送。三是刑事违法犯罪方面：发现涉嫌骗取高新技术企业补贴及利用高新技术企业认定偷逃税款刑事违法犯罪线索6条，并发挥知识产权综合履职优势，1件专利“黑代理”与辖区企业共同伪造材料骗取高新技术企业认定，进而骗取政府补贴的线索已由民事行政检察部门审查后移送本院刑事检察部门进一步审查，现已监督公安机关立案侦查。四是社会治理延伸方面：发现涉高新技术企业认定中高校等科研机构对“黑代理”资质审查不严格、“黑代理”利用网络平台不正当招揽业务、专利代理机构与“黑代理”合作开展专利代理业务等社会治理检察建议线索3条。

此外，模型还发现了大量涉及外省市的知识产权恶意诉讼监督线索，已向北京、上海、杭州、广州等8个检察机关移送生效裁判监督线索21条，均立案后通过抗诉、制发再审检察建议等方式予以监督。目前已有9件涉嫌专利恶意诉讼的原告主动将获得的赔偿款退还给被告，2件经检察机关抗诉后得到法院改判。相关工作经验做法连续两年被收录进最高检《知识产权检察工作白皮书》；相关做法除两次被《检察日报》头版报道外，还得到中央人民广播电台等媒体报道。

线索发现

“黑代理”未经许可而进行非法专利代理业务导致大量非正常申请专利产生。“黑代理”自身专业能力不够，还导致部分正常专利申请无法过审，是国家重点打击对象，要被没收违法所得，还要处1至5倍罚款。“黑代理”恶意隐瞒没有资质的事实，利用诉讼违法获取代理费，扰乱了司法秩序和专利管理秩序。

2022年7月，最高检印发方案，明确将打击知识产权恶意诉讼作为工作重点。但专利检察监督专业壁垒高、数据烦琐、信息量大、规则复杂，需要借助数字检察思维构建大数据模型才能在海量的信息中找到具有监督价值的线索。基于此考虑，苏州市检察机关融合数字检察思维和人工智能等先进技术，采用基础数据提取碰撞、智能语义技术比对、关键信息靶点倒查分析等方法，推进批量线索智能化发现。

数据分析方法

（一）数据来源

1. 专利侵权民事判决书、执行情况、上诉情况（来源于裁判文书网、苏州检察数字监督平台、人民法院）

2. 涉案专利权利信息、专利代理资质信息（来源于国家知识产权局）

3. 企业相关信息、行政处罚信息（来源于市场监督管理局）

4. 涉案企业股东股权信息（来源于企查查）

（二）数据要素

1. 从民事裁判文书提取的数据要素

（1）“黑代理”恶意诉讼监督数据要素：案由（“技术合同纠纷”“专利代理合同纠纷”“服务合同纠纷”）、文书类型（判决书）、涉诉主体信息，如名称、身份证或统一信用代码等（原告信息、被告信息、原告代理人信息等）、判决结果。

（2）隐瞒专利权瑕疵恶意诉讼数据要素：案由（“侵害发明专利纠纷”“侵害外观设计专利纠纷”“侵害实用新型专利纠纷”），文书类型（判决书调解书）、涉诉主体信息（原告信息、被告信息等）、涉案专利权信息（专利申请号、专利名称等）、诉讼时间节点信息（立案时间、判决时间等）、判决结果（是否认定侵权）。

2. 从专利信息数据库中提取的数据要素

专利权状态（无权）、无权原因（“超过保护期限”“被宣告无效”等）、专利权终止时间、无效决定信息。

3. 从法院执行信息中提取的数据要素

上诉情况、判决履行情况、执行情况（申请执行时间、申请执行人、执行履行情况）。

（三）数据分析步骤

1. 专利“黑代理”检察监督模型

第一步：分析提取要素，筛选重点目标。

利用人工智能，对苏州地区66万份民事裁判文书进行智能处理，以技术合同纠纷、专利代理合同纠纷、服务合同纠纷等案由为筛选依据，形成“黑代理”数据集合。

第二步：对于“黑代理”数据集合，智能分析比对，挖掘行政违法行为和民事生效裁判监督线索。（数据规则：诉争合同约定了专利代理事务、专利代理费用，并没有约定转委托，且从事者不具备专利代理资质）

步骤1：分析判决书，判断是否存在委托“专利撰写”“答复审查意见”“代缴官费”等专利代理行为的约定，是否约定专利代理的费用。

步骤2：若上述情况都存在，则提取接受专利申请委托主体的信息，并与国家知识产权局专利代理资质主体数据库碰撞，若查询不到（即无资质），则列为“黑代理行政监督线索”，并进入下一步。

步骤3：分析判决书，若裁判结果支持了无资质代理专利的费用，则标记为“黑代理民事监督线索”。

2. 隐瞒专利权瑕疵恶意诉讼监督模型

第一步：分析提取要素，筛选重点目标。

以专利侵权纠纷案由为筛选依据，形成“隐瞒专利权瑕疵诉讼”数据集合。

第二步：对“隐瞒专利权瑕疵诉讼”数据集合进行双重时间比对，获得初筛线索。（数据规则：通过专利权的现有状态、历史状态与诉讼时间节点进行比对，发现“隐瞒专利权瑕疵诉讼”监督线索）

步骤1：通过专利数据库查询涉案专利，检索权利状况，保留“无权”的案件。

步骤2：提取专利无权原因（被无效、被撤销、过保护期），将无权时间（宣告无效时间、到期时间等）与判决时间比对，若在判决之前，且法院判决侵权，则标记为“恶意诉讼监督线索”，若在立案之后，且法院判决侵权，则标记为“执行监督线索”。

步骤3：对“执行监督线索”进行核实，若执行款到账时间在无效决定之后，则保留，反之则剔除。

第三步：反向核查，钻取线索。（数据规则：对于发现的“隐瞒专利权瑕疵诉讼”监督线索，反查其在全国范围内的诉讼情况）

步骤1：对于第二步筛选得到的线索，就申请人和涉案专利在全国范围内的判决进行钻取检索。核查无效的专利在全国其他地区提起诉讼的情况，尤其是在无效决定后，是否还有其他法院立案或者判决。

步骤2：对于第二步筛选得到的线索，就代理人信息查询在全国范围内代理案件的情况，并将案件回转步骤2运行，统计代理人涉及恶意诉讼线索，挖掘在苏州进行恶意诉讼的案件。

（四）思维导图

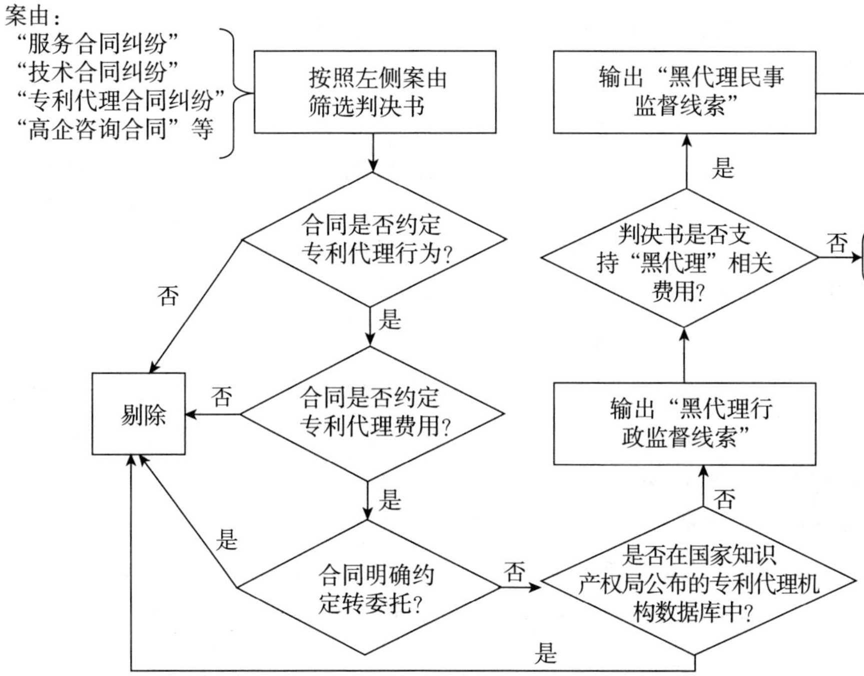

图1　专利“黑代理”检察监督模型流程图

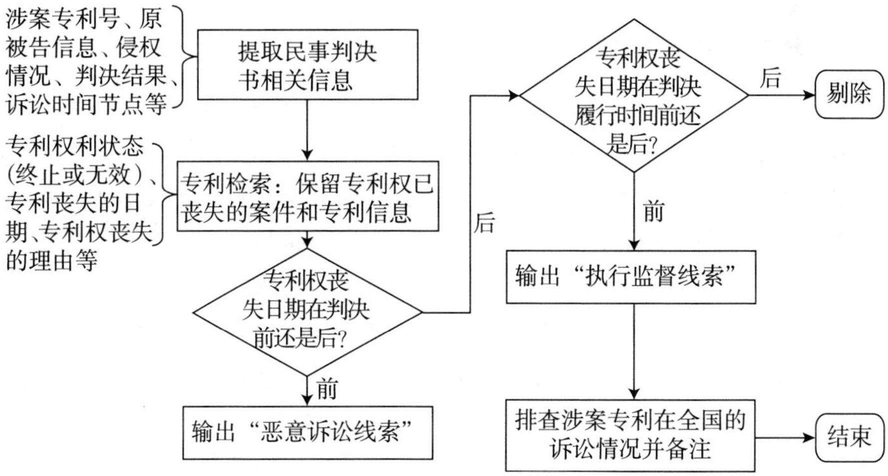

图2　隐瞒专利权瑕疵恶意诉讼监督模型流程图

检察监督

对本模型发现的类案监督线索，依法开展调查核实，按照不同情况可以运用不同的监督方式进行处理。

（一）民事裁判监督

如果生效裁判存在下列情形，向审理法院制发再审检察建议或者提请抗诉：（1）法院支持专利“黑代理”费用的案件；（2）法院支持隐瞒专利权瑕疵恶意诉讼、虚假诉讼，即判决侵权和赔偿的案件（还可以支持恶意维权行为的被害人提起诉讼挽回损失）。

（二）行政违法行为监督

针对无专利代理资质签订专利代理合同、从事专利代理业务的行为，向专利行政主管部门（苏州市知识产权局）移送线索并立案调查，建议对查实的违法行为依法进行处罚。

（三）移送刑事犯罪线索和监督立案

对于利用恶意诉讼谋取非法利益，利用“非正常申请”专利骗取高新技术企业认定进而骗取政府补贴，涉嫌构成刑事犯罪的，可以将监督线索移送公安机关并跟进后续侦查。

（四）建立机制促进源头治理

对于“非正常申请”线索，联合知识产权行政管理部门建立协作机制，发挥各自职能，实现线索互移，开展“非正常申请”共同治理。

社会治理成效

（一）强化沟通协作，协同行业组织有效加强全省专利代理行业自律

建立常态化联络机制，指派专门检察官与其开展对接，通过实地走访、召开视频会议等方式与江苏省专利代理人协会开展沟通，研判难点痛点，跟进整治情况。江苏省专利代理人协会明确由其行业自律和奖惩工作委员会专门负责推进相关工作，进一步规范和优化行业自律工作的具体流程、措施。

（二）扩展治理领域，省市一体化促进知识产权服务全行业健康发展

联合苏州市知识产权服务业商会向全市知识产权服务机构发布关于杜绝专利“黑代理”等违规行为，自觉合法合规诚信经营的《倡议书》。联合开展实地走访、现场授课等形式多样且面向全市所有知识产权服务机构、科创企业的普法宣传活动，让规范经营的警钟长鸣，更让保护创新的意识深入企业。

（三）畅通线索移送，震慑违法违规开展知识产权服务的经营者

与行业组织在线索移送方面达成一致意见，行业组织将在工作中了解和掌握的涉嫌专利“黑代理”的信息和线索向检察机关提供，由检察机关进行研判后，依法开展监督或反馈移送有关部门处理。

（四）发挥数字检察效用，不断服务保障企业创新成果和营商环境

开发的监督线索的模型被江苏省人民检察院在全省推广，编写对应的《模型运用指引》，将模型的效能扩展至服务企业，为企业判断是否遇到了专利恶意诉讼提供参考，配套的《企业知识产权攻防策略系列课程》，包含 3 个大类 6 个课时内容，模型、课程现已惠及高新区 800 余家企业，课程吸引超 3000 人次观看学习。

法律法规依据

1.《中华人民共和国民法典》

第一百五十二条 有下列情形之一的，撤销权消灭：

（一）当事人自知道或者应当知道撤销事由之日起一年内、重大误解的当事人自知道或者应当知道撤销事由之日起九十日内没有行使撤销权；

（二）当事人受胁迫，自胁迫行为终止之日起一年内没有行使撤销权；

（三）当事人知道撤销事由后明确表示或者以自己的行为表明放弃撤销权。

当事人自民事法律行为发生之日起五年内没有行使撤销权的，撤销权消灭。

2.《中华人民共和国专利法》

第四十七条 宣告无效的专利权视为自始即不存在。

宣告专利权无效的决定，对在宣告专利权无效前人民法院作出并已执行的专利侵权的判决、调解书，已经履行或者强制执行的专利侵权纠纷处理决定，以及已经履行的专利实施许可合同和专利权转让合同，不具有追溯力。但是因专利权人的恶意给他人造成的损失，应当给予赔偿。

依照前款规定不返还专利侵权赔偿金、专利使用费、专利权转让费，明显违反公平原则的，应当全部或者部分返还。

3. 最高人民法院《关于审理侵犯专利权纠纷案件应用法律若干问题的解释（二）》

第二条 权利人在专利侵权诉讼中主张的权利要求被国务院专利行政部门宣告无效的，审理侵犯专利权纠纷案件的人民法院可以裁定驳回权利人基于该

无效权利要求的起诉。

有证据证明宣告上述权利要求无效的决定被生效的行政判决撤销的，权利人可以另行起诉。

专利权人另行起诉的，诉讼时效期间从本条第二款所称行政判决书送达之日起计算。

4.《中华人民共和国民事诉讼法》

第二百一十一条第一项 当事人的申请符合下列情形之一的，人民法院应当再审：

（一）有新的证据，足以推翻原判决、裁定的；

第二百一十九条第二款 地方各级人民检察院对同级人民法院已经发生法律效力的判决、裁定，发现有本法第二百一十一条规定情形之一的，或者发现调解书损害国家利益、社会公共利益的，可以向同级人民法院提出检察建议，并报上级人民检察院备案；也可以提请上级人民检察院向同级人民法院提出抗诉。

5.《专利代理条例》

第二条 本条例所称专利代理，是指专利代理机构接受委托，以委托人的名义在代理权限范围内办理专利申请、宣告专利权无效等专利事务的行为。

第九条第一款 从事专利代理业务，应当向国务院专利行政部门提出申请，提交有关材料，取得专利代理机构执业许可证。国务院专利行政部门应当自受理申请之日起20日内作出是否颁发专利代理机构执业许可证的决定。

第二十七条 违反本条例规定擅自开展专利代理业务的，由省、自治区、直辖市人民政府管理专利工作的部门责令停止违法行为，没收违法所得，并处违法所得1倍以上5倍以下的罚款。

6.《江苏省知识产权促进和保护条例》

第二十八条第一款、第二款 负有知识产权管理职责的部门应当对知识产权侵权集中领域和易发风险区域加强监督检查，必要时可以开展专项行动或者联合执法。有条件的地方可以整合优化执法资源，推进知识产权相关领域综合执法。

知识产权、市场监督管理部门应当建立健全商标保护制度，将容易被侵权的注册商标纳入重点保护范围。

第四十五条第一款 从事专利代理业务应当取得国家规定的资质，并依法登记注册。

第六十四条第一款、第五款 违反本条例第四十五条第一款规定，未取得国家规定的资质从事专利代理业务的，责令停止违法行为，没收违法所得，并处违法所得一倍以上五倍以下的罚款。

本条规定的行政处罚，由省、设区的市知识产权部门具体实施。

办案心得体会

专利是知识产权的重要组成部分，是企业产业布局的重要工具，是国家核心竞争力的战略性资源。专利恶意诉讼严重阻碍科技创新和经济建设，破坏法治营商环境，部分无资质从事专利代理业务的机构（以下简称“黑代理”机构）成为其中的关键一环，亟须进行有效整治和监管。但是专利领域检察监督专业壁垒高，恶意诉讼相关线索隐藏较深，违法手段不断翻新升级，案件材料和法律关系错综复杂，需要借助数字检察模型才能筛查出可疑线索。在利用本模型进行调查核实、论证专利恶意诉讼并依法开展监督的过程中，需要重点从以下方面进行研判，以寻求突破口。

一、监督专利恶意诉讼，需以国家知识产权局作出无效宣告决定日作为专利权丧失之日，进而与诉讼的时间节点进行比对

我国《专利法》并未对专利复审委宣告专利权无效决定的生效时间（即影响专利权效力的时间）作出特殊规定。但《专利法》第四十七条第二款规定以专利无效宣告请求审查决定有追溯力为原则，以无追溯力为例外。《专利法》第四十七条第二款规定的“宣告专利权无效的决定”，应以国家知识产权局作出无效宣告请求审查决定的决定日为确定专利权被宣告无效的时间点，具体理由如下：

一是决定日具有法律意义。基于行政法的基本理论，行政行为的效力分为对内效力和对外效力。对于无效宣告决定而言，决定日是其产生对内效力的时间点，决定日后，行政机关不得重复作出决定或者作出相反决定；发文日是行政机关向当事人发送决定的时间，是送达过程的开始时间；送达日是决定产生对外效力的时间，是针对当事人计算起诉期间、发生执行力等的时间起点；而无效宣告决定公告日是指国家知识产权局发布专利权被宣告无效公告的时间。自决定作出之日起，行政机关即受其约束，这正是决定具有法律效力的表现，同时也体现了决定日的法律意义。

二是决定日的确定性强。发文日是国家知识产权局向当事人发送无效宣告请求审查决定的时间，是送达过程的开始时间。送达日无法在无效宣告请求审查决定书上载明，只能就送达当事人的具体情况予以查明。无效宣告请求审查决定作出后，无论是发文日还是送达日均可能由于人为因素发生变动，有时大大迟于决定作出日。如果以发文日或者送达日作为专利权被宣告无效的时间点，则决定作出日至发文日或者送达日这一时间间隔可能被当事人利用，通过恶意加快或者拖延执行或履行来影响无效宣告请求审查决定对其行为产生效力，从而获得有利于自己的裁判结果。相反，国家知识产权局宣告专利权无效的决定日，在无效宣告请求审查决定书上有明确记载，社会公众可以方便地获知，因此，决定日具有更强的确定性。

三是以决定日为专利权被宣告无效的时间点符合《专利法》第四十七条的立法目的。《专利法》第四十七条的立法目的在于维护专利权被宣告无效后的既有秩序。根据《专利法》第四十七条第一款规定，专利权被宣告无效后，视为自始不存在。权利人基于该无效专利获得的利益本属于不当得利，但为维护既有秩序的稳定性，《专利法》第四十七条第二款作了例外规定，将专利权无效前已经履行完毕的不当得利予以正当化。《专利法》第四十七条第三款是上述例外规定的例外，进一步限缩了不当得利正当化的范围。基于上述分析，专利权无效时间点的确定必须符合《专利法》第四十七条的立法目的。决定日、发文日、送达日、公告日、判决日等时间点中，决定日最早，将其作为专利权被宣告无效的时间点，更加符合宣告无效以有追溯力为原则、以无追溯力为例外的立法宗旨，可以更大限度限缩不当得利正当化的范围，避免不公平状态。不仅如此，将无效宣告请求审查决定的决定日作为确定专利权被宣告无效的时间点，不仅具有对世性和确定性，还可以在一定程度上增加无效宣告请求审查决定发挥追溯力的机会，实现结果公正。

四是以决定日为准确定宣告专利权无效是司法实践中长期以来的既定规则。根据最高人民法院某侵害实用新型专利权纠纷案所确定的裁判规则，在《专利法》第四十七条第二款意义上，应以无效宣告决定的决定日为准确定宣告专利权无效的时间点。上述裁判规则发布以来，经过多年司法实践，一直为人民法院所沿用，已经具有稳定性，且为社会公众接受和认可，因此以决定日作为确定宣告专利权无效的时间点更为妥当。

二、判断主观恶意，不仅基于案件本身证据的审查，更要调查核实案涉专利和相关当事人在全国范围内的涉诉情况，进行综合研判

以本模型发现的线索为例，直接证据证实，深圳某甲公司在苏州市中级人民法院作出民事判决前已知晓案涉专利被宣告全部无效。广东省高级人民法院作出的广州某乙公司与深圳某甲公司侵害外观设计专利权纠纷二审民事判决书载明："二审期间，某乙公司向本院提交国家知识产权局于2020年6月17日作出的《无效宣告请求审查决定书》，拟证明涉案专利权已被宣告全部无效。本院已分别于2020年7月23日、2020年8月20日向某甲公司送达该份《无效宣告请求审查决定书》，但某甲公司未在合理期限内提交质证意见"，某甲

公司委托诉讼代理人参加该案诉讼。从上述判决书所记载内容可以发现，广东省高级人民法院已在2020年7月23日向某甲公司送达了案涉专利被宣告无效的决定书，某甲公司在2020年8月17日苏州市中级人民法院作出民事判决前已知晓案涉专利被宣告全部无效的事实。

其他证据可以推断出，某甲公司应当知晓案涉专利被宣告全部无效的事实。首先，从李某对案涉专利被宣告无效的知晓情况来看，2020年4月16日，国家知识产权局通过电话方式向李某发出口头审理通知书，李某提交口头审理回执明确不参加审理，证明李某对于其专利被申请宣告无效是明知的。其次，从股权架构情况来看，案涉专利权人李某系深圳某丙公司的股东，持股比例54%，案涉专利被许可人某甲公司系深圳某丙公司全资子公司，证明李某与某甲公司具有极为密切的关联关系。再次，从诉讼中某甲公司提交的证据材料来看，2020年5月27日，某甲公司诉讼代理人向苏州市中级人民法院提交的《关于案件情况的说明》载明："李某系某甲公司员工，在公司负责技术研发等工作，公司为了鼓励员工发明创造，就由李某个人申请了本案诉争的专利权。"证明某甲公司与李某之间除间接控股关系，还可能存在劳动关系。最后，从某甲公司与李某之间的专利关联性来看，某甲公司作为专利申请人申请的、发明人系李某的专利授权数量为396件，虽本案中案涉专利发明人及权利人均为李某，但其亦将该专利独占许可给了某甲公司，证明李某与某甲公司在专利领域深度融合交互。

据此，检察机关认为某甲公司在诉讼中恶意隐瞒案涉专利被全部宣告无效的事实，致使苏州市中级人民法院无法客观评价涉案专利权的稳定性，陷入了专利权仍然有效的错误认识，作出了不适用"先行裁驳、另行起诉"制度，某甲公司的行为不仅损害了他人的合法权益，还妨害司法秩序，系对国家利益的损害。

三、监督专利恶意诉讼，需要重点从源头治理、社会治理角度入手，强化与行政机关、行业协会之间的协作打击专利"黑代理"，共同助力知识产权服务行业高质量发展

深入实施创新驱动发展战略离不开全方位、高水平的知识产权服务业支撑。近年来，不法分子的专利"黑代理"活动严重扰乱专利代理市场秩序，影响专利申请质量，损害委托人利益，已成为专利恶意诉讼"黑色产业链"的关键一环。在省检察院业务部门指导下，苏州市检察机关运用数字检察思维，深挖破坏市场公平竞争环境和科技创新环境的专利"黑代理"共性问题，经调查发现，专利"黑代理"治理的问题症结在于近年来国家严厉惩治的高压态势下，专利"黑代理"经营手段翻新升级、违法方式隐蔽多样、隐形违

规层出不穷等问题，而行政机关面临动态监管难度较大、违法违规行为认定困难、行政治理手段滞后性强等困境。在此情况下，加强专利代理行业自律和自我管理效用凸显。考虑到专利“黑代理”不仅是苏州地区的个案，而是全省甚至全国都存在的问题，且江苏省专利代理人协会具有规划江苏省专利代理行业发展、规范专利代理法律服务行为的职能和义务，向其制发检察建议具有正当依据，且能取得较好的社会治理效果，检察机关于2023年9月25日向江苏省专利代理人协会制发检察建议。

检察建议送达后，江苏省专利代理人协会高度重视，立即梳理分析行业相关问题，积极开展专利“黑代理”整治工作。苏州市检察机关还与江苏省专利代理人协会、苏州市知识产权服务业商会、苏州市高新区知识产权协会建立专利“黑代理”线索移送机制。至2024年1月，苏州市检察机关已向苏州市知识产权局移送专利“黑代理”机构行政处罚线索22条15家，苏州市知识产权局已经对部分机构作出了行政处罚。2023年11月，国家知识产权局公布的第四批无资质专利代理处罚案件中，江苏省共有7家专利“黑代理”机构依法受到惩处。

模型团队成员：赵如滨、何嘉凯、房楚楚

卖淫类案件刑事诉讼类案监督

江苏省苏州市人民检察院
吴中区人民检察院　姑苏区人民检察院

关键词

卖淫类案件　涉黄人员　电子数据　法律监督

要旨

卖淫类案件中若公安机关侦查不充分、检察机关认定不全面，就会导致遗漏同案人员、遗漏犯罪事实的情况发生，此类案件也是执法司法人员充当“保护伞”的高危区。为切实履行诉讼监督职能，检察机关深挖办案数据，对类案全量电子数据进行筛查、碰撞、分析，通过涉案人员微信群组、聊天记录、资金往来比对社交关系筛查遗漏账号，依据行为规则进行数据画像判定人员身份，通过判定卖淫人员人数、犯罪起始时间、非法获利金额追加遗漏的犯罪事实，从而对卖淫活动中的组织者、介绍者开展追捕追诉、立案监督，挖掘职务犯罪线索，加大对卖淫类犯罪的全链条打击力度。

基本情况

针对卖淫类案件在侦查、审查认定中容易发生取证不到位、遗漏涉案人员和犯罪事实的情况，苏州市检察院在全市范围内组织涉卖淫类案件的专项评查，对案件侦、诉、判情况及法律监督情况进行汇总分析，并出台《涉卖淫类刑事案件审查指引》。对专项评查出的异常案件，进一步开展证据复查核查，发现案件办理在侦查环节未全面挖掘手机数据、电子账单，不注重客观性证据与核心犯罪情节之间的印证关系，未能深挖犯罪、补强证据体系，导致遗漏犯罪事实或者错过诉讼监督线索。通过类案分析，确立了以客观电子数据为核心，构建卖淫类案件诉讼监督模型。2022 年以来，苏州市检察机关运用模型规则，在卖淫类案件中，追捕追诉 17 人，立案监督 35 人，追加认定犯罪金额2700余万元，发现审判监督线索7条，提出审监抗3件。同时，发现并移送密切交往、通风报信、经手过问等职务犯罪线索5条。

线索发现

2022年1月，公安机关以冯某、王某等人组织卖淫案移送苏州市吴中区人民检察院审查起诉。涉案的卖淫人员多达10余名，持续时间长达9个月，日均资金流水大，交易频繁，但公安机关仅侦查认定了3名组织卖淫人员。组织者人数与被管理对象人数、经营持续时长、非法获利金额之间明显不匹配。

吴中区检察院通过公安机关获得所有已查获的组织人员、卖淫人员的手机电子数据、微信和支付宝电子账单，通过苏州市检察机关建设的电子数据云平台，开展关联分析。围绕重点微信群组、微信账号，筛查聊天记录和资金流水信息，碰撞出名为“利群”的活动管理群内存在未查获的涉案人员，最终实现对2名协助组织者的追诉，追加认定2020年6月至2020年12月的非法获利143万余元。

数据分析方法

（一）数据来源

1. 卖淫类刑事案件信息，包含案卡信息、文书笔录、判决书等（来源于检察业务应用系统）

2. 卖淫类案件全案电子数据，包括历史案件的手机数据和电子账单（来源于苏州市人民检察院电子数据云平台）

3. 涉黄行政处罚记录、警情信息、司法执法人员信息（来源于公安机关警务平台）

（二）数据要素

身份要素提取：提取卷宗材料中的身份信息、微信号、资金账号、犯罪角色等信息，在电子数据云平台中建立涉黄人员库，并以公安机关行政处罚信息作为扩充。涉黄人员库，既是确定漏犯身份、直接开展追捕追诉的依据，也是扩线深挖关联案件的基础。

关键事实要素提取：提取文书笔录中的卖淫地点、经营时长、嫖资金额、键盘手和卖淫人员的分成金额等信息，尤其对于嫖资、分成、分红等资金方式予以明确。

（三）数据分析步骤

第一步：社交关系规则，筛查遗漏涉案账号。从通讯录、通话记录、社交聊天、交易转账等维度对犯罪嫌疑人的电子数据进行分析碰撞，若发现非在案的聊天对象、交易对象满足以下条件则为遗漏涉案人员：

1. 资金规律。对非在案的资金对象从固定嫖资倍数入账、高频转入转出、在案人员（如卖淫人员分成）同一时间段内批量转入转出等维度确定遗漏涉案人员。

2. 共同好友。通过系统自动绘制多名犯罪嫌疑人的资金流向图谱、社交关系图谱，图谱中的交叉汇聚点即为与两名及以上犯罪嫌疑人都存在交易、社交关系的对象，这些对象中的非在案人员极有可能为遗漏涉案人员；若资金流向图谱、社交关系图谱的交叉汇聚点存在重叠应重点关注。

3. 重点群。通过设置群活跃度高、存在两名及以上犯罪嫌疑人、频繁命中涉黄敏感词等规则，筛查出重点群。重点群中犯罪嫌疑人越多且群成员越少，则该群存在遗漏涉案人员的可能性越大。

4. 亲密程度叠加敏感词。对非在案的聊天对象按照联系频次、命中涉黄敏感词（如技师、包夜）频次进行综合排序，频次越高则为遗漏涉案人员可能性越大。

第二步：行为画像规则，分析涉案人员角色。在第一步梳理出来的遗漏涉案人员基础上，根据卖淫类案件犯罪角色的特点，结合社交关系、交易转账等维度，分析判断该涉案人员在卖淫类案件中的角色。

1. 卖淫人员（接受组织者调度）：与犯罪嫌疑人聊天较为频繁、存在于社交图谱的交叉部分；与犯罪嫌疑人交易非常活跃，交易金额符合卖淫人员分成并且资金规律为同一时间段内批量转出（组织者统收嫖资再分成模式），或者交易金额符合组织者提成（嫖资减去卖淫人员分成）并且资金规律为同一时间段批量转入（卖淫人员代收嫖资扣除分成再交账模式）。

2. 组织者（组织、管理中心人员）：社交图谱汇聚中心点、重点账户持有人、资金转入（固定嫖资倍数、大额分红）及转出（卖淫人员、协助卖淫人员分成）呈批量性、周期性规律。

3. 介绍者（中间环节、键盘手）：在社交图谱中处于嫖客与组织者的中间环节、群聊中发送大量招嫖广告、与嫖客聊天推荐项目并发送卖淫场所位置信息、交易多为一单一结或一天一结。

第三步：遗漏事实判定规则，聚焦核心情节，研判遗漏事实。在前两步分析的基础上，聚焦卖淫人员人数、非法获利金额两大犯罪情节，深挖遗漏的犯罪事实。

1. 卖淫人数：将电子数据与涉黄人员库碰撞，比对卖淫人员身份，挖掘出有前科劣迹的卖淫人员，叠加第二步行为画像规则分析出的卖淫人员，研判是否追加组织卖淫对象的人数。

2. 经营时长：找到收款账号中符合嫖资特征的最早交易记录、组织核心成员之间命中涉黄敏感词的最早聊天记录、重点群的组建时间或最早聊天记录、收款账号注册时间等，确定卖淫犯罪活动开始的时间。

3. 非法获利：从交易频次、大额交易、交易总额、共同经济对象等维度进行分析排序，查找出遗漏的收款、分红账号；根据固定金额（嫖资或嫖资倍数）、交易时间（夜间居多）等交易规律进行梳理、汇总，查找出遗漏的非法交易记录；若卖淫犯罪活动开始的时间被提前，则查找出遗漏时间段内的非法交易记录；排班表、上钟记录、财务对账单等形式的非电子账单证据，经转化后查找出遗漏的非法交易记录。

第四步：跨案件、跨区域电子数据“撞库”扩线。在电子数据云平台中，将本案电子数据先后与涉黄人员库、全市电子数据“大池”进行碰撞，用于研判不同案件之间是否存在重叠的人员及账号，达到跨案、跨区域、跨时间碰出关联案件、关联人员的效果。

（四）思维导图

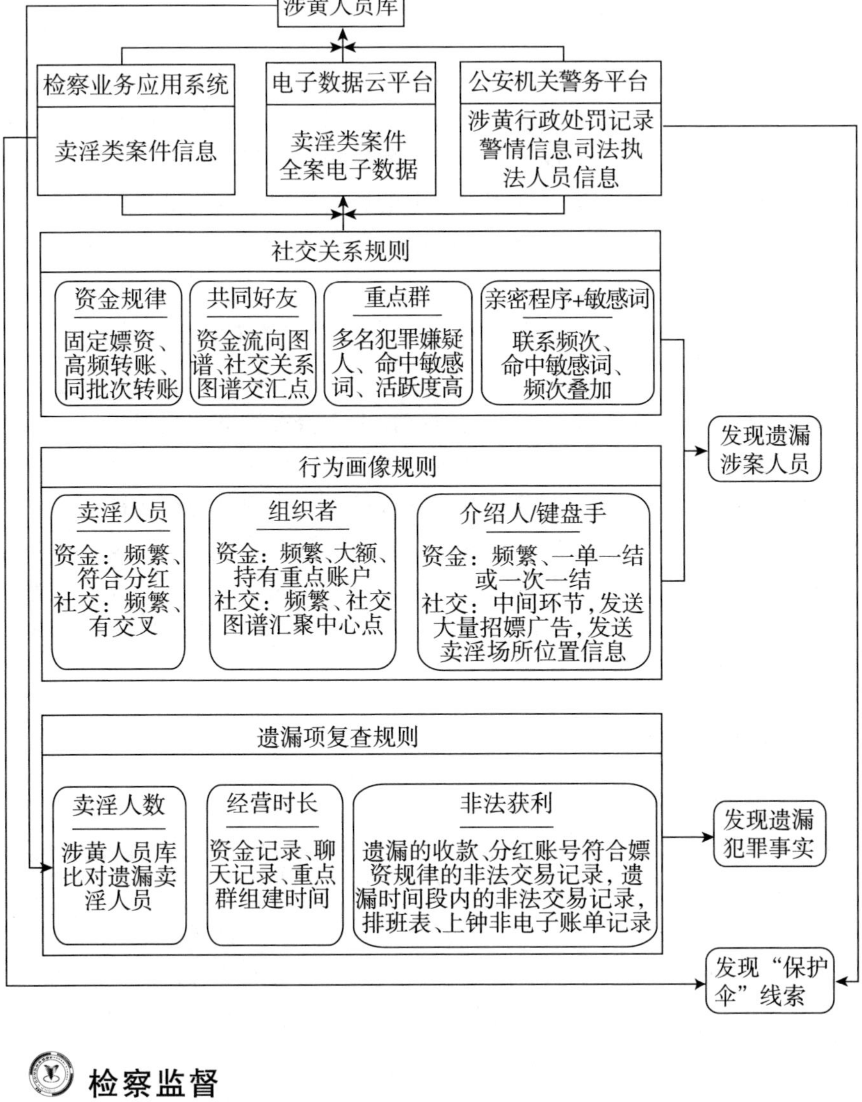

检察监督

（一）侦查监督

对线索指向的遗漏组织者、介绍者以及网络招嫖键盘手、接送司机等协助者，匹配涉黄人员信息库，能锁定漏犯具体身份的，开展追捕、追诉；暂时无法获取身份信息的，监督公安机关进一步立案侦查。对规则推出遗漏账号为嫖客、卖淫人员的，或者线索指向为其他收款账号的，进一步结合案件资金流水，核查犯罪事实，确定是否追加卖淫人员人数、非法获利金额等核心犯罪情节，从而追加遗漏的犯罪事实，加大对违法所得的追缴力度。

（二）审判监督

对已判决的卖淫类案件开展专项数据核查，运用统计分析，梳理出犯罪持续时间长但卖淫人员人数少、违法所得金额低以及犯罪持续时间长、卖淫人员人数多但组织者人数少的案件。对异常案件运用模型规则，发现存在遗漏认定犯罪事实情形的，综合考量该事实对量刑的影响，对涉及判刑提档升级、罚金刑执行、违法所得追缴等，符合抗诉条件且有抗诉必要的，启动审判监督程序。

（三）检察侦查监督（司法工作人员相关职务犯罪）

针对办理的卖淫类案件，通过数据要素提取，将犯罪持续时间超过 6 个月、涉案人员曾被治安处罚、经营场所存在多个治安警情的组织卖淫、容留卖淫案件列为重点排查案件，对案件全量电子数据进行深度挖掘。将涉案人员手机通信信息与本地公安机关民警通讯录进行碰撞，排查是否存在社交关系交集的情形；结合交往频次、账号资金流向、敏感词筛查等规则进一步比对，对数据模型推出的公安机关执法人员实施通风报信、放纵、包庇犯罪嫌疑人等充当“保护伞”的线索，进一步分析研判，加强客观电子证据的收集固定，并移送职务犯罪侦查部门或纪检监察部门。

社会治理成效

（一）加强刑事办案指引，有力打击涉黄犯罪

通过大数据模型强化检察法律监督，卖淫类案件的诉讼监督数据显著增长，苏州市检察院进一步出台完善了《涉卖淫类刑事案件审查指引》，提升全市类案审查的规范化。积极与公安机关研判会商，引导公安机关统一卖淫类案件的侦查取证规范，推动市公安局对立而不侦、挂案不处、查处不到位的卖淫类案件开展专项清理，形成对涉黄犯罪的有力打击态势。

（二）有效净化网络环境，斩断涉黄产业链

针对卖淫类案件中大量存在利用社交软件、直播软件、点评团购软件等发布隐晦色情广告进行引流吸客的情形，苏州市检察机关在运用大数据模型开展类案法律监督的同时，在平台数据中加强对上述情况的整理汇总。结合办案查找网络平台的监管漏洞，明确安全监管责任，通过制发检察关注函、检察提醒函、社会治理类检察建议等方式推动网络服务行业加强自治，督促网络平台经

营者、监管者及时处理举报投诉，主动巡查、清理涉黄信息和广告，查封违规账号，清除网络招嫖的生存空间。

法律法规依据

1.《中华人民共和国刑法》

第三百五十八条第一款、第四款 组织、强迫他人卖淫的，处五年以上十年以下有期徒刑，并处罚金；情节严重的，处十年以上有期徒刑或者无期徒刑，并处罚金或者没收财产。

为组织卖淫的人招募、运送人员或者有其他协助组织他人卖淫行为的，处五年以下有期徒刑，并处罚金；情节严重的，处五年以上十年以下有期徒刑，并处罚金。

第三百五十九条第一款 引诱、容留、介绍他人卖淫的，处五年以下有期徒刑、拘役或者管制，并处罚金；情节严重的，处五年以上有期徒刑，并处罚金。

2. 最高人民法院、最高人民检察院《关于办理组织、强迫、引诱、容留、介绍卖淫刑事案件适用法律若干问题的解释》

第一条 以招募、雇佣、纠集等手段，管理或者控制他人卖淫，卖淫人员在三人以上的，应当认定为刑法第三百五十八条规定的“组织他人卖淫”。

组织卖淫者是否设置固定的卖淫场所、组织卖淫者人数多少、规模大小，不影响组织卖淫行为的认定。

第二条 组织他人卖淫，具有下列情形之一的，应当认定为刑法第三百五十八条第一款规定的“情节严重”：

（一）卖淫人员累计达十人以上的；

（二）卖淫人员中未成年人、孕妇、智障人员、患有严重性病的人累计达五人以上的；

（三）组织境外人员在境内卖淫或者组织境内人员出境卖淫的；

（四）非法获利人民币一百万元以上的；

（五）造成被组织卖淫的人自残、自杀或者其他严重后果的；

（六）其他情节严重的情形。

第四条 明知他人实施组织卖淫犯罪活动而为其招募、运送人员或者充当保镖、打手、管账人等的，依照刑法第三百五十八条第四款的规定，以协助组织卖淫罪定罪处罚，不以组织卖淫罪的从犯论处。

在具有营业执照的会所、洗浴中心等经营场所担任保洁员、收银员、保安员等，从事一般服务性、劳务性工作，仅领取正常薪酬，且无前款所列协助组织卖淫行为的，不认定为协助组织卖淫罪。

第五条 协助组织他人卖淫，具有下列情形之一的，应当认定为刑法第三百五十八条第四款规定的“情节严重”：

（一）招募、运送卖淫人员累计达十人以上的；

（二）招募、运送的卖淫人员中未成年人、孕妇、智障人员、患有严重性病的人累计达五人以上的；

（三）协助组织境外人员在境内卖淫或者协助组织境内人员出境卖淫的；

（四）非法获利人民币五十万元以上的；

（五）造成被招募、运送或者被组织卖淫的人自残、自杀或者其他严重后果的；

（六）其他情节严重的情形。

第八条 引诱、容留、介绍他人卖淫，具有下列情形之一的，应当依照刑法第三百五十九条第一款的规定定罪处罚：

（一）引诱他人卖淫的；

（二）容留、介绍二人以上卖淫的；

（三）容留、介绍未成年人、孕妇、智障人员、患有严重性病的人卖淫的；

（四）一年内曾因引诱、容留、介绍卖淫行为被行政处罚，又实施容留、介绍卖淫行为的；

（五）非法获利人民币一万元以上的。

利用信息网络发布招嫖违法信息，情节严重的，依照刑法第二百八十七条之一的规定，以非法利用信息网络罪定罪处罚。同时构成介绍卖淫罪的，依照处罚较重的规定定罪处罚。

引诱、容留、介绍他人卖淫是否以营利为目的，不影响犯罪的成立。

引诱不满十四周岁的幼女卖淫的，依照刑法第三百五十九条第二款的规定，以引诱幼女卖淫罪定罪处罚。

被引诱卖淫的人员中既有不满十四周岁的幼女，又有其他人员的，分别以引诱幼女卖淫罪和引诱卖淫罪定罪，实行并罚。

第九条 引诱、容留、介绍他人卖淫，具有下列情形之一的，应当认定为刑法第三百五十九条第一款规定的“情节严重”：

（一）引诱五人以上或者引诱、容留、介绍十人以上卖淫的；

（二）引诱三人以上的未成年人、孕妇、智障人员、患有严重性病的人卖淫，或者引诱、容留、介绍五人以上该类人员卖淫的；

（三）非法获利人民币五万元以上的；

（四）其他情节严重的情形。

3.《中华人民共和国刑事诉讼法》

第八条 人民检察院依法对刑事诉讼实行法律监督。

第一百一十三条 人民检察院认为公安机关对应当立案侦查的案件而不立案侦查的，或者被害人认为公安机关对应当立案侦查的案件而不立案侦查，向人民检察院提出的，人民检察院应当要求公安机关说明不立案的理由。人民检察院认为公安机关不立案理由不能成立的，应当通知公安机关立案，公安机关接到通知后应当立案。

第二百五十四条第三款 最高人民检察院对各级人民法院已经发生法律效力的判决和裁定，上级人民检察院对下级人民法院已经发生法律效力的判决和裁定，如果发现确有错误，有权按照审判监督程序向同级人民法院提出抗诉。

4.《人民检察院刑事诉讼规则》

第三百五十六条 人民检察院在办理公安机关移送起诉的案件中，发现遗漏罪行或者有依法应当移送起诉的同案犯罪嫌疑人未移送起诉的，应当要求公安机关补充侦查或者补充移送起诉。对于犯罪事实清楚，证据确实、充分的，也可以直接提起公诉。

第五百五十一条 人民检察院对刑事诉讼活动实行法律监督，发现违法情形的，依法提出抗诉、纠正意见或者检察建议。

人民检察院对于涉嫌违法的事实，可以采取以下方式进行调查核实：

（一）讯问、询问犯罪嫌疑人；

（二）询问证人、被害人或者其他诉讼参与人；

（三）询问办案人员；

（四）询问在场人员或者其他可能知情的人员；

（五）听取申诉人或者控告人的意见；

（六）听取辩护人、值班律师意见；

（七）调取、查询、复制相关登记表册、法律文书、体检记录及案卷材料等；

（八）调取讯问笔录、询问笔录及相关录音、录像或其他视听资料；

（九）进行伤情、病情检查或者鉴定；

（十）其他调查核实方式。

人民检察院在调查核实过程中不得限制被调查对象的人身、财产权利。

第五百五十七条第二款 人民检察院发现公安机关可能存在应当立案侦查而不立案侦查情形的，应当依法进行审查。

第五百八十三条 人民检察院依法对人民法院的判决、裁定是否正确实行法律监督，对人民法院确有错误的判决、裁定，应当依法提出抗诉。

第五百九十一条 人民检察院认为人民法院已经发生法律效力的判决、裁定确有错误，具有下列情形之一的，应当按照审判监督程序向人民法院提出抗诉：

（一）有新的证据证明原判决、裁定认定的事实确有错误，可能影响定罪量刑的；

（二）据以定罪量刑的证据不确实、不充分的；

（三）据以定罪量刑的证据依法应当予以排除的；

（四）据以定罪量刑的主要证据之间存在矛盾的；

（五）原判决、裁定的主要事实依据被依法变更或者撤销的；

（六）认定罪名错误且明显影响量刑的；

（七）违反法律关于追诉时效期限的规定的；

（八）量刑明显不当的；

（九）违反法律规定的诉讼程序，可能影响公正审判的；

（十）审判人员在审理案件的时候有贪污受贿，徇私舞弊，枉法裁判行为的。

对于同级人民法院已经发生法律效力的判决、裁定，人民检察院认为可能有错误的，应当另行指派检察官或者检察官办案组进行审查。经审查，认为有前款规定情形之一的，应当提请上一级人民检察院提出抗诉。

对已经发生法律效力的判决、裁定的审查，参照本规则第五百八十五条的规定办理。

办案心得体会

近年来，组织卖淫、容留介绍卖淫等涉黄类案件频发，具有涉案人员多、资金流水大、手机数据庞杂、跨区域作案等特点，公安机关受制于警力、侦查能力甚至是主观意愿等原因，通常难以查深查透。基于此，部分案件中法院判决刑期偏轻，违法所得认定偏低，不能对犯罪分子实现罚当其罪、打财断血。苏州市检察院在对该类案件的专项评查中发现，检察机关也存在事实认定方面较为机械保守，对非现场查获的涉卖淫犯罪事实认定保守指控；对证据审查不够细致，对客观证据包括电子证据的审查不足，导致遗漏犯罪事实；未能从证据材料中发现追捕追诉和立案监督线索，导致有些卖淫场所真正的幕后控制人逃脱刑法处罚，处理结果失衡，办案效果不理想，未充分履行监督职能等问题。

苏州市检察机关在总结提炼卖淫类案件审查指引的基础上，对案件的办理情况、基本办案数据等进行分析研判，探索运用大数据开展诉讼监督。主要思路是以全量电子数据（主要包括手机数据和电子账单）为主，通过交际、资金规则的分析，比对出遗漏的涉案人员、遗漏的犯罪事实。以下围绕线索发现与研判、开展调查核实、加强监督履职三个方面阐述运用模型办理案件的心得。

一、线索发现与研判

电子数据在打击犯罪司法实践中的作用越来越重要，但海量电子数据的整理、分析、筛查仍是困扰办案人员的难点。通过大数据模型可以对海量电子证据进行规则验证，对不同案件进行关联比对，精准研判诉讼监督线索，提升监督质效。

（一）办案数据汇总提取

在挖掘检察办案数据的基础上，对检察业务应用系统中近三年卖淫类办案数据进行提取归集。对文书、笔录中的卖淫人员、嫖客、参与卖淫犯罪的主体信息数据进行自动要素提取，包含身份信息、手机号、微信和支付宝账号，建立涉黄人员信息库，作为追捕追诉分析确定人员身份的基础。有条件的地区，可以通过侦协办等工作机制，补充扩大公安机关卖淫嫖娼的行政处罚记录。

模型数据的关键在于卖淫类案件中全量的手机电子数据和电子账单，这是诉讼监督线索最直接的来源。获取的数据多寡、是否全面与最终线索能否推出、能否成案关系密切。刑检部门在办案中要引导公安机关尽早、尽全查扣涉案人员手机，调取微信、支付宝交易记录。

（二）数据规则研判分析

卖淫类案件漏犯往往与团队核心成员之间有密切资金和交往记录，以此为突破点进行规则归纳和分析研判。如在冯某、王某等人组织卖淫案中，以冯某、王某的微信账号为中心，建立社交关系图谱，模型锁定冯某、王某、李某三人微信同时存在于一个名为“利群”的微信群内，该群组人数较少仅有5人，且群内聊天记录涉及安排卖淫活动的涉黄敏感词，该群为重点微信群，群内另2个账号对应未知人员，高概率可以判别为遗漏涉案账号。同时在社交关系交往频次和关联度排序中，发现有2个账号频繁与李某使用的微信账号进行联系，联系时间与卖淫活动时间重合，与该案核心收款账号之间有资金往来记录，且该2个账号与冯某使用的微信号也有历史交往记录，极可能为遗漏的涉案人员。

在电子数据中对遗漏账号的所有记录进行筛查分析，运用数据画像规则确定账号角色。如卖淫人员一般存在于社交图谱的交叉部分，与组织者聊天和交易较为频繁，资金特征符合单笔结算或者日结特征，金额一般相对固定为嫖资提成或者倍数。介绍者在社交图谱中与组织者单线联系较多，一般与卖淫人员无交集，群聊记录中发送大量招嫖广告、日记，接受组织者发送的卖淫场所位置信息，交易记录为单结或日结。在冯某案中，发现遗漏的未知账号涉及的文本多为描述嫖客特征、接引嫖客、汇报收账情况，行为特征符合协助组织者，推断遗漏人员系卖淫团伙中的协助者。

卖淫类案件中，电子账单数据的分析对于事实认定至关重要，也是确定遗漏人员参与犯罪的直接证据。模型在研判规则中加大对资金交往记录的分析，对重点账号资金记录进行重点分析，根据资金规则判别遗漏的收款账号，极可能为入股的幕后组织者。此外，根据最早的嫖资收取和分红记录，可以进一步推定卖淫犯罪的起始时间，有助于准确认定案件的犯罪金额。冯某案中，公安机关起初并未完整提供2021 年之前的交易记录，从群组记录能看到 2020 年即有部分涉黄内容，办案部门要求公安机关进一步调取全部资金记录，梳理出最早实施犯罪时间为 2020 年 6 月，将侦查认定时间提早了半年，根据嫖资收取规律，追加认定非法获利金额约 143 万元。

二、开展调查核实

（一）调查核实的方式

模型推出的线索多数是以未知账号形式存在，要进一步明确账号与涉案人员之间的关联性，并对该对象在犯罪中的具体作用进一步调查核实，才能精准进行诉讼监督。刑检部门在办案中可以通过自行补充侦查、退回侦查机关补充侦查或者要求公安机关提供补充材料等方式，对线索反映出来的信息进行核查。对于线索发现的司法人员相关职务犯罪线索，可以在初步调查的基础上，移送本院自侦办案部门。

（二）不同线索调查取证重点

对于模型推出的遗漏账号可能为组织者、协助组织者的，要加强对卖淫人员、嫖客等人证言的审查，必要时可以对相关证人进行询问复核，重点了解卖淫场所内的人员情况，有无领班、望风、接客等专职人员或者其他管理者，有无听说有幕后老板等情况，尽可能向所有卖淫人员了解情况，抓住核心要素、核心情节。结合资金转账情况，要求已归案的犯罪嫌疑人解释资金转出转入的具体对象，讲清嫖资分成方式，与卖淫人员的证言进行比对，分析其辩解不合理之处。在核实言词证据的基础上，还要加强对账号归属者的调查，应当要求公安机关对账户过往使用者进行调查核实，可以结合电子数据筛查账号的有关记录，在本地区其他卖淫类案件中搜索账号使用记录，尽早确定账号的实际使用者。对该账号的微信交易记录进行调取和分析，研判在资金流转中的地位。如冯某案中，线索推出“利群”微信群中未知账号的使用者标注为“小钮”，而进一步调查发现该案重点微信收款账号在2021年之前注册登记的使用者名为“钮某”，通过补充询问核实钮某曾以自己名字注册微信号供组织者冯某使用，2021年离开卖淫团伙后，冯某才将该微信账号重新关联到同案犯王某名下，从而明确了钮某作为实际帮助者参与了组织卖淫犯罪。

对于线索指向为介绍者尤其是网聊键盘手的，需要进一步调取该账号的资金记录，查看其资金流向，是否有层层介绍、层层代理的情形。引导公安机关查明账号所属者身份，同时加大对涉案组织者的讯问，比对嫖资分成情况是否符合约定。充分调取嫖客的证言和手机数据信息，尽可能固定键盘手与嫖客之间的网聊证据，从而锁定其身份和作用，开展诉讼监督。

对于线索发现为卖淫人员的，及时联系公安查证卖淫人员身份，询问其他卖淫人员和组织者是否存在该卖淫人员，要注重了解该卖淫人员参与卖淫活动的起止时间，综合判断一个时间段内被管理对象人数和卖淫活动规模。

对于线索推出犯罪起始时间与侦查机关认定时间不一致的，除了加强询问卖淫人员、嫖客、组织者等，了解实际卖淫活动的开始时间，对于有固定经营场所的，还要及时补充场所经营记录的相关证据如租房合同、租房缴费记录、房东的证言等。可以调取部分嫖客的手机消费记录等进行查证，由于卖淫人员流动性较大，尽可能要求公安机关调查早前的卖淫人员情况，从而补充相关证据。

三、加强监督履职

（一）侦查监督

数据模型的核心在于发现诉讼监督线索，提升监督质效，其中对公安机关开展侦查监督更能充分体现对卖淫类犯罪的前端打击力度。通过对办案数据尤其是电子数据的深度碰撞、比对、分析，规则推出的遗漏犯罪嫌疑人、遗漏犯罪事实的线索在进一步调查核实后，可以视情形，加强侦查监督工作。在启动对遗漏同案人员的追捕追诉监督工作时，应特别关注是否有相应的证据证实线索指向的对象实施了犯罪行为，调查取得的证据要达到基本确实充分的标准，且犯罪事实情节应达到立案追诉标准。特别对于协助组织者、介绍、容留卖淫人员等，最高人民检察院、最高人民法院关于卖淫犯罪的司法解释明确了追究刑事责任的起点，在制发相关追捕追诉文书前要重点论证清楚。

对于线索指向的账号，无法查明具体身份，但作用相对明确的，比如相对独立的网络招嫖键盘手、运送涉黄人员的黑车司机等，可以制发文书监督公安机关立案。当前，大部分卖淫类活动是通过网络招嫖形式进行交易，网络招嫖键盘手往往分散于各地，通过一些社交软件、直播软件等发布涉黄信息，有的层级分工严密，与组织者之间相对独立。在运用数据模型进行筛查监督时，要尽可能抓住资金主线，运用调查手段，厘清嫖资分成的去向，锁定涉案对象，不要轻易忽略立案监督的线索。

（二）审判监督

数据模型在对全量电子数据分析的基础上，可以根据线索推出的新增事实，对已判决案件开展监督。在选取可监督的案件时，先进行案件特征数据画像，对刑事裁判文书进行关键字段识别提取，统计分析核心犯罪情节，包括犯罪持续时间、卖淫人员人数、非法获利金额、犯罪团伙人数等，对数据进行关联分析，排查出经营时间长但非法获利少，卖淫人数多但参与犯罪者少，同案人员分案处理但移送起诉间隔较长的存疑案件，实现在类案判决中找规律，在电子数据中碰事实。对可能存在遗漏事实的案件，补充电子数据，运用模型数据规则进行分析比对，研判是否存在影响定罪量刑的重要事实未予认定，视情况启动审判监督程序。如姑苏区检察院对2022年来已判决的卖淫类案件进行专项监督，在1件同案犯分案处理的案件中，经规则筛查后分析出遗漏收款金额共计37万余元，已提请苏州市检察院提出抗诉。

（三）司法工作人员职务犯罪线索移送

由于卖淫类案件往往涉及“保护伞”线索，在运用模型对类案电子数据进行分析研判的同时，聚焦有固定卖淫场所的案件，利用核心事实提取、涉黄人员库查询，筛查出经营时间长、涉案人员曾被治安处罚的案件，从公安机关调取场所警情记录进行比对分析，从而推出有案不立或者怠于侦查的线索。同时将公安干警通讯录与卖淫类案件电子数据碰撞，从交往关系、资金流向、聊天记录中匹配出司法工作人员通风报信、经手过问等涉职务犯罪的线索。2022年以来，苏州市检察机关同步在模型应用中发现并移送自侦线索5条。

模型团队成员：苏云姝、胡红光、于悦、张爱军、杨静雯、杨丹、刘媛媛、牛丹丹

小微型客车租赁安全隐患整治类案监督

江苏省苏州市相城区人民检察院

关键词

小微型客车租赁　行政检察　公益诉讼　行政备案

要旨

当前国家深化“放管服”，小微型客车租赁新兴行业蓬勃发展，但发展的同时也面临安全生产隐患，且存在行政监管衔接“真空”。检察机关利用企查查、政府信息网站，结合向交通运输部门和交警部门获取的数据，梳理形成经营主体、租赁备案、车辆登记三个数据集。通过要素筛查、数据碰撞，发现经营主体不适格、开展经营不备案、车辆性质登记错误线索，融合开展公益诉讼和行政检察监督。针对行政机关反馈信息不通、衔接不畅等监管难题，联合多部门会签协作机制，理顺行业事前登记、事中备案和事后监管，形成执法监督闭环。呼吁反映国家层面立法空白、部门规章和省级地方性法规冲突等深层次问题，推动行业综合整治、系统治理。

基本情况

小微型客车租赁行业涉及多个关联职能部门，行政审批部门负责监管市场主体登记注册，交通运输部门负责监管企业备案和日常经营，公安机关交警部门负责监管车辆性质登记和变更。主管部门之间有效衔接的缺乏，导致该行业出现监管盲区：行政许可转行政备案后，行政审批局在市场主体准入时负责形式审查，不具备企业法人资格的个体工商户等主体可随意注册开展经营；开展经营在前备案在后，交通运输局无法掌握经营主体情况，造成失管脱管；无法掌握经营主体名单，交警部门便不能精准核查车辆登记性质，存在报废车辆上路、少交保险费用、发生事故后保险赔付不到位等风险。

面对行业普遍出现违法经营情形，相城区检察院决定利用大数据构建模型发现批量监督线索。该院利用企查查平台数据，结合向交通运输局和交警部门定向获取的数据，通过要素筛查、数据碰撞，发现截至2023年6月18日，苏州市可以提供小微型客车租赁经营服务且存续、在业的市场主体共5618家，经营主体不适格线索1138条，网约车司机违规从业线索10余条。其中，市辖区（姑苏、园区和虎丘）经营主体不适格线索330条，企业开展经营不备案线索1731条，车辆性质登记错误线索641条。

针对相关线索，该院通过公益诉讼和行政检察融合履职，共发出6份检察建议。建议职能部门落实备案制度、清理僵尸汽车，消除公益受损隐患；向行政审批局、交通运输局、交警部门分别发出检察建议，督促其加强市场主体登记审核、查处企业不备案等违法经营行为、做好车辆性质登记和变更工作。针对行政机关反馈的部门衔接不畅、执法信息壁垒问题，联合三部门会签协作机制，推动共享经营主体、许可备案和车辆登记信息，形成执法监督闭环。另外，以发送社会治理检察建议、推动制定合同范本、呼吁修订问题性文件等多重方式推进综合治理。

线索发现

2023年初，“益心为公”志愿者提报线索，反映相城区某实验小学对面的停车场停放大量共享僵尸汽车。相城区检察院调查后发现，该公共停车场被某甲、某乙等共享汽车经营主体作为车辆集中停放地。现场无人管养维护，部分车辆灰尘堆积、轮胎干瘪、车身损坏且无法锁车，带来公共安全隐患，涉嫌损害社会公共利益。在开展公益诉讼调查过程中，办案人员同步履行行政检察职责，深究小微型客车租赁行业安全生产隐患和经营乱象的深层次原因。

数据分析方法

（一）数据来源及数据要素

1. 数据集1（经营主体数据集）：注册登记的小微型客车租赁经营主体（来源于企查查平台）

2. 数据集2（租赁备案数据集）：已办理许可或者备案的经营主体以及性质登记为“租赁”的车辆名单（来源于交通运输部门）

3. 数据集3（车辆登记数据集）：小微型客车车辆登记情况（来源于公安机关交警部门）

（二）数据分析步骤

第一步：要素筛查。以苏州市相城区为例，在经营主体数据集中，通过

“成立年限”（2021 年 4 月 1 日—2023 年 6 月 18 日）、“登记状态”（存续、在业）要素进行初步筛查，获得有效经营主体名单。然后通过“经营主体类型”（非有限责任公司、股份有限公司、全民所有制、联营企业）要素进行二次筛查，得出开展经营不备案线索（即不具备企业法人资格却提供小微型客车租赁服务的主体名单）。

第二步：数据碰撞。将筛查后的经营主体数据集即有效经营主体名单，与租赁备案数据集中的主体名单碰撞，得出开展经营不备案线索（即具备企业法人资格、从事经营却不备案的企业名单）。

将有效经营主体名单与车辆登记数据集碰撞，获得有效经营主体名下车辆登记情况，然后再与租赁备案数据集中的车辆名单碰撞，得出车辆性质登记错误线索（即车辆使用性质未登记为“租赁”的名单）。

经汇总，得出经营主体不适格、开展经营不备案、车辆性质登记错误 3 类监督线索。

（三）思维导图

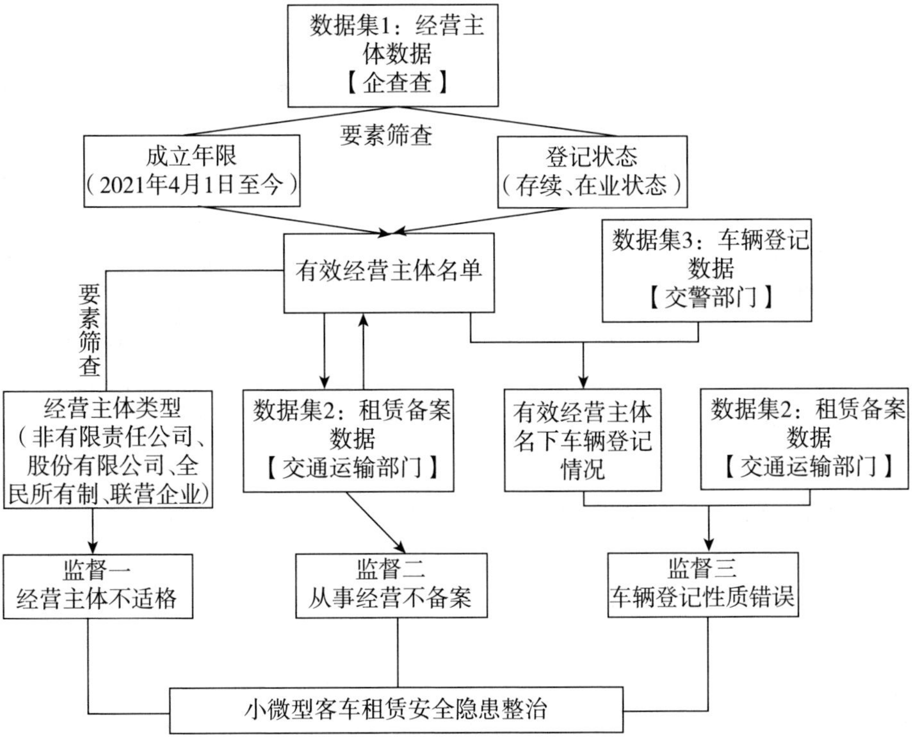

检察监督

相城区检察院从以下三个方面，通过公益诉讼和行政检察融合履职，分层次开展类案监督，系统化推进源头整治：

（一）依法开展公益诉讼监督，消除安全生产隐患

公益诉讼部门依托“益心为公”志愿者提报线索和协助调查，梳理共享僵尸汽车集中停放侵占公共资源、租车身份查验走过场、人脸识别安全性低、车辆破损带来安全隐患、暂停租赁业务不告知消费者等问题。向交通运输局、属地政府发出2份检察建议，建议交通运输局落实经营主体许可转备案公示制度，规范租车查验流程，加强平台经营监管；督促属地政府清理共享僵尸汽车、排查安全隐患、规范公共停车场利用。交通运输局部署开展专项整治，印发活动实施方案，与市场监管局对接获取经营主体情况；约谈某丙租车等责任主体，督促整改车辆技术档案不全、经营信息不公示等问题；向企业发放《备案材料清单》等材料，加强行业行政指导。属地政府及时核查，确定责任主体，组织僵尸车辆清运处置，合理规划小学周边公共停车场点位。

（二）深入探索行政检察监督，堵塞行业监管漏洞

全面厘清行政审批局、交通运输局、公安机关交警部门分别承担市场主体准入与登记注册、企业备案和日常经营、车辆性质登记变更的监管职责。精准探索开展行政检察监督，向三个部门发出3份检察建议，督促其依法履职。针对不具备企业法人资格的个体工商户等主体注册开展经营情形，建议行政审批局加强前端审核，严把市场主体“登记准入关”。推动该局注销个体工商户等不适格经营主体8家。针对企业开展经营不备案，督促交通运输局加强事中监管和指导，推动责令15家企业和52辆汽车新增备案，注销许可到期不开展经营的企业14家。其中，对某丁科技公司开展经营不备案行为，交通运输局作出责令改正并处罚款4000元的行政处罚。进一步推动将备案事项纳入全市交通运输执法“双随机一公开”跨部门检查名录。

（三）联合职能部门推进源头治理，形成执法监督闭环

针对小微型客车租赁行政许可转备案过程中存在的法律规范“空窗期”和行政监管“真空期”，该院联合交通运输局制定《经营风险提示函》，供交通运输局、行政审批局和交警部门在日常执法中向经营主体发放，提示备案流程及不备案后果，从源头助力企业合规经营。针对行政机关反馈的多头监管合力不足、前端数据难以精准获取等客观困难，该院联合行政审批局、交通运输局和交警部门多次集体研讨，联合会签《关于建立小微型客车租赁经营备案

工作信息共享机制的实施意见（试行）》，理顺小微型客车租赁事前登记、事中备案和事后监管流程，形成行政执法监督闭环。

社会治理成效

2023 年 2 月 21 日，中央全面依法治国委员会办公室印发通知，在全国部署开展道路交通安全和运输执法领域突出问题专项整治，强调“要坚持标本兼治，切实从制度层面找出‘病灶’、拔除‘病根’对道路交通安全和运输执法领域相关地方性法规、地方政府规章、行政规范性文件进行专项清理，对违反上位法规定的，不符合党的二十大精神和党中央国务院有关决策部署的，要应清尽清、应改尽改、应废尽废”。3 月 17 日，最高人民检察院印发《关于加强道路交通安全和运输执法领域行政检察监督工作的通知》，明确要求将“行政检察护航民生民利”活动与专项整治结合，深化落实数字检察战略，促进系统治理。

相城区检察院积极落实上级专项部署，通过调查研究、案件办理和综合整治“多层次”履职，推进新兴业态事前登记、事中备案和事后监管“全链条”治理：

（一）提高履职质效，推动行业系统整治

聚焦行业经营主体，调研走访苏州市汽车租赁协会，反馈调查情况，发送社会治理检察建议，推动落实行规行约，强化自律自治，参与推动制定平台服务合同范本。同时，依托行政机关、行业协会等渠道，向 100 余家经营主体发放调查问卷，调研行业经营现状及发展前景、经营主体是否清楚主管部门和法律规范等情况，将经营主体普遍未履行备案手续等情形作为检察履职参考依据。

（二）深入调查研究，推进问题综合治理

研究梳理发现《小微型客车租赁经营服务管理办法》（以下简称《管理办法》）规定该行业实行行政备案，但《中华人民共和国道路运输条例》并未将汽车租赁纳入规制范围，而《江苏省道路运输条例》对汽车租赁经营仍规定实行行政许可。办案人员及时形成专题报告，反映国家层面立法空白、基层执法依据竞合、国务院部门规章与省级地方性法规冲突等深层次问题。

法律法规依据

1.《小微型客车租赁经营服务管理办法》

第二条第二款 本办法所称小微型客车租赁经营服务，是指小微型客车租

赁经营者与承租人订立租赁合同，将9座及以下的小微型客车交付承租人使用，收取租赁费用的经营活动。

第六条第一款 从事小微型客车租赁经营的，应当具备下列条件：

（1）取得企业法人资格；

（2）投入经营的小微型客车应当经检验合格且登记的使用性质为租赁（以下称租赁小微型客车）；

（3）有与租赁业务相适应的经营场所、管理人员；

（4）在经营所在地有相应服务机构及服务能力；

（5）有健全的经营管理制度、服务规程、安全管理制度和应急救援预案。

第七条 从事小微型客车租赁经营的，应当在向市场监督管理部门办理有关登记手续或者新设服务机构开展经营活动后60日内，就近向经营所在地市级或者县级小微型客车租赁行政主管部门办理备案，并附送本办法第六条相应的材料。

备案材料不完备或者不符合要求的，受理备案的小微型客车租赁行政主管部门应当书面通知备案人补充完善。

第八条 小微型客车租赁行政主管部门受理备案后，应当将小微型客车租赁经营者的企业名称、经营范围、企业注册地址、服务机构地址和联系方式，以及租赁小微型客车号牌号码、车辆类型、所有人、使用性质、品牌型号、注册日期、核定载人数等备案信息进行建档管理。

第九条 备案事项发生变更的，小微型客车租赁经营者应当在变更之日起15日内到原备案机构办理变更备案。

小微型客车租赁经营者暂停或者终止经营的，应当在暂停或者终止经营之日起15日内，向原备案机构书面报告。

暂停或者终止分时租赁经营的，应当提前30日向社会公告，并同时向原备案机构书面报告。

第十九条 租赁小微型客车按照租赁载客汽车使用年限执行报废管理。租赁小微型客车使用性质由租赁变更为营运的，应当按照小微型营运载客汽车使用年限执行报废管理。

第二十条第一款 小微型客车租赁行政主管部门应当在小微型客车租赁经营者办理备案后2个工作日内，通过政府监管平台或者相关政府网站向社会公布本办法第八条规定的建档信息，并传送至全国互联网道路运输便民政务服务系统。

第二十二条 小微型客车租赁行政主管部门应当按照法定职责督促指导小微型客车租赁经营者落实承租人身份查验要求。

第二十四条 汽车租赁行业协会应当加强行业自律，建立完善行业自律性管理约束机制，规范会员行为，维护公平竞争的市场环境。

第二十五条第一款 小微型客车租赁经营者违反本办法，有下列行为之一的，由小微型客车租赁行政主管部门责令改正，并处3000元以上1万元以下罚款：

（1）未按照规定办理备案或者变更备案的；

（2）提供的租赁小微型客车不符合《中华人民共和国道路交通安全法》规定的上路行驶条件的；

（3）未建立小微型客车租赁经营管理档案或者未按照规定报送相关数据信息的；

（4）未在经营场所或者服务平台以显著方式明示服务项目、租赁流程、租赁车辆类型、收费标准、押金收取与退还、客服与监督电话等事项的。

2.《机动车登记规定》

第二条第三款 县级公安机关交通管理部门车辆管理所可以办理本行政区域内除危险货物运输车、校车、中型以上载客汽车登记以外的其他机动车登记业务。具体业务范围和办理条件由省级公安机关交通管理部门确定。

第十六条第一款 已注册登记的机动车有下列情形之一的，机动车所有人应当向登记地车辆管理所申请变更登记：

（1）改变车身颜色的；

（2）更换发动机的；

（3）更换车身或者车架的；

（4）因质量问题更换整车的；

（5）机动车登记的使用性质改变的；

（6）机动车所有人的住所迁出、迁入车辆管理所管辖区域的。

3.《机动车强制报废标准规定》

第五条第一款 各类机动车使用年限分别如下：

（一）小、微型出租客运汽车使用8年，中型出租客运汽车使用10年，大型出租客运汽车使用12年；

（二）租赁载客汽车使用15年；

（三）小型教练载客汽车使用10年，中型教练载客汽车使用12年，大型教练载客汽车使用15年；

（四）公交客运汽车使用13年；

（五）其他小、微型营运载客汽车使用10年，大、中型营运载客汽车使用15年；

（六）专用校车使用15年；

（七）大、中型非营运载客汽车（大型轿车除外）使用20年；

（八）三轮汽车、装用单缸发动机的低速货车使用9年，装用多缸发动机的低速货车以及微型载货汽车使用12年，危险品运输载货汽车使用10年，其他载货汽车（包括半挂牵引车和全挂牵引车）使用15年；

（九）有载货功能的专项作业车使用15年，无载货功能的专项作业车使用30年；

（十）全挂车、危险品运输半挂车使用10年，集装箱半挂车20年，其他半挂车使用15年；

（十一）正三轮摩托车使用12年，其他摩托车使用13年。

对小、微型出租客运汽车（纯电动汽车除外）和摩托车，省、自治区、直辖市人民政府有关部门可结合本地实际情况，制定严于上述使用年限的规定，但小、微型出租客运汽车不得低于6年，正三轮摩托车不得低于10年，其他摩托车不得低于11年。

4.《江苏省道路运输条例》

第二条第三款 道路运输业务包括机动车维修、机动车综合性能测试、机动车驾驶人培训、汽车租赁、道路运输站（场）和交通物流、货运代理、运货信息服务等经营业务。

第九条 从事道路运输以及相关业务经营活动，应当具备法律、法规和本条例规定的条件，依法取得道路运输许可，按照核定的期限、范围、种类、项目、区域和场所等许可事项从事经营活动。

第五十三条 从事汽车租赁经营的，应当向设区的市道路运输管理机构提出申请，并具备下列条件：（一）有企业法人资格；（二）自有十辆以上符合国家标准、经检测合格的九座以下小型客车；（三）有与经营业务相适应的经营场所、停车场地；（四）有符合国家规定条件并与经营业务相适应的专业人员和管理人员；（五）有健全的业务操作规程、安全生产管理制度、服务质量保障措施和应急预案；（六）法律、法规规定的其他条件。

办案心得体会

检察人员在履行检察监督职责过程中，要形成数据化、系统化、专业化的思维，增强以大数据法律监督模型助力提升案件质效的敏锐度。从个案办理出发，由点及面，梳理总结某一行业、某一领域存在的普遍性、规律性问题，发掘类案监督线索。通过大数据建模助力“四大检察”职能充分发挥，以公益诉讼和行政检察融合履职，分别推动公共利益受损、行政监管症结等不同层次问题的解决。对于在办案过程中发现的立法冲突等根源性、深层次问题，应当摒弃就案办案传统思维，依法履职，通过厘清部门职权、会签机制文件、向立法机关和上级机关报告等方式，呼吁推动问题解决。

一、关注小微型客车租赁领域的原因

随着汽车租赁新兴行业的高速发展，行业经营乱象也逐渐出现，租车身份查验不规范、消费押金难退还、终止服务不公告、经营信息不公示，以及资质手续不健全、开展经营不备案、冒用身份租车后实施犯罪活动等，带来安全隐患和行政监管难题，亟待行业主管部门加强监管。

《共享经济蓝皮书》（2022—2023）指出，共享出行行业进入稳定增长阶段，急需政策支持和法治保障。小微型客车租赁行业安全生产隐患带来的违法犯罪风险也引起了检察机关的关注。2022 年，最高检行政检察厅下发《关于开展互联网小微型客车租赁行业安全生产隐患公益诉讼检察工作调研》，开展互联网小微型客车租赁行业安全隐患公益诉讼调研。相城区检察院办案人员立即梳理相关刑事案件，发现近年来，该新兴业态相关盗窃、诈骗等刑事犯罪多发。该院办理的何某某等人合同诈骗、掩饰隐瞒犯罪所得案中，诈骗团伙利用“枪手”骗租共享汽车 10 余辆，价值合计 113 万余元。该院办理的一起诈骗案，犯罪分子利用过期的身份证件租赁并将车辆开至偏远外地，拆掉 GPS 等系统将车辆毁损处置。

办案人员进一步结合实地调查走访，发现小微型客车租赁行业存在经营信息不透明、身份查验不严格等问题。比如，相城区某实验小学对面公共停车场停放大量某乙公司等共享僵尸汽车，占用公共停车资源，并且部分车辆轮胎干瘪、车身损坏且无法锁车。某丙租车、某丁租车等部分线下租车经营主体未配备专门设施查验身份，仅通过人工手段对租车人身份进行识别，安全性低。某家公司等线上租车平台身份查验标准低，无法准确识别用车人，凭借打印好的他人人脸照片即可通过识别验证和取车，带来不具备驾驶资格的人员以及未成年人冒用他人身份租车隐患。

二、运用大数据思维开展类案监督

2023 年 3 月 17 日，最高检印发《关于加强道路交通安全和运输执法领域行政检察监督工作的通知》，明确要求将“行政检察护航民生民利”活动与专项整治结合，深化落实数字检察战略，促进系统治理。

相城区检察院针对调查发现小微型客车租赁面临的监管漏洞具有普遍性的情形，运用企查查进一步梳理，发现自《管理办法》实施（2023 年 4 月 1 日）

以来，辖区共有11家个体工商户与1家合伙企业的注册登记经营范围中包含“小微型客车租赁经营服务”。经过进一步排查，发现全市范围内经营主体不适格线索共1138条。

办案人员认为，构建大数据模型能够显著提升线索发现精准度。业务部门与技术部门人员经研讨确定从经营主体、经营车辆两个层面入手，锁定行政审批局、交通运输局、交警部门三大职能部门，发现通过企查查平台获取经营主体数据后，要进一步筛查出不具备企业法人资格的经营主体，再通过数据碰撞，才能筛查出未备案经营者信息以及车辆使用性质登记错误信息。而企业登记、车辆登记、经营备案又分别由行政审批、公安车管、交通运输部门负责，因此需要加强多部门协作。办案人员经网上排查发现，自2021年7月起，苏州市交通运输局在官方网站上对市辖区（姑苏、虎丘、园区）经营主体备案情况进行每月公示，可直接下载后作为基础数据使用。因此，办案人员通过定向沟通、政府信息公开网站等渠道向交通运输局获取已办理许可备案主体数据源、车辆登记为“租赁”性质数据源，再根据经营主体名单通过交警部门协查获取主体名下车辆登记情况数据源，最终整理形成经营主体、租赁备案、车辆登记三个数据集，然后通过设置要素筛查、数据碰撞等逻辑规则，梳理汇总发现三类线索。

三、公益诉讼和行政检察融合履职

当前该行业面临行政履职“真空”和行业监管漏洞是导致经营乱象的重要因素：一是经营主体不适格。根据《管理办法》第六条规定，从事小微型客车租赁经营的，应当取得企业法人资格。因此，个体工商户、合伙企业等不具备企业法人资格的市场主体不得从事小微型客车租赁经营。二是开展经营不备案。《管理办法》第七条第一款规定：“从事小微型客车租赁经营的，应当在向市场监督管理部门办理有关登记手续或者新设服务机构开展经营活动后60日内，就近向经营所在地市级或者县级小微型客车租赁行政主管部门办理备案，并附送本办法第六条相应的材料。”但某丙租车、某丁科技公司等经营主体并未按规定向交通运输部门办理备案即开展汽车租赁业务。三是车辆使用性质登记错误。《管理办法》第六条第一款明确规定，从事小微型客车租赁经营的，投入经营的小微型客车应当经检验合格且登记的使用性质为租赁。办案人员在调查僵尸共享汽车中，发现停车场内案涉车辆均登记为“非营运”而不是“租赁”。

在全面调查的基础上，有关部门作出进一步行动。一方面，相城区检察院向区交通运输局、某街道办事处发出2份行政公益诉讼检察建议，建议交通运输局加强监管，督促属地政府加强公共停车场整治。另一方面，向行政审批局、交通运输局、公安机关交警部门发出3份行政检察建议，分别督促加强市场主体登记注册审核、查处企业开展经营不备案、协助做好车辆性质登记和变更。

四、以检察监督推动综合治理

在构建和运用模型过程中，办案人员发现，在新兴业态叠加国家“放管服”政策的双重背景下，小微型客车租赁行政许可转备案未能做到有效衔接，相关行政机关反映关联职能部门之间面临数据不通、沟通不畅、单向监管难等执法困境，希望检察机关搭建沟通桥梁。承办人摒弃就案办案思维，多次走访行政审批局、交通运输局、交警部门，至苏州市汽车租赁协会开展调研，梳理了解监管漏洞产生的症结。为推动解决关联职能部门各自监管导致整体监管出现漏洞问题，相城区检察院行政检察部门起草《关于建立小微型客车租赁经营备案工作信息共享机制的实施意见（试行）》，积极弥补监管规范缺失、解决执法依据竞合、理顺前后监管衔接。2023年6月9日，检察机关联合行政审批局、交通运输局、公安机关举行座谈会，明确行政审批部门将依托“市场监管信息平台”实时同步发送市场主体登记情况；交通运输部门可及时登录查看新增经营主体情况，并且可以定期将企业备案名单推送至交警部门；交警部门凭借“三联单”可以做好车辆性质登记与核查工作。同时确立圆桌会议、风险提示、联系磋商、联络人员等协作机制，各部门加强信息共享和线索移送，形成行政执法司法合力，促进新兴业态规范、健康、有序发展。

针对多数经营主体反馈不清楚备案规定及流程，检察机关联合交通运输局制定《经营风险提示函》，供交通运输局、行政审批局、交警部门在日常执法中向经营主体发放，告知备案流程及不备案的行政罚则。从防范风险角度出发，为行业协会拟定统一平台经营服务合同范本提出意见建议。后该协会将检察建议梳理上报全国出租汽车暨汽车租赁协会，进一步呼吁从修订《汽车租赁服务规范》、优化调整小微型客车报废年限、将汽车租赁纳入《全国道路运输条例》等方面促进行业规范发展。

五、结合调查研究反映深层次问题

在借助模型开展检察监督过程中，办案人员将检察办案与调查研究相融合，深入开展调查研究，积极向上反映，呼吁完善法律制度、健全行业管理体系。

检察监督过程中，办案人借助模型发现的问题有三个方面。一是小微型客车以外的汽车租赁尚无国家层面立法。原交通部和原国家计划委员会制定的《汽车租赁业管理暂行规定》已于2007年废止，而2004年起施行的《中华人民共和国道路运输条例》并未将汽车租赁纳入规制范围。2011年，交通运输部发布《关于促进汽车租赁业健康发展的通知》，要求“各地要结合实际，加快研究制定汽车租赁地方性法规、规章，并纳入道路运输法规体系”。此后，多个省市通过地方性法规、政府规章等形式将汽车租赁纳入规制范围，如《江苏省道路运输条例》对汽车租赁经营实行行政许可。虽然《管理办法》填补了小微型客车租赁的立法空白，但该法规仅适用于9座及以下的小微型客车，且作为部门规章法律位阶较低，亟须从国家层面完善立法，明确包括小微型客车在内的汽车租赁经营监管依据，确保有法可依。

二是部门规章能否设定行政备案存在争议。办案人员发现，作为设定汽车租赁备案的《管理办法》是否有权设定行政备案尚存争议。承办人在邀请法学专家研讨和梳理实务界、学术界相关观点时发现，一种观点认为《管理办法》具有行政备案创设权。备案作为一种未定型化的行政行为，没有直接影响行政相对人实体权利义务，部门规章设定行政备案契合“放管服”改革政策目标。另一种观点主张《管理办法》不能设定行政备案。根据《中华人民共和国立法法》第九十一条第二款规定，部门规章规定的事项应当属于执行法律或者国务院的行政法规、决定、命令的事项。没有法律或者国务院的行政法规、决定、命令的依据，部门规章不得设定减损公民、法人和其他组织权利或者增加其义务的规范，不得增加本部门的权力或者减少本部门的法定职责。交通运输部制定的《管理办法》系部门规章，属于执行性立法而非创制性立法，在没有法律、法规上位法依据情况下，不得创设行政备案。对此，该院立即通过苏州市检察院向江苏省检察院进行要案请示和报告。

三是部门规章与地方性法规存在冲突。交通运输部出台的《管理办法》属于部门规章，其中第七条规定小微型客车租赁经营实行行政备案。而《江苏省道路运输条例》作为省级层面的地方性法规，将汽车租赁纳入道路运输以及相关业务经营范围，并且规定该行业实行行政许可。由于上述部门规章与省级地方性法规存在冲突，全省范围内行业主管部门在对小微型客车租赁经营进行管理时，面临执法依据竞合。对此，办案人员进行深入调查研究，认为《管理办法》是贯彻落实国家“放管服”政策的重要举措，是在宽进严管的行业准营规则前提下，经深入调研、广泛征求意见、充分研究论证而形成的专门性制度规范，更能反映合理监管与科学执法；而2013年4月1日起施行的《江苏省道路运输条例》自2017年修正后至今未再修改，存在一定的滞后性。

针对上述深层次问题，该院加强上下联动，多次向省院、市院专题请示，从不同角度及时呼吁问题类规范性文件的清理、修订和废止，推动建章立制、完善监管。江苏省检察院建议向省人大法工委发函提出解决建议。

借助模型发现批量线索是监督履职的基本前提。办案人员认为该模型坚持问题导向，从行政监管症结出发，帮助行政机关堵塞环环监管漏洞、打通关联执法部门数据壁垒，得到行政机关的大力支持和配合。但是，要从根源解决行业面临的种种问题，既需要立法层面的配套优化和调整，也需要行政执法的横向、纵向一体协作。由于汽车具有流动性，加之线上租车平台快速发展，辖区的经营主体和经营车辆并非都备案登记在本地，跨地区经营十分普遍，行政机关监管十分乏力。部分经营车辆并非注册登记在本辖区，如果发现该类线索，执法机关只能将线索再移送车辆登记地公安机关予以协助变更车辆性质。因此，有必要在全国范围内开展全方位深层次专项整治，推动该新兴行业健康规范发展。

模型团队成员：刘凤琪、王韦航、郝金帅、查春叶

破产领域九大违法情形类案监督

江苏省苏州市相城区人民检察院

关键词

执破衔接　违法失信限高　破产领域全流程监督　司法信用修复

要旨

整合法院、全国企业破产重整案件信息网获取的企业破产信息以及企查查平台、中国执行信息公开网获取的涉破产企业民事诉讼破产案件，挖掘超期受理破产申请、未依法中止执行案件、未依法删除失信限高措施、未及时解除保全措施、未依法中止审理进行之诉、违法受理一般个别清偿之诉、破产案件公告不规范、未依法裁定终结执行程序、未及时办理企业注销登记九类违法监督线索。对破产程序和破产衍生诉讼开展审判、执行、生效裁判违法活动立体式监督。以数字检察监督助力法院“执破衔接”顺畅运行，激励企业经营者重建社会信用，优化法治营商环境。

基本情况

苏州市相城区人民检察院依托从法院、全国企业破产重整案件信息网获取的近三年155条破产企业数据，与从企查查平台、中国执行信息公开网获取的近三年155家破产企业登记状态、4924条失信被执行人、6600条限制高消费数据碰撞对比，批量发现法院未依法办理企业注销登记、未依法终结执行程序、未及时删除被执行人的失信信息、未解除限制消费令、未在全国企业破产重整案件信息网上及时、准确、完整公开案件相关信息等民事审判活动、民事执行活动违法情形。

2022年以来，相城区检察院向相城区人民法院制发39份民事审判活动违法、执行监督类案检察建议。督促法院重视破产程序与执行程序的有效衔接，依法终结执行程序。针对被执行人已被宣告破产的情形，在合理期限内删除被执行人失信信息、解除限制消费措施。建议法院督促管理人依法履职，协助办理企业注销登记，帮助“僵尸企业”及时退出市场，发挥破产制度价值作用，激发市场活力。督促法院在全国企业破产重整案件信息网上及时、准确、完整公开案件相关信息。

线索发现

2021 年 5 月，相城区检察院在落实江苏省苏州市人民检察院部署的“民事审判与执行监督专项”活动中，发现某材料公司在宣告破产并终结破产程序后未依法办理注销登记。相城区检察院梳理 2020 年以来相城区法院办理的所有破产案件，共发现 11 起案件存在同类情形。同时在批量案件中发现，法院存在未依法删除被执行人的失信、限高措施执行监督线索。

数据分析方法

（一）数据来源及数据要素

监督点 1 数据要素：申请破产日期（来源于法院），执行案件移送破产审查日期（来源于法院），法院裁定受理破产申请日期（来源于企查查或者全国企业破产重整案件信息网）。

监督点 2 数据要素：法院裁定受理破产申请日期，被申请人有关民事、行政（含非诉执行）、刑事执行案件信息（来源于企查查或者法院），失信被执行人信息（来源于企查查、中国执行信息公开网）。

监督点 3 数据要素：法院裁定受理破产企业情况，企业相关财产保全措施信息（来源于法院）。

监督点 4 数据要素：法院裁定受理破产申请日期，被申请人有关民事诉讼的立案日期、判决日期（来源于企查查、法院）。

监督点 5 数据要素：法院裁定受理破产申请日期，债权人新提起的民事诉讼立案日期（来源于企查查或者法院）。

监督点 6 数据要素：法院裁定受理破产企业情况，破产企业公开信息、受理破产清算申请裁定书、债权申报公告等文书公布日期（来源于全国企业破产重整案件信息网）。

监督点 7 数据要素：法院裁定宣告破产情况（来源于企查查或者全国企业破产重整案件信息网），破产企业执行案件信息（来源于企查查、法院）。

监督点 8 数据要素：法院裁定宣告破产情况（来源于企查查或者全国企业破产重整案件信息网），失信被执行人名单和限制消费信息（来源于企查查、中国执行信息公开网）。

监督点9数据要素：法院裁定宣布破产情况（来源于企查查或者全国企业破产重整案件信息网），破产企业登记状态（来源于企查查）。

（二）数据分析步骤

1. 超期受理破产申请

第一步：将债权人申请破产日期与法院裁定受理破产申请日期碰撞，输出法院未在三十七日内裁定是否受理的监督线索。

第二步：将执行案件移送破产审查日期与法院裁定受理破产申请日期碰撞，输出法院未在收到移送材料之日起三十日内裁定是否受理的监督线索。

监督类型：民事审判活动监督

2. 受理破产申请后执行案件未中止执行，未删除失信信息

第一步：将法院裁定受理破产申请的企业信息与企业相关的民事、行政（含非诉执行）、刑事执行案件信息碰撞对比，输出法院受理破产申请后未裁定执行案件中止执行的监督线索。

第二步：将法院裁定受理破产申请日期与企业失信被执行人信息碰撞，输出法院裁定受理破产申请后未删除企业及法定代表人失信信息的监督线索（有纳入期限的除外）。

监督类型：民事执行监督、行政执行（含非诉执行）监督

3. 受理破产申请后未解除有关保全措施

将法院裁定受理破产申请的企业信息与企业相关财产保全措施信息碰撞对比，输出法院受理破产申请后未解除有关企业财产保全措施的监督线索。

监督类型：民事审判活动监督

4. 受理破产申请后未中止审理有关民事诉讼

将法院裁定受理破产申请日期与涉破产企业的民事诉讼立案日期、判决日期碰撞对比，筛选民事诉讼立案日期在受理破产申请之前、判决日期在裁定受理破产申请日期之后的数据，输出法院未中止审理已经开始而尚未终结的相关民事诉讼监督线索。

监督类型：民事审判活动监督

5. 受理破产申请后仍受理一般个别清偿民事诉讼

将法院裁定受理破产申请日期与涉破产企业的民事诉讼立案日期碰撞，筛选涉破产企业的民事诉讼立案日期在法院裁定受理破产申请日期之后的数据，输出法院受理破产申请后仍受理一般个别清偿之诉的监督线索。

监督类型：民事审判活动监督

6. 公告破产案件信息不规范

将法院裁定受理破产企业情况与破产企业公开信息数据碰撞比对，输出法

院未在全国企业破产重整案件信息网公开破产案件信息、未在受理破产申请后25日内及时将受理破产清算申请裁定书、债权申报公告等文书及时公布的监督线索。

监督类型：民事审判活动监督

7. 宣告破产后执行案件未裁定终结执行

将法院裁定宣告企业破产情况和破产人相关民事、行政（含非诉执行）、刑事执行案件进行碰撞，输出宣告破产后未裁定终结执行的监督线索。

监督类型：民事执行活动监督、行政非诉执行监督

8. 宣告破产后未删除失信信息，未解除限制消费措施

将法院裁定宣告企业破产情况与失信被执行人、限制消费信息碰撞，输出法院宣告企业破产后未删除失信、未解除限制消费措施的监督线索。

监督类型：民事执行活动监督

9. 终结破产程序后未督促破产管理人及时办理企业注销登记

将法院裁定宣布破产情况和破产企业登记状态碰撞，筛选已经终结破产程序但未办理注销登记超过10日的企业数据，输出法院未督促破产管理人向破产人的原登记机关办理注销登记的监督线索。

监督类型：民事审判活动监督

（三）思维导图

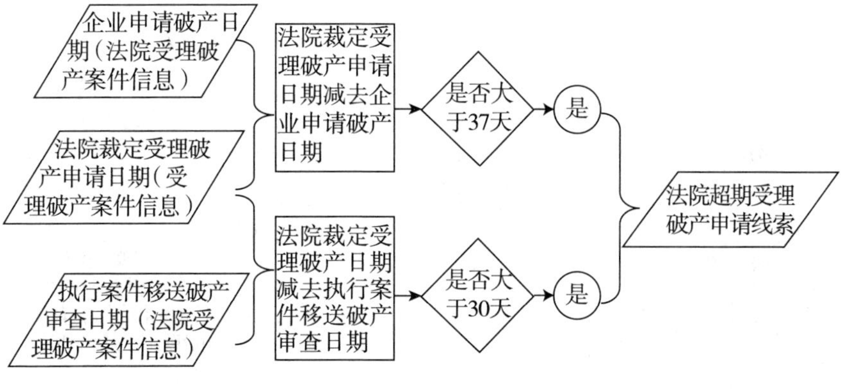

图1　超期受理破产申请

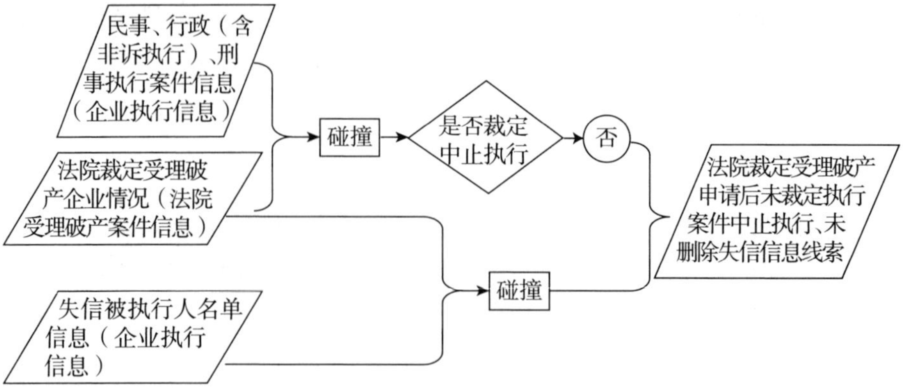

图 2　未及时中止执行案件并删除失信信息

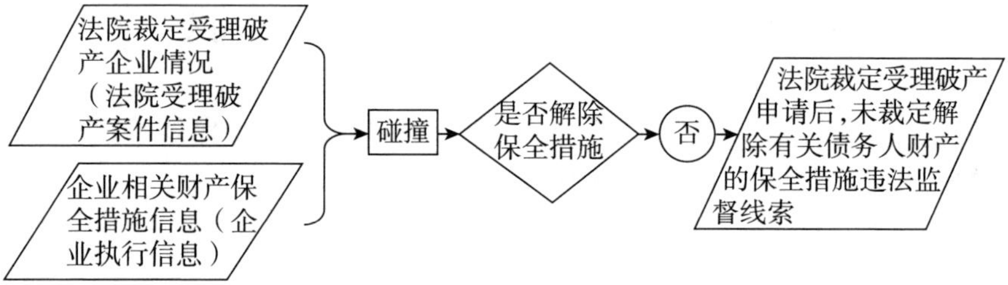

图 3　受理申请后未解除保全措施

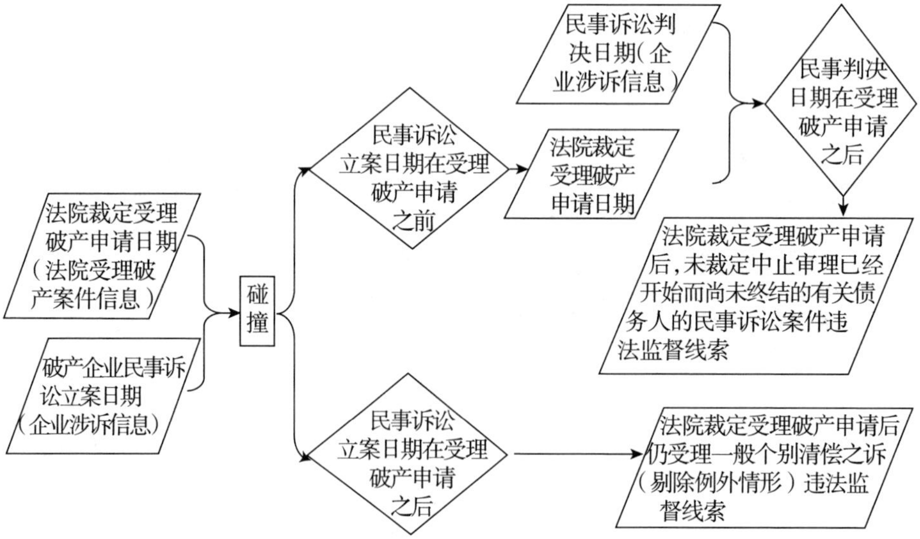

图 4　受理申请后未中止民事诉讼及受理申请后仍受理一般个别清偿

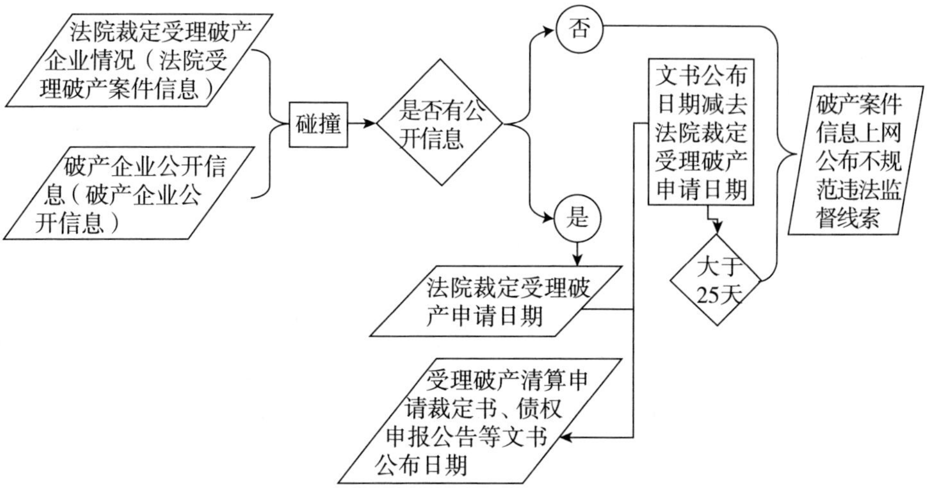

图5　公告破产案件信息不规范

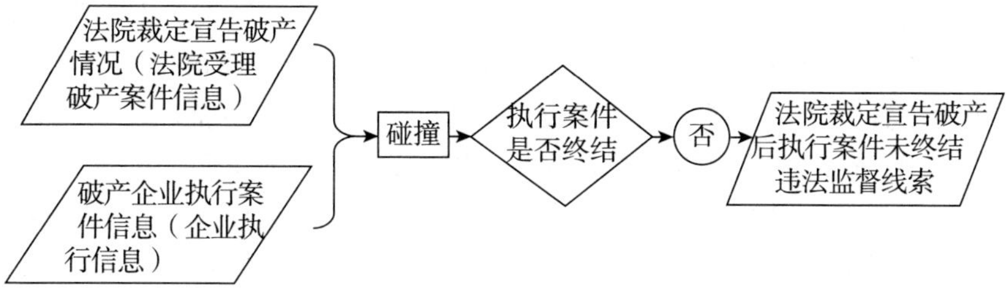

图6　宣告破产后执行案件未裁定终结执行

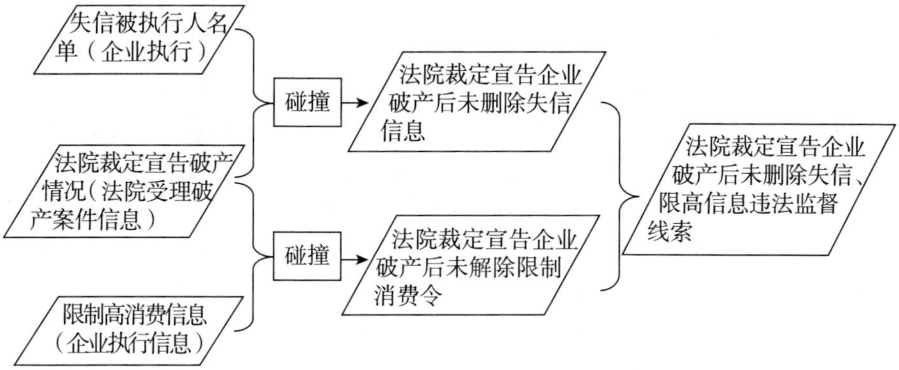

图7　宣告破产后未及时删除失信信息、解除限制消费措施

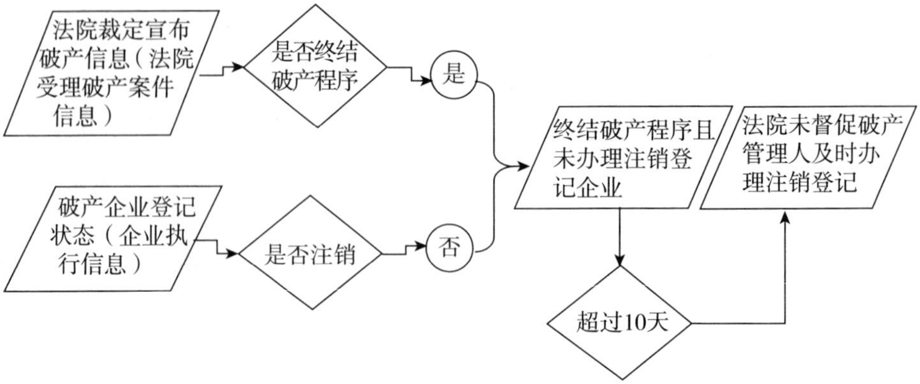

图 8　破产程序终结未督促办理注销登记

检察监督

（一）民事审判活动监督

2022 年以来，相城区检察院利用该监督模型，批量发现法院超期受理破产申请、终结破产程序后未督促破产管理人及时办理企业注销登记、未在全国企业破产重整案件信息网及时披露破产案件信息等民事审判活动违法类案监督线索。其中，针对法院宣告终结企业破产程序后，管理人未依法协助办理企业注销登记等行为，向相城区法院发出 12 份类案监督检察建议，建议法院督促管理人依法履职，帮助“僵尸企业”及时退出市场，发挥破产制度价值作用，激发市场活力。针对法院未及时、完整、规范在全国企业破产重整案件信息网公布破产案件信息的行为，向相城区法院发出 10 份审判活动违法监督检察建议，督促破产案件信息及时、完整上网公布。

（二）民事执行活动监督

2022 年以来，相城区检察院利用该监督模型，批量发现法院受理破产申请后执行案件未中止执行、未删除失信信息，宣告破产并裁定终结破产程序后未终结执行程序，宣告破产后未删除破产企业失信被执行人信息、未解除经营者限制高消费惩戒措施等执行活动违法类案监督线索，向法院发出执行监督检察建议近 20 份，督促及时删除企业失信信息，解除企业经营者限制消费措施。排查全市范围内未删除失信被执行人信息的企业 252 家、未解除限制高消费措施的企业 272 家，两级检察机关向法院发出类案检察建议，帮助全市近 60 名企业经营者及时撕下失信被执行人标签，以检察履职助力营造诚信社会。模型已实时滚动输出全国信用惩戒措施不当监督线索 3 万余条。

社会治理成效

相城区检察院以法律监督模型助力全方位提升破产案件的公开度、透明度、规范度，督促法院恢复涉破产企业家司法信用。以发出社会治理检察建议、法检定期会谈、举办检察开放日等方式，立体推动构建教育督促、信用修复、失信约束的社会诚信体系，助力企业轻装上阵。

联合相城区法院会签《关于健全完善监督制约与协作配合机制的实施意见》《关于联动推进破产处置优化法治营商环境的工作办法》等文件，深化破产案件个案衔接、类案分析、联动协作、案后治理等5项司法共识。法检共同关注企业案后信用修复、风险隔离、税务协调等问题。深化破产检察监督专题报告机制，撰写书面调研报告、情况反映，提出优化营商环境、激发创业活力对策建议，为地方党委政府提供决策参考。府院协同清理破产僵尸企业，健全债权人权益保护机制，增加债权人对破产程序的信任度，提升市场信心指数。相关工作被收录进最高检《民事检察工作白皮书（2023）》。

法律法规依据

（一）超期受理破产申请

1.《中华人民共和国企业破产法》

第十条 债权人提出破产申请的，人民法院应当自收到申请之日起五日内通知债务人。债务人对申请有异议的，应当自收到人民法院的通知之日起七日内向人民法院提出。人民法院应当自异议期满之日起十日内裁定是否受理。

除前款规定的情形外，人民法院应当自收到破产申请之日起十五日内裁定是否受理。

有特殊情况需要延长前两款规定的裁定受理期限的，经上一级人民法院批准，可以延长十五日。

2. 最高人民法院《关于适用〈中华人民共和国企业破产法〉若干问题的规定（一）》

第七条 人民法院收到破产申请时，应当向申请人出具收到申请及所附证据的书面凭证。

人民法院收到破产申请后应当及时对申请人的主体资格、债务人的主体资格和破产原因，以及有关材料和证据等进行审查，并依据企业破产法第十条的规定作出是否受理的裁定。

人民法院认为申请人应当补充、补正相关材料的，应当自收到破产申请之日起五日内告知申请人。当事人补充、补正相关材料的期间不计入企业破产法

第十条规定的期限。

3. 最高人民法院《关于适用〈中华人民共和国民事诉讼法〉的解释》

第五百一十二条 被执行人住所地人民法院应当自收到执行案件相关材料之日起三十日内，将是否受理破产案件的裁定告知执行法院。不予受理的，应当将相关案件材料退回执行法院。

4. 最高人民法院《关于执行案件移送破产审查若干问题的指导意见》

第十三条 受移送法院的破产审判部门应当自收到移送的材料之日起三十日内作出是否受理的裁定。受移送法院作出裁定后，应当在五日内送达申请执行人、被执行人，并送交执行法院。

（二）受理破产申请后未中止执行、未删除失信限高

1. 《中华人民共和国企业破产法》

第十九条 人民法院受理破产申请后，有关债务人财产的保全措施应当解除，执行程序应当中止。

2. 最高人民法院《关于适用〈中华人民共和国企业破产法〉若干问题的规定（二）》

第五条 破产申请受理后，有关债务人财产的执行程序未依照企业破产法第十九条的规定中止的，采取执行措施的相关单位应当依法予以纠正。依法执行回转的财产，人民法院应当认定为债务人财产。

第二十二条 破产申请受理前，债权人就债务人财产向人民法院提起本规定第二十一条第一款所列诉讼，人民法院已经作出生效民事判决书或者调解书但尚未执行完毕的，破产申请受理后，相关执行行为应当依据企业破产法第十九条的规定中止，债权人应当依法向管理人申报相关债权。

3. 最高人民法院《关于适用〈中华人民共和国民事诉讼法〉的解释》

第五百一十一条 在执行中，作为被执行人的企业法人符合企业破产法第二条第一款规定情形的，执行法院经申请执行人之一或者被执行人同意，应当裁定中止对该被执行人的执行，将执行案件相关材料移送被执行人住所地人民法院。

4. 最高人民法院《关于公布失信被执行人名单信息的若干规定》

第十条第一款第五项、第二款 具有下列情形之一的，人民法院应当在三个工作日内删除失信信息：

（五）因审判监督或破产程序，人民法院依法裁定对失信被执行人中止执行的

有纳入期限的，不适用前款规定。纳入期限届满后三个工作日内，人民法院应当删除失信信息。

（三）受理破产申请后未解除保全措施

1.《中华人民共和国企业破产法》

第十九条 人民法院受理破产申请后，有关债务人财产的保全措施应当解除，执行程序应当中止。

2. 最高人民法院《关于适用〈中华人民共和国企业破产法〉若干问题的规定（二）》

第七条 对债务人财产已采取保全措施的相关单位，在知悉人民法院已裁定受理有关债务人的破产申请后，应当依照企业破产法第十九条的规定及时解除对债务人财产的保全措施。

3.（参照性规定）《上海市高级人民法院关于解除破产案件债务人财产保全和相关执行措施的暂行办法》

第二条 本暂行办法适用于本市破产案件受理法院解除本市法院对债务人财产作出的诉前财产保全、诉讼财产保全、诉讼后执行前财产保全、非诉财产保全、民事执行中的查封、扣押、冻结，以及执行法院解除对债务人的失信惩戒措施。

第五条 破产案件受理法院决定解除财产保全或民事执行中的查封、扣押、冻结措施的，应当出具裁定书，自裁定书出具之日起三个工作日内送达当事人，并书面通知作出财产保全或查封、扣押、冻结措施的法院。

第八条 破产案件受理法院解除以登记方式实施的查封、扣押、冻结措施的，应当向登记机关发出协助执行通知书。

（四）受理破产申请后未中止审理进行之诉

1.《中华人民共和国企业破产法》

第二十条 人民法院受理破产申请后，已经开始而尚未终结的有关债务人的民事诉讼或者仲裁应当中止；在管理人接管债务人的财产后，该诉讼或者仲裁继续进行。

第四十七条 附条件、附期限的债权和诉讼、仲裁未决的债权，债权人可以申报。

2. 最高人民法院《关于适用〈中华人民共和国企业破产法〉若干问题的规定（二）》

第二十一条 破产申请受理前，债权人就债务人财产提起下列诉讼，破产申请受理时案件尚未审结的，人民法院应当中止审理：

（一）主张次债务人代替债务人直接向其偿还债务的；

（二）主张债务人的出资人、发起人和负有监督股东履行出资义务的董事、高级管理人员，或者协助抽逃出资的其他股东、董事、高级管理人员、实际控制人等直接向其承担出资不实或者抽逃出资责任的；

（三）以债务人的股东与债务人法人人格严重混同为由，主张债务人的股东直接向其偿还债务人对其所负债务的；

（四）其他就债务人财产提起的个别清偿诉讼。

债务人破产宣告后，人民法院应当依照企业破产法第四十四条的规定判决驳回债权人的诉讼请求。但是，债权人一审中变更其诉讼请求为追收的相关财产归入债务人财产的除外。

债务人破产宣告前，人民法院依据企业破产法第十二条或者第一百零八条的规定裁定驳回破产申请或者终结破产程序的，上述中止审理的案件应当依法恢复审理。

（五）受理破产申请后仍受理一般个别清偿之诉

1.《中华人民共和国企业破产法》

第十六条 人民法院受理破产申请后，债务人对个别债权人的债务清偿无效。

第二十一条 人民法院受理破产申请后，有关债务人的民事诉讼，只能向受理破产申请的人民法院提起。

2. 最高人民法院《关于适用〈中华人民共和国企业破产法〉若干问题的规定（二）》

第十三条 破产申请受理后，管理人未依据企业破产法第三十一条的规定请求撤销债务人无偿转让财产、以明显不合理价格交易、放弃债权行为的，债权人依据民法典第五百三十八条、第五百三十九条等规定提起诉讼，请求撤销债务人上述行为并将因此追回的财产归入债务人财产的，人民法院应予受理。

相对人以债权人行使撤销权的范围超出债权人的债权抗辩的，人民法院不予支持。

第十四条 债务人对以自有财产设定担保物权的债权进行的个别清偿，管理人依据企业破产法第三十二条的规定请求撤销的，人民法院不予支持。但是，债务清偿时担保财产的价值低于债权额的除外。

第十五条 债务人经诉讼、仲裁、执行程序对债权人进行的个别清偿，管理人依据企业破产法第三十二条的规定请求撤销的，人民法院不予支持。但是，债务人与债权人恶意串通损害其他债权人利益的除外。

第十六条 债务人对债权人进行的以下个别清偿，管理人依据企业破产法第三十二条的规定请求撤销的，人民法院不予支持：

（一）债务人为维系基本生产需要而支付水费、电费等的；

（二）债务人支付劳动报酬、人身损害赔偿金的；

（三）使债务人财产受益的其他个别清偿。

第二十三条 破产申请受理后，债权人就债务人财产向人民法院提起本规定第二十一条第一款所列诉讼的，人民法院不予受理。

债权人通过债权人会议或者债权人委员会，要求管理人依法向次债务人、债务人的出资人等追收债务人财产，管理人无正当理由拒绝追收，债权人会议依据企业破产法第二十二条的规定，申请人民法院更换管理人的，人民法院应予支持。

管理人不予追收，个别债权人代表全体债权人提起相关诉讼，主张次债务人或者债务人的出资人等向债务人清偿或者返还债务人财产，或者依法申请合并破产的，人民法院应予受理。

（六）破产案件信息上网公布不规范

1.《中华人民共和国企业破产法》

第十四条 人民法院应当自裁定受理破产申请之日起二十五日内通知已知债权人，并予以公告。

通知和公告应当载明下列事项：

（一）申请人、被申请人的名称或者姓名；

（二）人民法院受理破产申请的时间；

（三）申报债权的期限、地点和注意事项；

（四）管理人的名称或者姓名及其处理事务的地址；

（五）债务人的债务人或者财产持有人应当向管理人清偿债务或者交付财产的要求；

（六）第一次债权人会议召开的时间和地点；

（七）人民法院认为应当通知和公告的其他事项。

第二十三条 管理人依照本法规定执行职务，向人民法院报告工作，并接受债权人会议和债权人委员会的监督。

管理人应当列席债权人会议，向债权人会议报告职务执行情况，并回答询问。

第一百零七条 人民法院依照本法规定宣告债务人破产的，应当自裁定作出之日起五日内送达债务人和管理人，自裁定作出之日起十日内通知已知债权人，并予以公告。

债务人被宣告破产后，债务人称为破产人，债务人财产称为破产财产，人民法院受理破产申请时对债务人享有的债权称为破产债权。

第一百二十条第三款 人民法院应当自收到管理人终结破产程序的请求之

日起十五日内作出是否终结破产程序的裁定。裁定终结的，应当予以公告。

2. 最高人民法院《关于企业破产案件信息公开的规定（试行）》

第一条 最高人民法院设立全国企业破产重整案件信息网（以下简称破产重整案件信息网），破产案件（包括破产重整、破产清算、破产和解案件）审判流程信息以及公告、法律文书、债务人信息等与破产程序有关的信息统一在破产重整案件信息网公布。

人民法院以及人民法院指定的破产管理人应当使用破产重整案件信息网及时披露破产程序有关信息。

第三条 人民法院依法公开破产案件的以下信息：

（一）审判流程节点信息；

（二）破产程序中人民法院发布的各类公告；

（三）人民法院制作的破产程序法律文书；

（四）人民法院认为应当公开的其他信息。

第四条 破产管理人依法公开破产案件的以下信息：

（一）债务人信息；

（二）征集、招募重整投资人的公告；

（三）破产管理人工作节点信息；

（四）破产程序中破产管理人发布的其他公告；

（五）破产管理人制作的破产程序法律文书；

（六）人民法院裁定批准的重整计划、认可的破产财产分配方案、和解协议。

破产管理人认为应当公开的其他信息，经人民法院批准可以公开。

第五条 破产管理人应当通过破产重整案件信息网及时公开下列债务人信息：

（一）工商登记信息；

（二）最近一年的年度报告；

（三）最近一年的资产负债表；

（四）涉及的诉讼、仲裁案件的基本信息。

第七条 人民法院、破产管理人可以在破产重整案件信息网发布破产程序有关公告。

人民法院、破产管理人在其他媒体发布公告的，同时要在破产重整案件信息网发布公告。人民法院、破产管理人在破产重整案件信息网发布的公告具有法律效力。

3. 最高人民法院《关于进一步做好全国企业破产重整案件信息网推广应用工作的办法》

第一条 人民法院对破产案件信息应以公开为原则，不公开为例外。办理破产案件的法院要严格按照《最高人民法院关于企业破产案件信息公开的规定（试行)》的要求，及时、准确、完整公开案件流程节点、各类公告、法律文书等相关信息。尤其对于法律文书、管理人招募公告、投资人招募公告、资产拍卖公告等公告信息，必须在作出同时通过破产重整案件信息网发布。

（七）宣告破产后执行案件未终结执行

1. 最高人民法院《关于企业破产案件信息公开的规定（试行)》

第六十一条 在执行中，被执行人被人民法院裁定宣告破产的，执行法院应当依照民事诉讼法第二百五十七条第六项的规定，裁定终结执行。

2.《中华人民共和国民事诉讼法》

第二百六十八条 有下列情形之一的，人民法院裁定终结执行：

（一）申请人撤销申请的；

（二）据以执行的法律文书被撤销的；

（三）作为被执行人的公民死亡，无遗产可供执行，又无义务承担人的；

（四）追索赡养费、扶养费、抚养费案件的权利人死亡的；

（五）作为被执行人的公民因生活困难无力偿还借款，无收入来源，又丧失劳动能力的；

（六）人民法院认为应当终结执行的其他情形。

3. 最高人民法院《关于执行案件立案、结案若干问题的意见》

第十七条第一款第八项 有下列情形之一的，可以以“终结执行”方式结案：

（八）被执行人被人民法院裁定宣告破产的。

4.《最高人民法院关于适用〈中华人民共和国民事诉讼法〉的解释》

第五百一十三条 被执行人住所地人民法院裁定受理破产案件的，执行法院应当解除对被执行人财产的保全措施。被执行人住所地人民法院裁定宣告被执行人破产的，执行法院应当裁定终结对该被执行人的执行。

被执行人住所地人民法院不受理破产案件的，执行法院应当恢复执行。

（八）宣告破产后未删除失信限高信息

1. 最高人民法院《关于人民法院执行工作若干问题的规定（试行)》

第六十一条 在执行中，被执行人被人民法院裁定宣告破产的，执行法院应当依照民事诉讼法第二百五十七条第六项的规定，裁定终结执行。

2. 最高人民法院《关于公布失信被执行人名单信息的若干规定》

第十条第一款第七项、第二款 具有下列情形之一的，人民法院应当在三个工作日内删除失信信息：

（七）人民法院依法裁定终结执行的。

有纳入期限的，不适用前款规定。纳入期限届满后三个工作日内，人民法院应当删除失信信息。

3. 最高人民法院《关于限制被执行人高消费及有关消费的若干规定》

第九条 在限制消费期间，被执行人提供确实有效的担保或者经申请执行人同意的，人民法院可以解除限制消费令；被执行人履行完毕生效法律文书确定的义务的，人民法院应当在本规定第六条通知或者公告的范围内及时以通知或者公告解除限制消费令。

（九）破产程序终结后未注销登记

《中华人民共和国企业破产法》

第二十三条 管理人依照本法规定执行职务，向人民法院报告工作，并接受债权人会议和债权人委员会的监督。

管理人应当列席债权人会议，向债权人会议报告职务执行情况，并回答询问。

第一百二十一条 管理人应当自破产程序终结之日起十日内，持人民法院终结破产程序的裁定，向破产人的原登记机关办理注销登记。

办案心得体会

破产制度是一项让“诚实而不幸”的破产债务人获得信用新生的法律制度。破产程序具有“一揽子”债务清算功能，以破产程序为核心的失信主体退出机制是激励市场主体重塑社会信用的重要措施。由于破产审理法院与破产被执行人的执行法院常常不一致，法院之间对于破产案件和执行案件信息之间并不互通。执破壁垒问题的存在，导致很多执行法院不知晓破产案件审理情况，未及时解除破产企业家的信用惩戒措施，未能及时修复破产企业家社会信用。

相城区检察院以破产程序中法院未及时删除破产债务人失信限高的违法问题为核心监督点，总结法院执破衔接不顺畅、管理人履职不尽责、僵尸企业长期不清退、法院超期受理破产申请、破产案件公告不规范、破产被执行人失信限高措施未及时解除等九类违法情形，强化破产案件受理、审理和执行“全流程”监督。

一、数据建模赋能，破解破产领域监督线索来源瓶颈

（一）监督线索是民事检察部门办案的源头活水

如何高质效精准发现大批量监督线索，一直是困扰民事检察部门的问题。相城区检察院在个案办理过程中，总结出无须经过法院环节即可发现的破产领域案件多个监督点。依托全国企业破产重整信息网、中国执行信息公开网、企查查等平台，构建“滚动式挖掘、精确性查找、低成本发现”的法律监督模型，挖掘大批量全国各地破产案件监督线索，督促法院及时修复破产债务人司法信用，助力压降失信企业主体数量，以检察履职助力优化法治化营商环境，健全完善社会诚信体系。

（二）模型构建方式

根据《中华人民共和国企业破产法》、民事诉讼法司法解释等法律法规，人民法院受理被执行人为企业法人的破产申请后，应当裁定中止对该被执行人的执行，并在三个工作日内删除失信信息。人民法院宣告被执行人破产后，应当裁定终结对该被执行人的执行，解除限制消费令。苏州市检察机关聚焦上述监督点构建模型，具体流程为：

第一步，梳理破产企业信息，整理形成“受理破产企业信息数据集”；梳理失信被执行人信息，整理形成“失信被执行人信息数据集”；梳理限制高消费信息，整理形成“限制高消费信息数据集”。

第二步，将“受理破产企业信息数据集”与“失信被执行人信息数据集”碰撞比对，得出法院在裁定受理企业破产后未依法删除失信信息监督线索；将“受理破产企业信息数据集”与“限制高消费信息数据集”碰撞比对，得出法院在裁定宣告企业破产后未依法解除限制消费令监督线索。

（三）外部平台数据获取的方式和技巧

本模型的数据来源有四个，分别是法院、全国企业破产重整案件信息网、中国执行信息公开网和企查查平台，各地检察机关可从上述平台中获取监督点所需数据要素。此外，为减少数据获取人工成本，苏州地区与企查查签订战略合作协议，并成立了数字检察创新应用实验室，依托该实验室获取失信被执行人及限制高消费的相关主体名单。

二、多元监督方式协同推进，一体提升融合履职质效

（一）开展类案监督，规范民事审判、执行司法活动

相城区院以民商事破产监督为牵引，批量筛查全市范围内破产后未及时删除破产债务人失信信息、未解除破产债务人限制高消费措施的民事执行监督线

索，以及企业破产后未及时办理注销手续的审判活动违法监督线索。针对批量案件线索中存在的同类违法情形，依法向法院制发类案监督检察建议。为减少法院对检察建议的采纳阻力，相城区检察院在制发检察建议前，就违法问题、法律规定、正确处理等问题与法院进行全面沟通，形成共识，凝聚合力。

（二）探索案后治理，助力建设更优法治化营商环境

一方面，细化案后治理履职举措。推动法检数据互通共享，双方会签协作机制，深化打击套废金融债务、加强类案分析和案后治理等6项共识，共建“受理+终结”全流程、“审判+执行”全链条、“程序+实体”立体化的系统性破产司法工作格局，彰显检察护航企业退市与救治重整作用。另一方面，聚焦法律监督服务大局。践行“个案办理—类案监督—系统治理”的路径，加强问题分析研判，为党委政府决策提供参考。通过企检服务中心、检察开放日、法治宣讲等方式，关注企业重整后信用修复、风险隔离、税务协调等问题，有效防范系统性金融风险，为维护公平、活力、有序的市场竞争秩序提供基层检察实践样本。

模型团队成员：刘凤琪、王韦航、谢君、赵清玉、董济汉、高楚晗

民事诉讼代理类案监督

江苏省苏州市人民检察院　姑苏区人民检察院

关键词

职业公民代理　律师双重代理　法律服务工作者跨区代理　民事诉讼代理制度

要旨

诉讼代理制度是民事诉讼中一项重要的制度，通过对民事裁判文书中代理人身份提取，区分律师代理、基层法律服务工作者代理、公民代理等，与提取的律所、当事人住所地、代理案件数量、频次等案件信息进行碰撞、分析，发现律师同案同所双重代理、基层法律服务工作者跨区代理、职业公民代理、特别程序无代理人等违规代理线索。检察机关通过民事审判程序违法检察建议方式依法予以纠正；以社会治理检察建议方式促进司法行政机关、行业协会加强对律师、基层法律服务工作者的监管，提升民事诉讼代理制度整体规范化程度。

基本情况

公民代理制度是我国民事诉讼代理制度的重要组成部分，是律师代理制度的有益补充，保障了当事人诉讼权利的实现。但近年来，公民代理乱象频出，部分并不具备公民代理资格的人员在民事诉讼中违法担任代理人。利用当事人对民事代理制度的不了解，堂而皇之地收取咨询费、代理费。甚至将费用与案件结果进行捆绑，为获得更高报酬而拖延诉讼，阻碍诉讼进程，严重影响了当事人合法权益与正常的司法秩序。因其并非法律执业人员，不属于司法行政机关管辖范畴，这些长期从事有偿公民代理的人成为监管的“真空地带”。

实践中，由于职业公民代理人在个案中均经过“包装”，成为合法的员工代理或推荐的公民代理，很难发现其长期从事有偿公民代理的事实。面对这种困境，江苏省苏州市人民检察院和苏州市姑苏区人民检察院依托“智慧监督平台”，联合建立民事诉讼代理制度类案法律监督模型，依托苏州全市50多万份裁判文书，通过数据分析比对，发现个案审查无法发现的某个公民代理人代理数量多、频次高、被代理人多而散等“模式化”特征，筛查疑似长期从事公民代理人线索。

为了进一步对民事诉讼代理制度开展全方位监督，苏州市检察机关将律师违反双重代理规定、法律服务工作者跨区域代理规定以及特别程序违规代理等监督情形纳入模型，实现了民事诉讼代理制度集约化建模。

线索发现

2021年12月，苏州市检察院运用民事诉讼代理制度类案法律监督模型，对全市近三年50万份民事裁判文书运用OCR技术对裁判文书识别，提取公民代理人姓名、被代理人名称对比、碰撞，筛选出1000个代理案件数量多、频率高且被代理人均不同的公民代理人。经重新整合排序，对前30位的代理人代理涉及650个被代理人的1500余件案件进行核查，发现薛某某、李某某、万某某作为员工身份或社区推荐公民代理案件在同一时期内数量畸高，被代理人不同且互相无明显关联。苏州市检察院对薛某某等人所涉近50件民事裁判文书调阅后进行二次分析研判，通过社保查询、劳动合同比对、调查走访，发现薛某某与所代理的十余家公司均无真实劳动关系，其利用民事诉讼公民代理制度，通过虚构劳动合同的方式牟利，是职业公民代理人；李某某、万某某多次作为不同社区推荐的公民代理人参加诉讼，且与该些社区无关联。随后，苏州市人民检察院通过案件交办方式分别由下辖基层院制发了相关检察建议书。法院接到检察建议后排查发现尚有薛某某代理的民事诉讼在审理过程中，立即取消了薛某某等人的代理资格。

数据分析方法

（一）数据来源

1. 民事裁判文书、卷宗（来源于法院）

2. 基层法律服务所所在地（来源于企查查）

3. 法律服务工作者执业信息（来源于司法局，也可以通过各省法律服务机构法律服务人员信息公开平台查询）

4. 律师执业信息（来源于司法局，或通过全国律师执业诚信信息公示平台查询）

（二）数据要素

1. 基础数据关键词为民事裁判文书文号、案件名称、民事案由、审理法院；

2. 针对职业公民代理人数据，以代理人、被代理人为关键词；

3. 针对律师双重代理数据，以原告律师、原告律师律所、被告律师、被告律师律所为关键词；

4. 针对法律服务工作者跨区代理数据，以法律服务工作者、法律服务所所在地、原告所在地、被告所在地、法院所在地为关键词；

5. 针对特别程序数据，以申请人、被申请人、被申请人代理人为关键词。

（三）数据分析步骤

监督点 1：职业公民代理人

第一步：对提取的公民代理人、被代理人信息进行分析比对，按照同一公民代理人代理案件数量多、频率高、被代理人不同，进行由高到低排序，输出疑似长期从事职业公民代理的代理人名单。

第二步：通过文书文号、案件名称等关联基础信息查看筛选出的疑似长期从事职业公民代理人具体代理情形，分类包括员工代理、社区、社会团体推荐的公民代理、亲属代理。属于员工代理的，向人社局查询代理人的社保信息、比对劳动合同；属于社区推荐的公民代理的，比对社区名称与代理人所在社区属于亲属代理的，排查其是否为真实亲属关系。

第三步：对于无社保、劳动合同记载的工作时间重合的虚假员工代理、频繁以不同社区推荐的公民代理人参加诉讼、不存在真实亲属关系或超出近亲属范围的违规代理情形，检察机关启动民事审判程序违法监督程序进行监督。

监督点 2：同案同所律师双重代理

第一步：比对同一文号、案件名称文书中，原告律师律所和被告律师律所，二者一致的，为指派同一律所律师担任同一诉讼案件的原告、被告代理人的违规代理情形，输出为律师双重代理线索。针对存在违规双重代理的案件，检察机关可就案件向法院发送民事审判程序违法检察建议。

第二步：核实锁定违规双重代理的律师、违规出具指派律师出庭函的律所，检察机关向司法行政部门或律师行业协会制发社会治理检察建议。

监督点 3：法律服务工作者跨区域代理

第一步：将基层法律服务工作者所在的法律服务所住所地，分别与同一案件中的原告住所地、被告住所地、法院所在地的区县进行比对，三次比对结果均不在同一区县的，输出为法律服务工作者违规跨区域代理线索。（注意：根据法律规定，省、自治区、直辖市司法行政机关根据本地实际，认为确有必要的，可以适当调整法律服务工作者执业范围，如江苏省规定的法律服务工作者执业区域为设区市的行政区划范围，故江苏省此处设置的比对规则为三次比对结果均不在同一设区市）通过基础数据文书文号、案件名称锁定案件，检察机关就案件以民事审判程序违法程序进行监督。

第二步：核实锁定跨区代理的法律服务工作者登记所在地，检察机关向司法行政部门或基层法律服务工作者行业协会制发社会治理检察建议。

监督点4：特别程序违规代理

在案由为宣告无民事行为能力案件中，被申请人的代理人为无的，直接输出为特别程序无代理人线索；被申请人有代理人的，比对申请人、被申请人代理人名称，为同一人的，输出为特别程序违规代理线索。通过基础数据文书文号、案件名称锁定案件后，检察机关启动民事审判程序违法程序进行监督。

（四）思维导图

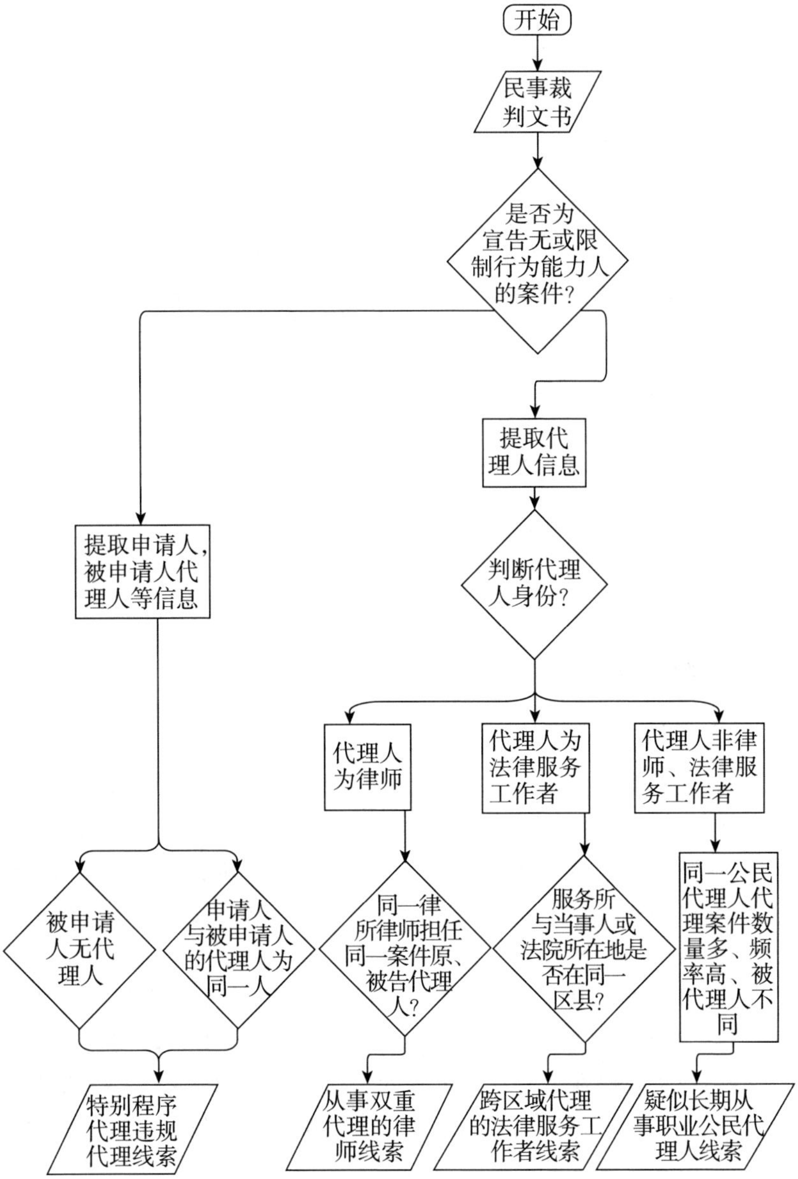

开始
民事裁判文书
是否为宣告无或限制行为能力人的案件？
提取代理人信息
提取申请人，被申请人代理人等信息
判断代理人身份？
代理人为律师
代理人为法律服务工作者
代理人非律师、法律服务工作者
被申请人无代理人
申请人与被申请人的代理人为同一人
同一律所律师担任同一案件原、被告代理人？
服务所与当事人或法院所在地是否在同一区县？
同一公民代理人代理案件数量多、频率高、被代理人不同
特别程序代理违规代理线索
从事双重代理的律师线索
跨区域代理的法律服务工作者线索
疑似长期从事职业公民代理人线索

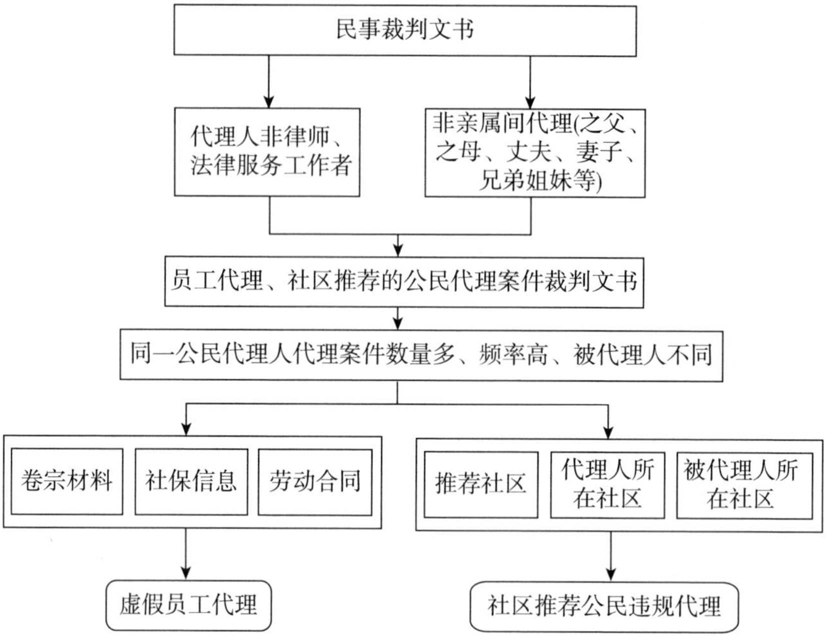

检察监督

（一）民事检察监督

运用大数据法律监督模型，筛查出的长期从事有偿公民代理的人员，其违反了未经司法行政机关批准的公民个人不得与他人签订有偿法律服务合同的规定，法院应在审判活动中对其代理资格作出否定性评价，检察机关向审理法院制发民事审判程序违法检察建议书进行监督，建议法院取消职业公民代理人的代理资格，加强代理资格审查工作。对于律师同案同所双重代理的，检察机关向审理法院发送民事审判程序违法检察建议，建议加强对律师双重代理的审查。对于一审程序中法律服务工作者所属的法律服务所所在区县，与当事人住所地区县或审理法院所在区县均不一致的，违反了法律服务工作者从业范围的限制规定，法院应在审判活动中否定其代理资格，检察机关向审理法院发送民事审判程序违法检察建议书进行监督，并建议法院取消跨区代理法律服务工作者的代理资格。对于在宣告无、限制民事行为能力案件中，被申请人应当有除申请人以外的近亲属作为代理人，近亲属互相推诿的，由法院指定近亲属中的一人作为代理人，通过大数据法律监督模型筛查出被申请人无代理人或代理人与申请人为同一人的，检察机关向法院制发民事审判程序违法检察建议书，建议为被申请人指定代理人。

（二）社会治理检察监督

对同案同所律师双重代理、法律服务工作者违法跨区代理情形，司法行政机关具有指导、监督、管理本地区法律服务工作的职责，对律所、律师、法律服务工作者具有监管职责。检察机关锁定多个律师、律所、法律服务工作者后，通过全国律师执业诚信信息公示平台、各省法律服务机构法律服务人员信息公开平台查询确定律师、法律服务工作者的注册登记地，依法通过社会治理检察建议，建议所在地的司法行政机关、律师或法律服务工作者行业协会加强对律所、律师、基层法律服务所、法律服务工作者的管理，对相关单位、人员依法予以处罚、惩戒。另外，由于律师、法律服务工作者管理属地不同，检察机关应根据人员注册登记区域移送相关监督线索。

社会治理成效

一是推动建立公民代理“黑名单”制度。应由司法行政部门监管公民代理，借鉴职业放贷人名录做法，建立非正常公民代理人名录。对在诉讼活动中存在不遵守诉讼秩序、恶意阻挠案件正常审理或恶意损害诉讼当事人合法权益等情形的代理人，法院在给予民事制裁后，移交司法行政部门处理。对部分公民代理人在不同地区、不同案件中多次反复出现，及时通报司法行政部门，进行个案调查处理，并反馈给作出推荐的社区、单位、社会团体，形成对公民代理乱象整治的联动机制。

二是促进法院加强对公民代理的资格审查。法院在对公民代理人的身份信息、与当事人的关系等材料进行形式审查的同时，还应当加强必要的实质审查，如对可能存在虚构劳动关系的公民代理，除要求其提供劳动合同，还可以要求提供单位为其缴纳社会保险的证明。此外，推动将向当事人说明公民代理应属于无偿代理增加为法院庭审中的释明义务，打击职业公民代理人。

三是通过宣传严把基层组织出具推荐“进口关”。乡镇政府（街道办事处）和市政主管部门应当对村（居）委会负责人加强业务培训指导，严格审查，谨慎出具公民诉讼代理人推荐函，并对村（居）委员会印章使用管理制度予以完善，推荐函中除加盖推荐单位的正规印章，还必须注明经办人的联系方式，以便法院核查。

法律法规依据

1.《中华人民共和国民事诉讼法》

第六十一条 当事人、法定代理人可以委托一至二人作为诉讼代理人。

下列人员可以被委托为诉讼代理人：

（一）律师、基层法律服务工作者；

（二）当事人的近亲属或者工作人员；

（三）当事人所在社区、单位以及有关社会团体推荐的公民。

2.《最高人民法院关于适用〈中华人民共和国民事诉讼法〉的解释》

第八十八条 诉讼代理人除根据民事诉讼法第六十二条规定提交授权委托书外，还应当按照下列规定向人民法院提交相关材料：

（一）律师应当提交律师执业证、律师事务所证明材料；

（二）基层法律服务工作者应当提交法律服务工作者执业证、基层法律服务所出具的介绍信以及当事人一方位于本辖区内的证明材料；

（三）当事人的近亲属应当提交身份证件和与委托人有近亲属关系的证明材料；

（四）当事人的工作人员应当提交身份证件和与当事人有合法劳动人事关系的证明材料；

（五）当事人所在社区、单位推荐的公民应当提交身份证件、推荐材料和当事人属于该社区、单位的证明材料；

（六）有关社会团体推荐的公民应当提交身份证件和符合本解释第八十七条规定条件的证明材料。

（一）职业公民代理人监督

1.《最高人民法院关于适用〈中华人民共和国民事诉讼法〉的解释》

第八十六条 根据民事诉讼法第六十一条第二款第二项规定，与当事人有合法劳动人事关系的职工，可以当事人工作人员的名义作为诉讼代理人。

第八十七条 根据民事诉讼法第六十一条第二款第三项规定，有关社会团体推荐公民担任诉讼代理人的，应当符合下列条件：

（一）社会团体属于依法登记设立或者依法免予登记设立的非营利性法人组织；

（二）被代理人属于该社会团体的成员，或者当事人一方住所地位于该社会团体的活动地域；

（三）代理事务属于该社会团体章程载明的业务范围；

（四）被推荐的公民是该社会团体的负责人或者与该社会团体有合法劳动人事关系的工作人员。

专利代理人经中华全国专利代理人协会推荐，可以在专利纠纷案件中担任诉讼代理人。

2.《第八次全国法院民事商事审判工作会议（民事部分）纪要》

第三十六条 以当事人的工作人员身份参加诉讼活动，应当按照《最高人民法院关于适用〈中华人民共和国民事诉讼法〉的解释》第八十六条的规定，至少应当提交以下证据之一加以证明：

（一）缴纳社保记录凭证；

（二）领取工资凭证；

（三）其他能够证明其为当事人工作人员身份的证据。

（二）同案同所律师双重代理监督

1.《律师法》

第五十条第一款第五项 律师事务所有下列行为之一的，由设区的市级或者直辖市的区人民政府司法行政部门视其情节给予警告、停业整顿一个月以上六个月以下的处罚，可以处十万元以下的罚款；有违法所得的，没收违法所得；情节特别严重的，由省、自治区、直辖市人民政府司法行政部门吊销律师事务所执业证书：

（五）违反规定接受有利益冲突的案件的。

2.《律师和律师事务所违法行为处罚办法》

第二十七条第一项 有下列情形之一的，属于《律师法》第五十条第五项规定的律师事务所“违反规定接受有利益冲突的案件的”违法行为：

（一）指派本所律师担任同一诉讼案件的原告、被告代理人，或者同一刑事案件被告人辩护人、被害人代理人的。

3.《司法部关于同一律师事务所的律师不宜担任同一案件原被告代理人的批复》

同一律师事务所的律师分别担任同一案件原、被告双方代理人的行为，属于双重代理，应依据《律师违法行为处罚办法》的规定，对律师事务所予以处罚；代理律师有过错的，可视情节，依据《律师违法行为处罚办法》第六条十六款的规定予以处罚。

考虑到我国社会经济发展的不平衡现状，根据目前一些经济欠发达的边远地区的县（市）只有一家律师事务所的实际情况，严格执行前款规定将会给当事人造成较重经济负担和种种不便。为了有利于维护当事人的合法权益和广大群众的利益，我们认为，在县（市）里只有一个律师事务所的情况下，律师事务所可以接受委托，担任同一案件双方当事人的代理人，但必须事前告知双方当事人，征得双方当事人的书面同意，并指派不同的律师进行代理。

4.《律师执业行为规范（试行）》

第五十一条第五项 有下列情形之一的，律师及律师事务所不得与当事人建立或维持委托关系：

（五）在民事诉讼、行政诉讼、仲裁案件中，同一律师事务所的不同律师同时担任争议双方当事人的代理人，或者本所或其工作人员为一方当事人，本所其他律师担任对方当事人的代理人的。

第一百零六条 律师和律师事务所违反本《规范》的，律师协会应当依据《律师协会会员违规行为处分规则》和相关行业规范性文件实施处分。

（三）法律服务工作者跨区域代理监督

1.《基层法律服务工作者管理办法》

第二条 符合本办法规定的执业条件，经司法行政机关核准取得的《基层法律服务工作者执业证》，在基层法律服务所执业，为社会提供法律服务的人员，是基层法律服务工作者。

第二十七条 基层法律服务工作者办理本办法第二十六条第二项规定的业务，应当符合下列条件之一：

（一）至少有一方当事人的住所地位于其执业的基层法律服务所所在的县级行政区划辖区或者直辖市的区（县）行政区划辖区内。

（二）案件由其执业的基层法律服务所所在的县级行政区划辖区或者直辖市的区（县）行政区划辖区内的基层人民法院审理；该案进入二审、审判监督程序的，可以继续接受原当事人的委托，担任诉讼代理人。

省、自治区、直辖市司法行政机关根据本地实际，认为确有必要的，可以适当调整前款第一项规定的条件。

第四十六条第一款第一项 基层法律服务工作者有下列行为之一的，由所在地县级司法行政机关或者直辖市的区（县）司法机关予以警告；有违法所得的，依照法律、法规的规定没收违法所得，并由设区的市级或者直辖市的区（县）司法行政机关处以违法所得三倍以下的罚款，罚款数额最高为三万元：

（一）超越业务范围和诉讼代理执业区域的。

2.《江苏省高级人民法院　江苏省司法厅关于明确基层法律服务工作者代理参加民事诉讼和行政诉讼活动辖区范围的通知》

为依法保障基层法律工作者执业权利，根据司法部《基层法律服务工作者管理办法》第二十七条的规定，经研究决定，明确我省基层法律服务工作者代理民事、行政诉讼业务的区划范围确定为：

（一）至少有一方当事人的住所（包括自然人户籍所在地、经常居所，法人、非法人组织主要办事机构所在地）位于其执业的基层法律服务所所在的设区市行政区划范围内；（二）案件由其执业的基层法律服务所所在的设区市行政区划范围内的基层人民法院审理；该案进入二审、审判监督程序的，可以继续接受原当事人的委托，担任诉讼代理人。

（四）特别程序违规代理监督

《中华人民共和国民事诉讼法》

第二百条第一款 人民法院审理认定公民无民事行为能力或者限制民事行为能力的案件，应当由该公民的近亲属为代理人，但申请人除外。近亲属互相推诿的，由人民法院指定其中一人为代理人。该公民健康情况许可的，还应当询问本人的意见。

办案心得体会

公民违法代理频发，职业公民代理人长期从事有偿公民代理，扰乱法律服务市场，破坏公民代理制度。传统案件办理过程中，职业公民代理人一般在个案中经过“包装”，成为合法的员工代理人或社区推荐的公民代理人，很难发现其长期从事有偿公民代理的事实。苏州市两级检察院在学习绍兴市检察机关关于公民代理类案监督典型案例的基础上，利用苏州检察数字监督平台，进行文本分析、要素提取，解构法院生效裁判文书，助力发现职业公民代理人线索，有效实现大数据赋能法律监督。

一、运用文书信息碰撞找出疑点特征

得益于我国代理制度以及法院审查制度的完善，目前在民事诉讼中几乎不存在无合法代理资格的人参加诉讼的情形，所以，公民违法代理往往是穿着合法“外衣”的。职业公民代理人为了顺利获取代理资格参加诉讼，赚取代理费，利用公民代理制度中的员工代理、当事人所在社区的推荐公民代理制度，制造能证明其代理资格的劳动合同。这些证明材料在个案中均足以证明其代理资格，难以揭露其职业代理的事实。但是，通过大数据抽取、比对、碰撞，能够发现个案审查无法发现的某一个公民代理人代理数量多、频次高、被代理人多而分散等“模式化”特征，这些特点表明其可能是一名疑似职业代理人。步骤如下：

（一）同一公民代理人代理案件多

模型将民事裁判文书原告、被告、代理人、诉讼时间等非结构化信息转换为结构化数据，通过数据提取，剔除法律、法律服务工作者、近亲属作为代理人的案件，筛选出当事人所在社区、单位以及有关社会团体推荐的公民代理的

案件，按照同一公民代理人代理案件数量进行排序，数量越多的公民代理人风险等级越高，筛选出1000条数量畸高的公民代理人。

（二）被代理人均不同

同一公民代理人若反复为同一被代理人进行代理，该情形并非职业公民代理人，在筛选时若只按照代理案件数量多少进行排序并不能做到精准聚焦。所以在筛选时，还需要进行二次提取被代理人名称，被代理人名称越多，越能证明代理人在为不同的被代理人进行诉讼，越疑似职业公民代理人。经二次提取，选取了前30位风险等级高的代理人，代理了约1500个不同被代理人案件，涉及650个被代理人。

（三）删除不符合监督的线索，确定疑似职业公民代理人

在30人约1500份裁判文书中，不少代理人是为同一集团下不同子公司进行代理的（主要是保险公司、房地产公司、银行等领域），虽然被代理人均不同，但此种情况经检察官联席会议讨论，不属于职业公民代理人，予以剔除。其余锁定为疑似职业公民代理人，如薛某某2020年以员工身份分别作为12家不同中介公司的代理人在张家港市法院参加了19次民事诉讼；李某某2020年以不同社区推荐的公民、不同公司的员工身份，在常熟市法院代理案件15件、万某某2020年以不同社区推荐的公民身份在昆山市法院代理了不同被代理人的案件20件。

二、通过外围信息排查锁定职业公民代理人

（一）关联查询

属于员工代理的，在人力资源和社会保障局查询代理人的社保缴纳信息，确认其劳动关系所属公司，与被代理人的公司是否一致，若不一致可能涉嫌伪造劳动合同。进而调取法院庭审卷宗，核实其劳动合同，是否存在虚假可能，并与其他代理的案件中的劳动合同进行比对，查看签署的期限是否存在重叠。比如薛某某，其向法院提交的证明其员工身份的10余份与不同中介公司签订的劳动合同中，5份劳动合同起止时间重合，其社保缴纳情况亦无在任一家中介公司的社保缴纳记录，证据相串联基本可以证明薛某某与上述中介公司无真实劳动关系，劳动合同系掩盖其不具有代理资格而制造的虚假“外衣”。此外，江苏省法律服务机构法律服务人员信息公开平台收录了江苏省内法律职业信息，可以输入代理人信息查询疑似职业公民代理人是否具有法律职业资格，若无，可进一步补强证据。

属于社区推荐公民代理人的，在卷宗中查看推荐社区名称（推荐社区即为被代理人所在社区），与代理人的身份证复印件所载户籍地所在社区相比

对。李某某同一时期内多次作为被社区推荐的公民代理人参加诉讼，通过核查法院卷宗发现，推荐其作为代理人的社区在不同案件中均不同，李某某户籍地所在社区与上述推荐社区均不一致，锁定为职业公民代理人，利用推荐函实现公民代理，违背了社区推荐公民代理人能更好维护本社区公民权益的立法本意，且其同样存在虚假员工代理的案件，锁定为职业公民代理人，予以打击。

（二）联系被代理公司

职业公民代理人与被代理人之间一般不存在特殊的、紧密的关联，被代理人一般不知道代理人是如何实现代理、参加诉讼的，所以可以尝试联系被代理人，询问其与代理人之间的关系，为何委托其作为代理人，如何收费，进一步补强证据。经向薛某某代理的中介公司询问，中介公司明确表示薛某某非其员工，代理案件系按件收费。最终锁定薛某某为从事有偿、职业公民代理的人，其制造虚假劳动合同等行为，扰乱法律服务市场，破坏公民代理制度，应予以打击。

模型团队成员：崔喜婷、卞叶、吉亚辉、颜一顺、张爱军

非法转卖营业执照空壳公司治理类案监督

江苏省昆山市人民检察院

关键词

非法转卖营业执照　空壳公司治理　大数据监督　市场登记管理　对公账户治理

要旨

在涉电信诈骗等刑事案件中，被非法转卖的营业执照及对公账户往往成为洗钱、诈骗等违法犯罪的工具，但因刑事处理未及于被非法转卖的营业执照，且行政机关因信息不畅未及时履职，导致大量失管营业执照、空壳市场主体仍处于正常经营状态，存在扰乱市场秩序、危害金融安全的隐患。检察机关构建数据模型，精准发现失管营业执照、空壳市场主体未予吊销的线索，通过联席会议、检察建议等形式，督促行政机关依法查处，同时建章立制，增强监督实效。

基本情况

昆山市检察院在办理涉买卖国家机关证件罪案件中发现，部分被非法转卖的营业执照仍处于存续状态。针对非法转卖营业执照行政执法缺位问题，主动与昆山市行政审批局和市场监督管理局召开联席会议，就非法转卖营业执照的监管职权、法律依据、行政执法程序、案件证据等问题会商沟通，明晰此类案件的处理规则，与行政机关形成在法律适用、事实认定、证据收集、行政处理等方面的共识。昆山市检察院利用大数据思维，以种子案例推动大数据模型的开发设计，构建非法转卖营业执照空壳公司治理监督模型并在全市落地应用，发现批量失管营业执照、空壳市场主体未予吊销的线索，规范市场主体的登记管理行为，推动法治化市场建设，优化营商环境，共同维护良好市场秩序和市场主体合法权益。

线索发现

鲍某于2024年1月16日以帮助信息网络犯罪活动罪被昆山市人民法院判处有期徒刑一年三个月，并处罚金人民币五千元。昆山市检察院在履职中发现，鲍某以出售牟利为目的，在没有实际经营需要的情况下，利用本人身份信息办理了一份营业执照和银行对公账户，后将营业执照和对公账户出售给他人帮助支付结算。鲍某注册的公司未实际生产经营，成为洗钱、诈骗等违法犯罪的工具，危害国家安全和社会公共利益。该生效刑事判决中认定的非法转卖的营业执照仍处于正常存续状态，行政机关未对该失管营业执照、空壳市场主体依法处理。昆山市市场监督管理局对上述问题负有监管职责。昆山市检察院向昆山市市场监督管理局发出检察建议，要求其依法调查核实，对非法转让营业执照的行为依法作出处理，规范市场主体的登记管理行为，推动法治化市场建设，优化营商环境，共同维护良好市场秩序和市场主体合法权益。

检察建议发出后，昆山市市场监督管理局高度重视，立即就昆山市检察院移送的证据材料进行审核，正式对涉嫌违法转让营业执照的市场主体立案，经过依法调查，启动吊销程序，对上述市场主体出具行政处罚决定书，予以吊销营业执照处罚。协力增强监督实效，昆山市检察院与昆山市市场监督管理局签订联动协议，加强市场主体监管，促进长效治理，进一步优化营商环境，促进社会治理创新。

数据分析方法

（一）数据来源

1. 刑事案件卷宗、判决书（来源于检察业务应用系统）
2. 工商登记信息（来源于企查查或市场监督管理局）

（二）数据要素

刑事案件卷宗、判决书中的企业名称；

工商登记信息中的经营状态。

（三）数据分析步骤

第一步：通过“刑事案由”数据要素，筛选买卖国家机关证件、帮信、诈骗、赌博、洗钱等案由的刑事案件卷宗和判决书。

第二步：对第一步筛选出的文书进行结构拆分和关键要素的识别提取，提取被转卖营业执照的企业名称。

第三步：对第二步获取的企业名称数据集合进行“清洗”，通过去重、过滤，排除事业单位等无效数据。

第四步：将第三步获得的企业名称与工商登记信息进行碰撞，获得被转卖营业执照企业经营状态信息；

第五步：根据第四步获取的数据，筛选出营业执照被非法转卖且经营状态仍在存续的监督线索。

（四）思维导图

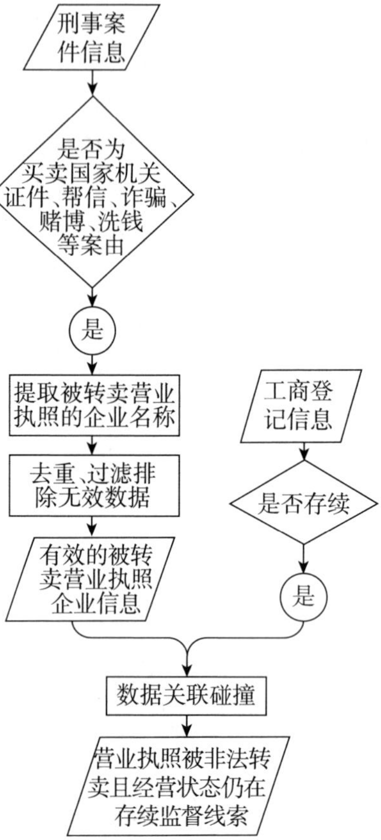

检察监督

根据模型筛查和进一步调查，检察机关查明部分非法转卖营业执照的行为人已通过行刑衔接程序被追究行政责任，而所涉营业执照却仍处于正常经营状态，存在监管漏洞及市场管理安全隐患。市场监管部门对此负有监督管理职责，检察机关通过制发社会治理类检察建议，督促市场监管部门依法调查核实，实现闭环整改。

苏州市两级检察机关应用该模型，共向相关主管部门移送线索70条并制发检察建议，市场监督管理部门初步吊销20余家市场主体的营业执照，并通过吊销营业执照、列入严重违法失信名单、将市场主体吊注销信息实时推送银行系统等形式，在实践层面推动问题整改闭环。

社会治理成效

（一）加强部门协同联动

昆山市检察院与昆山市市场监督管理局签订《关于深化市场监督管理局行政执法与检察监督联动机制的协议》，在市场主体监管等方面加强协作配合，打破数据壁垒，畅通线索双向移送渠道，进一步优化法治化营商环境。苏州市检察院与苏州市市场监督管理局、行政审批局召开联席会议，在完善风险监测、畅通数据共享、强化法制宣传等方面形成合力。

（二）推进对公账户治理

为加强银行金融服务、行政执法、检察监督联动配合，提升银行账户管理质效，昆山市检察院同步跟进监督营业执照背后“对公账户”的后续管控和注销，与昆山市市场监督管理局、人民银行建立《关于涉案银行账户联防联控机制》，严厉打击洗钱、非法售卖、转让、出租对公账户等违法行为，由市场监管部门定期将涉案市场主体吊销信息以告知函等方式告知人民银行，人民银行通知辖区内各商业银行进行处理。

法律法规依据

1.《中华人民共和国市场主体登记管理条例》

第五条　国务院市场监督管理部门主管全国市场主体登记管理工作。

县级以上地方人民政府市场监督管理部门主管本辖区市场主体登记管理工作，加强统筹指导和监督管理。

第四十八条第三款　市场主体伪造、涂改、出租、出借、转让营业执照的，由登记机关没收违法所得，处10万元以下的罚款；情节严重的，处10万元以上50万元以下的罚款，吊销营业执照。

2.《人民检察院行政诉讼监督规则》

第一百三十六条　人民检察院办理行政诉讼监督案件，向有关单位和部门提出检察建议，本规则没有规定的，适用《人民检察院检察建议工作规定》的相关规定。

3.《人民检察院检察建议工作规定》

第九条第五项 人民检察院在履行对诉讼活动的法律监督职责中发现有关执法、司法机关具有下列情形之一的，可以向有关执法、司法机关提出纠正违法检察建议：

（五）诉讼活动中其他需要以检察建议形式纠正违法的情形。

办案心得体会

一、依法履职，打击治理空壳公司

空壳公司在电信诈骗等刑事案件中常常沦为不法分子的犯罪工具，其对公账户也被用于洗钱、流转赃款等黑灰产业链。为贯彻落实最高人民检察院“检察护企”专项行动工作方案，加大打击“空壳公司”犯罪力度，深挖刑事案件数据，检察机关以发现的脱管营业执照为切入点，开展空壳公司专项打击治理工作，依法发挥检察职能作用。建立健全办案信息共享、协调联动工作机制，促进调查取证、行刑衔接程序顺畅，形成打击治理合力，会同市场监管、银行等部门共同推进，堵塞公司存续监管中的漏洞，优化营商环境，促进经济持续健康发展。

二、多措并举，督促行政机关依法履职

检察机关在办案中应依法调查收集证据，加强与行政机关的交流和沟通，提出合理化的检察建议，消解实务中开展监督的阻力。在办理督促非法转卖营业执照类空壳公司治理监督系列案件的过程中，检察机关主要遇到下列疑问：一是该类违法行为应由市场监管局还是行政审批局查处；二是行刑衔接证据标准统一问题；三是相关法律规定中无明确标准，市场主体转卖营业执照要达到何种程度，行政机关才应当吊销该执照。

检察机关通过召开联席会议，与相关行政机关达成共识，明晰该类案件处理规则：一是市场监管部门负有对非法转卖营业执照违法行为的监管职责；二是检察机关可以将刑事案件中判决书、讯问笔录等证据材料，一并移送行政机关，由行政执法裁量使用；三是对于构成犯罪的，一般应作吊销营业执照的行政处罚。

三、建立长效机制提升社会治理成效

一方面，检察机关发现行政机关未处理被非法转卖的营业执照，主要原因在于信息壁垒，行政机关无从得知刑事处理情况，故检察机关与市场监管部门签订联动协议，畅通线索双向移送渠道，使得今后同类问题的移送处理有据可

依。另一方面，买卖营业执照的行为人的目的往往是背后的对公账户，因此对公账户的治理也尤为重要。市场监管部门受困于长期与银行对接不畅，导致相关吊销信息无法及时通知银行，使得其作出吊销决定与银行对该类被吊销的市场主体的账户作出处理之间可能存在真空期，于是主动提出希望检察机关搭建平台对接银行。后续检察机关与市监局、人民银行签订涉案银行账户联防联控机制，由市场监管部门定期将吊销信息移送人民银行，再由人民银行通知各个商业银行处理，实现了实践层面问题的整改闭环。

模型团队成员：谢玲玲、孙鹏、顾昀祯、李龙

经济领域刑民交叉类案监督

江苏省苏州市人民检察院
相城区人民检察院

关键词

刑民交叉　经济领域　民事裁判监督

要旨

在涉金融诈骗等经济类刑民交叉案件中，存在两类问题，一是人民法院将同一当事人的行为先后认定为合法民事行为和刑事犯罪行为，导致民事责任评价和刑事责任评价竞合，带来裁判法律适用、行为事实认定、后续财产处置等一系列问题；二是人民法院认为涉嫌刑事犯罪移送公安机关，但公安机关未予刑事立案或者立案后未侦查，导致当事人权利救济受阻。对此，检察机关研发模型发现批量监督线索，解决刑民交叉案件中“评价冲突”及“救济真空”问题，对已生效的错误民事判决，通过生效裁判监督予以撤销；对因涉嫌刑事犯罪移送给公安机关的线索，跟进监督公安机关是否立案或立案后久侦不决等，通过立案监督、侦查活动监督等监督手段妥善解决，有效维护当事人合法权益。

基本情况

2022 年 1 月，苏州市人民检察院通过梳理办案经验，构建刑民交叉模型，推送线索分发给全市基层检察院核查。相城区检察院在核查线索时发现，在郑某等人系列贷款诈骗案中，昆山市人民法院刑事判决中认定的部分诈骗事实与相城区人民法院民事判决中的部分事实重叠。

经向苏州市检察院汇报后，两级检察机关一体联动，通过大数据排查，精准抓取刑事判决中与信用卡纠纷民事生效裁判案件相关联的当事人，将比对范围由刑事案件犯罪嫌疑人扩大至证人。经对刑事卷宗的证人清单与民事生效判决案件的当事人信息进行分析研判，成功筛查线索 21 条，锁定关联信用卡纠纷民事生效裁判 19 件。

相城区检察院就田某等 5 起民事案件提请苏州市检察院抗诉。2022 年 2 月 16 日，苏州市检察院就该 5 起案件向苏州市中级人民法院提出抗诉，认为昆山市人民法院刑事判决中认定的部分诈骗事实与相城区人民法院民事判决中的事实系"同一事实"，某某银行相城支行与田某之间并非合法的信用卡借贷关系，而系贷款诈骗犯罪事实，原审民事判决应当撤销。法院全部采纳。

线索发现

相城区检察院在审查相城区法院某某银行相城支行与田某信用贷款纠纷一案中，发现田某系昆山市法院一起贷款诈骗案的被告人。审查发现，相城区人民法院民事判决认定某某银行相城支行与田某之间 18.3 万元额度的信用贷款合法有效，判决田某承担相应还款义务。但昆山市法院判决认定田某的信用贷款行为构成贷款诈骗犯罪。相城区法院民事判决与昆山市法院刑事判决分别认定的事实系"同一法律事实"。相城区检察院深入分析田某等人系列贷款诈骗案，以 2 起贷款诈骗罪案件中 6 名被告人为出发点。依照苏州市检察院刑民交叉模型研判规则，通过数据碰撞、分析、比对，发现批量类案监督线索。

数据分析方法

（一）数据来源

1. 刑事案件信息（来源于检察业务应用系统）
2. 民事案件信息（来源于法院/裁判文书公开网）
3. 刑事立案信息（来源于公安机关）

（二）数据要素

刑事案件信息：刑事判决罪名、被告人姓名、案件名称、部门受案号、承办单位、承办人姓名。

民事案件信息（民事裁判文书通过要素提取方式提取，或者人工整理，或者向法院调取结构化信息）：原告姓名、被告姓名、民事案由、裁判结果、法院、案件名称、案号。

刑事立案信息：案件名称、犯罪嫌疑人姓名、立案日期、罪名、处理结果等。

（三）数据分析步骤

监督点 1：民事裁判监督

第一步：刑事案件信息中筛选判决罪名为集资诈骗、非法吸收公众存款、高利转贷等涉众型经济犯罪，以及其他金融诈骗类犯罪（包括贷款诈骗罪、保险诈骗罪、信用卡诈骗罪、票据诈骗罪、金融凭证诈骗罪）、合同诈骗罪、虚假诉讼罪等。

第二步：民事案件信息中筛选案由为民间借贷纠纷、借款合同纠纷、贷款合同纠纷、金融借款合同纠纷、信用卡纠纷等经济纠纷。保留法院支持或部分支持原告诉讼请求的案件数据。

第三步：将经济类刑事案件中被告人姓名与民事案件信息中原告、被告姓名碰撞，筛选出同时涉及刑事案件和民事案件的信息。

第四步：过滤剔除法院已裁定驳回起诉、已裁定再审改判的案件，得出线索：刑事案件被告人是民事案件原告的虚假诉讼监督线索；刑事案件被告人是民事案件被告的刑民评价竞合监督线索。

监督点 2：刑事检察监督

第一步：民事案件信息中，对裁判结果内容以关键词“最高人民法院关于在审理经济纠纷案件中涉及经济犯罪嫌疑若干问题的规定”和“驳回起诉”进行过滤，筛选出涉嫌刑事犯罪被驳回起诉的案件。

第二步：将上述被驳回起诉案件的原告、被告人姓名与公安机关刑事立案信息中的犯罪嫌疑人姓名比对，碰撞出公安机关尚未刑事立案的信息，输出立案监督线索。

第三步：将第一步筛选出的被驳回起诉案件的原告、被告人姓名与公安机关刑事立案信息中的犯罪嫌疑人姓名比对，碰撞出公安机关已经刑事立案但长期未结的刑事案件信息，输出侦查监督线索。

（四）思维导图

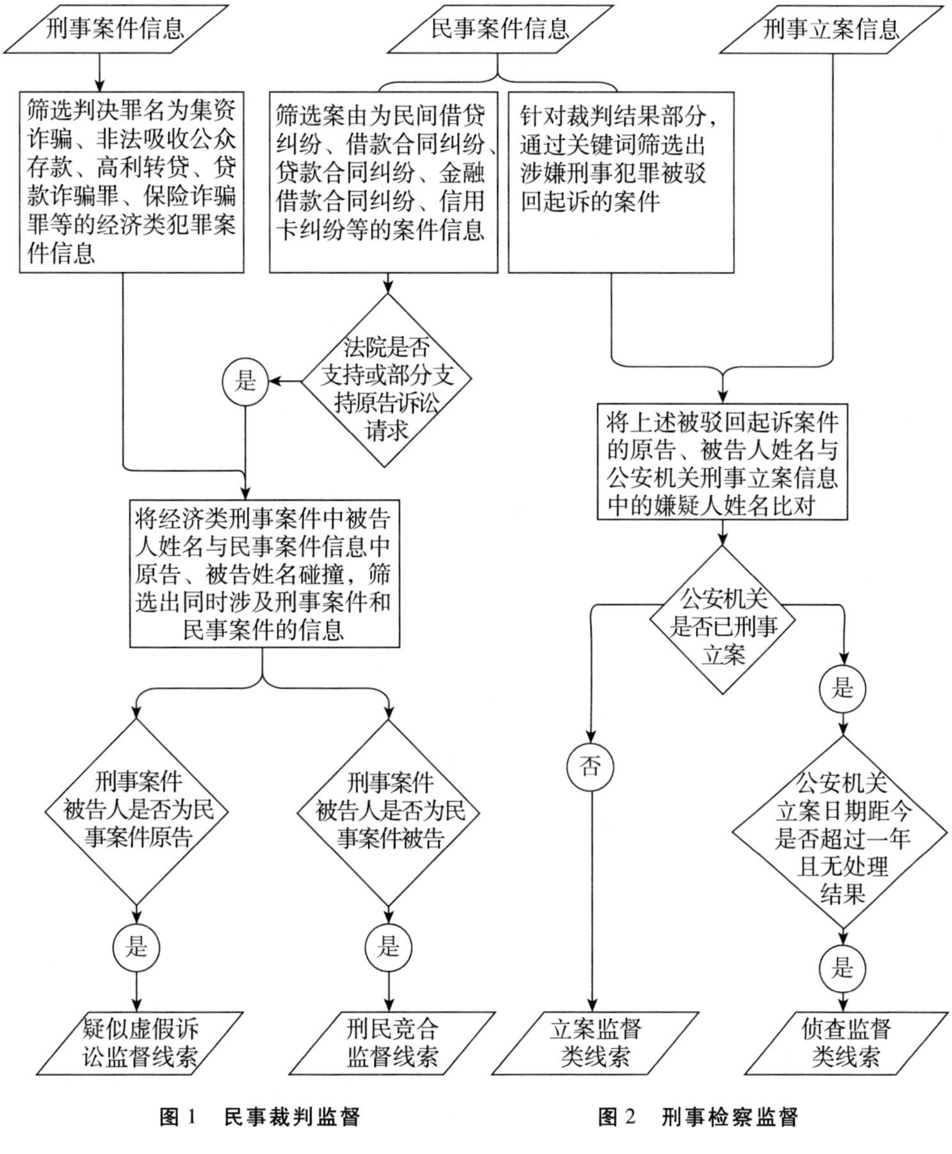

图1　民事裁判监督　　　　**图2　刑事检察监督**

检察监督

（一）民事检察监督

一方面，制造虚假事实进行诈骗的刑事案件被告人，将被害人作为民事案件被告提起民事诉讼，民事案件与诈骗犯罪为同一事实或者关联性事实的，可依法开展虚假诉讼监督。通过抗诉、再审检察建议等监督撤销原审民事裁判。另一方面，法院作为经济纠纷受理并判决支持原告诉请的普通交叉类民事案件，已被生效刑事判决认定同一事实或关联事实属于经济犯罪的，符合监督条件的，可以开展抗诉、再审检察建议等民事生效裁判监督。

（二）刑民融合监督

针对法院作为经济纠纷受理的案件，经审理认为有经济犯罪嫌疑裁定驳起诉，从而将涉嫌刑事犯罪线索移送给公安机关的案件，跟进监督公安机关是否立案或是否存在立案后久侦不决等问题，根据不同情形，有针对性开展立案监督、侦查活动监督等，防止当事人民事、刑事等各类权利救济渠道受阻，造成权利救济真空。

社会治理成效

刑民交叉案件广泛地存在于民间借贷、金融服务等财产交易民商事领域。这类案件往往直接关系民事主体的财产处置。因法律适用和程序衔接不当，导致没有依法、及时、妥善处理纠纷、案涉财物，甚至导致部分当事人处于权利救济真空地带，不仅损害当事人的合法权益，还可能引发信访风险和社会矛盾。本监督模型不仅有助于拓宽民事生效裁判监督线索来源，更有助于正确理解刑事评价与民事评价的统一性和差异性，统一法律适用、事实认定和财产处置司法认识，从源头推动构建以法秩序统一为目的的诉讼程序，着力解决刑民交叉案件中的“评价冲突”及“救济真空”问题，做好法律监督的后半篇文章。

2022 年以来，苏州市两级检察机关运用该模型，已提出抗诉 10 件，发出再审检察建议 35 件。通过纠正错误民事判决，明晰涉经济类刑民交叉案件处理规则，统一法律适用、事实认定、财产处置等方面司法认识。针对法院、公安机关、检察机关程序衔接和协同配合程度不足，导致缺乏常态化信息共享，贷款诈骗、非法吸收公众存款等刑事案件未能及时立案，导致后续监督难题，检察机关牵头会同区公安分局、法院召开联席会议，就经济领域刑民交叉案件的甄别、处理深入探讨，并共建合作机制，加强法院与公安机关涉嫌经济犯罪线索的双向移送，充分发挥检察机关侦查监督与协作配合办公室工作职能，对于公安机关已立案线索主动跟进监督，推动经济领域刑民交叉案件规范化办理。

法律法规依据

1. 最高人民法院《关于在审理经济纠纷案件中涉及经济犯罪嫌疑若干问题的规定》

第十一条 人民法院作为经济纠纷受理的案件，经审理认为不属经济纠纷案件而有经济犯罪嫌疑的，应当裁定驳回起诉，将有关材料移送公安机关或检察机关。

2. 最高人民法院、最高人民检察院、公安部《关于办理非法集资刑事案件适用法律若干问题的意见》

第七条第一、三款 关于涉及民事案件的处理问题

对于公安机关、人民检察院、人民法院正在侦查、起诉、审理的非法集资刑事案件，有关单位或者个人就同一事实向人民法院提起民事诉讼或者申请执行涉案财物的，人民法院应当不予受理，并将有关材料移送公安机关或者检察机关。

公安机关、人民检察院、人民法院在侦查、起诉、审理非法集资刑事案件中，发现与人民法院正在审理的民事案件属同一事实，或者被申请执行的财物属于涉案财物的，应当及时通报相关人民法院。人民法院经审查认为确属涉嫌犯罪的，依照前款规定处理。

3. 最高人民法院《关于审理民间借贷案件适用法律若干问题的规定》

第五条第一款 人民法院立案后，发现民间借贷行为本身涉嫌非法集资等犯罪的，应当裁定驳回起诉，并将涉嫌非法集资等犯罪的线索、材料移送公安或者检察机关。

4. 最高人民法院《全国法院民商事审判工作会议纪要》

第一百二十九条 2014 年颁布实施的《最高人民法院最高人民检察院公安部关于办理非法集资刑事案件适用法律若干问题的意见》和 2019 年 1 月颁布实施的《最高人民法院最高人民检察院公安部关于办理非法集资刑事案件若干问题的意见》规定的涉嫌集资诈骗、非法吸收公众存款等涉众型经济犯罪，所涉人数众多、当事人分布地域广、标的额特别巨大、影响范围广，严重影响社会稳定，对于受害人就同一事实提起的以犯罪嫌疑人或者刑事被告人为被告的民事诉讼，人民法院应当裁定不予受理，并将有关材料移送侦查机关、检察机关或者正在审理该刑事案件的人民法院。受害人的民事权利保护应当通

过刑事追赃、退赔的方式解决。正在审理民商事案件的人民法院发现有上述涉众型经济犯罪线索的，应当及时将犯罪线索和有关材料移送侦查机关。侦查机关作出立案决定前，人民法院应当中止审理；作出立案决定后，应当裁定驳回起诉；侦查机关未及时立案的，人民法院必要时可以将案件报请党委政法委协调处理。除上述情形人民法院不予受理外，要防止通过刑事手段干预民商事审判，搞地方保护，影响营商环境。

当事人因租赁、买卖、金融借款等与上述涉众型经济犯罪无关的民事纠纷，请求上述主体承担民事责任的，人民法院应予受理。

5.《中华人民共和国民事诉讼法》

第二百一十一条第一项　当事人的申请符合下列情形之一的，人民法院应当再审：

（一）有新的证据，足以推翻原判决、裁定的。

第二百一十九条第一、二款　最高人民检察院对各级人民法院已经发生法律效力的判决、裁定，上级人民检察院对下级人民法院已经发生法律效力的判决、裁定，发现有本法第二百条规定情形之一的，或者发现调解书损害国家利益、社会公共利益的，应当提出抗诉。

地方各级人民检察院对同级人民法院已经发生法律效力的判决、裁定，发现有本法第二百一十一条规定情形之一的，或者发现调解书损害国家利益、社会公共利益的，可以向同级人民法院提出检察建议，并报上级人民检察院备案；也可以提请上级人民检察院向同级人民法院提出抗诉。

第二百四十六条　人民检察院有权对民事执行活动实行法律监督。

6.《人民检察院民事诉讼监督规则》

第九十条　各级人民法院已经发生法律效力的民事判决、裁定、调解书，上级人民检察院对下级人民法院已经发生法律效力的民事判决、裁定、调解书，发现有《中华人民共和国民事诉讼法》第二百条①、第二百零八条②规定情形的，应当向同级人民法院提出抗诉。

7.《中华人民共和国刑事诉讼法》

第一百一十三条　人民检察院认为公安机关对应当立案侦查的案件而不立案侦查的，或者被害人认为公安机关对应当立案侦查的案件而不立案侦查，向人民检察院提出的，人民检察院应当要求公安机关说明不立案的理由。人民检察院认为公安机关不立案理由不能成立的，应当通知公安机关立案，公安机关

① 现行《中华人民共和国民事诉讼法》第二百一十一条。

② 现行《中华人民共和国民事诉讼法》第二百一十九条。

接到通知后应当立案。

8.《人民检察院刑事诉讼规则》

第五百五十一条第一款 人民检察院对刑事诉讼活动实行法律监督，发现违法情形的，依法提出抗诉、纠正意见或者检察建议。

办案心得体会

利用大数据赋能监督，全面提升办案质效，是民事检察监督适应大数据时代检察工作发展的根本要求。由于审判管辖制度的深化细分，经济领域刑民交叉案件的法律适用与程序衔接不畅成为长期以来的司法裁判痛点，而对该类案件的系统性、深层次监督也成为检察监督难题。近年来，苏州市检察院开始研发建立数字监督平台，探索运用大数据收集全市司法裁判文书，辅助排查批量监督线索。相城区检察院在办理经济类刑民交叉案件中，努力从以下几方面探索破除监督症结。

一、业务需求导向出发，从个案监督到系统类案监督

经济领域刑民交叉案件的基本裁判规则是按照案涉事实的同一性程度进行区分认定和处理，即应当根据具体情况作出不同处理，对符合条件的民事案件与刑事案件应当分别受理、分别审理、分别归责。但当前司法实践中，该类案件普遍存在以下问题：首先，刑民交叉案件种类多、数量大、罪名分布广，尤其集资诈骗、非法吸收公众存款等涉众型犯罪案件中，犯罪行为周期长、隐蔽性强、组织结构复杂。因刑事民事案件审理期限和程序不同等因素，大量案件由不同法院审理，相互之间存在信息壁垒，导致交叉式判决时有发生。其次，刑事案件中关于被害人财产的处置往往通过按比例追赃挽损或者退赔实现，民事案件则可通过胜诉后主张相应财产本金及利息。由于当前刑民交叉案件财产处置程序无法顺畅衔接，尤其是部分当事人已经通过民事案件挽回财产损失的情形下，就不应当再基于同一事实通过刑事程序获得退赔。这不仅损害了其他当事人的合法权益，更引发了信访风险和社会矛盾。

为统一刑民交叉案件的法律适用、事实认定和财产处置，解决监督线索发现难、成案率低、分散式监督以及反复式监督等实际问题，检察机关应当摒弃就案办案的传统思路，坚持关联思维、谦抑思维、穿透思维和协调思维，运用数字思维、数字方法，从个案的监督点中梳理挖掘背后可能存在的共性问题，通过“多案纠错”以及“类案防错”的方式，深化类型化专项监督，从源头推动交叉诉讼秩序统一。

二、围绕监督规则和逻辑，归纳核心数据要素

最高人民法院《关于在审理经济纠纷案件中涉及经济犯罪嫌疑若干问题的规定》、民间借贷司法解释、《全国法院民商事审判工作会议纪要》等司法解释和规范性文件，是刑民交叉案件的基本裁判依据。对于因同一事实、相同当事人同时涉及刑事、民事责任"竞合型"的交叉案件，一般遵循"先刑后民"的处理原则，在刑事程序中合并处理，民事权利救济则通过刑事附带民事诉讼或者追赃退赔等方式实现。对于因不同事实、相同当事人分别涉及刑事、民事责任的，或者因同一事实、不同当事人分别涉及刑事、民事责任的"牵连型"交叉案件，一般采取并行处理的原则，即民事案件与刑事案件应当分别受理，分开审理。

关于对于同一事实的理解，《全国法院民商事审判工作会议纪要》指出，应当从实施主体、法律关系和要件事实三个角度进行认定。该纪要第128条规定以是否系同一主体实施的行为来判断刑事、民事案件应否分别审理。因此，刑事案件与民事案件的"主体比对"应当成为模型构建的核心切入点。并且，为防止线索遗漏，这里的"主体"应当包含刑事案件被告人及民事案件原、被告的全量信息。在明确核心监督规则的基础上，基于检察环节可掌握全量的刑事案件相关信息，"刑事案件罪名"便可作为模型的基础数据要素。而基于裁判文书网公开途径或者从全市法律监督平台搜索获取的"民事案由"自然成为模型的另一个基础数据要素。

明确监督规则和逻辑后，必须将监督思维与数据分析环环相扣、有机融合。在数据筛查、提取、碰撞和比对过程中，应当紧紧围绕监督点，抓住以下关键点具体"查、核、验"：

1. 精确锁定案件范围。刑事案件确定为集资诈骗、非法吸收公众存款、高利转贷等涉众型经济犯罪，以及其他金融诈骗等犯罪；民事案件确定在民间借贷纠纷、借款合同纠纷、贷款合同纠纷、信用卡贷款等范围。

2. 精心筛查重点样本。同一当事人同时涉及经济类刑事案件和民事案件的，要把握刑事判决和民事裁判时间。一般将民事裁判在先、刑事判决在后的案件作为重点筛查样本。刑事案件卷宗中如果出现民事诉讼、民事调解、民事判决、民事等关键词的，应当重点筛查。

3. 精准设置规则路径。精准出击，提升质效。通过文书分割、要素提取等设置剔除规则，去除已被纠正从而不具有监督价值的线索。通过数据碰撞输出有效线索后，应当结合人工二次筛查，进一步锁定精准成案线索。

4. 精研模型应用场景。一方面，确保基础数据全面。刑事案件基础信息可以从检察业务系统中全量获取，但民事调解书等不予公开。对此，可加大与法院的沟通协调，只需将本区域历年调解结案的涉经济类民事案件基础信息录

入（当事人名称、调解结案时间）。经碰撞、分析，发现有效线索后，再至法院调卷展开人工核查。另一方面，丰富、拓展模型应用场景。可通过技术手段，实现刑事案件证人等信息的同步抓取，扩大比对范围，提高线索的精准度。

三、强化多环节和全流程监督，维护诉讼秩序统一

1. 上下一体协同联动，释放监督合力。基于法秩序统一原理，处理刑民交叉案件要着重关注民法作为前置法的影响，即只有民商事法律认为具有违法性的行为，才有可能成为犯罪行为。然而在司法实践中，经济领域刑民竞合案件的入罪与出罪标准，包括被害人的权利归属确立、财产损失认定、主张权利难度等判断要素，在认定上仍存在一定争议。通过大数据法律监督纠正错误民事判决，一方面能够以基层实践推动区域统一司法认识，解决案件适用程序背后的事实认定、法律评价冲突等难题，在违法性判断的问题上达成一致，避免“同案不同判”对于司法公正性的影响。例如，相城区检察院向苏州市检察院移送14条民事监督线索，随同移送全部案件清单、刑事案件证据情况说明、关联民事生效裁判文书等。另一方面，以类案监督为契机加强公检法相互配合，依法履行检察机关侦协办工作职能，建立健全法院与公安机关涉嫌经济犯罪线索的双向移送机制，有利于及时发现经济领域刑事案件线索，全面打击犯罪行为。

2. 由点及面依法履职，实现全链条监督。传统的民事检察监督一般将审查重点放在单一案件上，新时期监督格局下，应当由“就案论案”、零敲碎打的“单向”思维模式，逐步转向多维化、系统化、延伸化监督。模型以梳理刑事民事两种法律关系认定、刑事民事案件当事人和关联人员等为基础数据样本，通过抓取民事生效裁判线索，既推动民事、刑事案件诉讼程序统一，也同步关注当事人权利救济与财产处置问题。针对先前已经执行到位的错误民事裁判，检察机关还可以向法院发送执行监督检察建议，建议启动执行回转，及时救济当事人的损失，推动法院明晰案涉财物处理规则。相关当事人合法权益受损的，视情形分别处理：刑事案件被告人、证人系民事案件被告的，民事案件原告损失应当通过刑事案件追赃退赔予以救济；刑事案件被告人系民事案件原告的，民事案件被告应当另行向法院提起民事诉讼挽回损失。而对于案件因涉嫌刑事犯罪不属于民事案件受理范围的情况下，检察机关应当主动对接公安、法院等部门，推动公检法共享信息、双向移送及反馈线索等工作，督促法院在驳回起诉的同时，及时将犯罪线索移送公安机关，以确保当事人在无法通过民事救济途径维护其合法权益时，能通过刑事程序依法保障其实体权益，最大限度减轻当事人诉累，不断提升人民群众的司法获得感。

模型团队成员：刘军、卞叶、何俊强、刘凤琪、高楚晗

参与分配虚假诉讼逃避执行类案监督

江苏省苏州市人民检察院　张家港市人民检察院

关键词

参与分配　虚假诉讼　拒不执行判决裁定　刑民融合履职

要旨

为防止被执行人通过虚假诉讼申请参与分配，达到转移财产、逃避执行的目的，检察机关将网络司法拍卖数据与民事裁判文书、执行文书数据进行碰撞，通过设置诉讼时间晚于拍卖案件执行时间、诉辩无争议、快速审结、调解结案、直接参与分配等规则，发现被执行人与他人恶意串通提起虚假诉讼，并通过参与分配稀释债权，侵害其他债权人利益的虚假诉讼和逃避执行案件线索。综合采取抗诉、再审、执行监督、移送犯罪线索等方式予以监督，依法保障当事人的合法权益与司法权威。

基本情况

张家港市人民检察院、吴中区人民检察院聚焦民事检察监督职能，深入挖掘、查办虚假诉讼案件。发现在司法拍卖领域，被执行人在房产拍卖期间，存在与他人以虚假诉讼的形式参与分配、稀释债权、妨害执行的行为。张家港市检察院、吴中区检察院通过办案梳理共性特征，以此构建参与分配虚假诉讼逃避执行监督模型。

张家港市检察院发现被执行人张某华在名下房产被司法拍卖期间，债权人王某阳以张某华按期未还款为由，向张家港市人民法院提起诉讼，要求张某华承担还款责任，二人快速达成调解。后王某阳申请对被执行人张某华的房产拍卖款参与分配。张家港市检察院经调查核实，该案系虚假诉讼，遂向张家港市法院提出再审检察建议。

模型构建以来，苏州两级检察机关就司法拍卖领域虚假诉讼办理了多起案件，其中提出抗诉1件，发出再审案检察建议6件，发出执行监督检察建议1件，移送犯罪线索4件5人，其中4人已被判刑、1人被批准逮捕，另有十余件案件线索尚在查办中。

线索发现

张家港市检察院、吴中区检察院民事检察部门在办理虚假诉讼监督案件中发现，被执行人为参与执行拍卖款的分配，往往会通过与近亲属、利益关系人等恶意串通，采取虚构借款事实、隐瞒还款真相等方式向法院提起诉讼，并在诉讼中迅速达成和解，骗取法院生效民事调解书，通过参与执行分配，稀释其他债权人合法债权，达到逃避法院执行、挽回自身损失的目的。该种情况时有发生，但由于法院审判与法院执行相对独立，案件信息不互通，在司法实践中容易被忽略，导致不法分子利用漏洞逃避执行损害他人合法权益。

苏州两级检察机关依托苏州检察数字监督平台，发现该类案件呈现如下特点：被执行人房产拍卖后有多起诉讼案件；双方当事人集中快速达成调解；当事人之间无对抗；调解结案；调解协议均约定当日履行完毕；原告代理人同一等。上述特征指向双方当事人诉讼目的在于快速获取具有强制执行效力的文书，存在虚假诉讼的可能性较大，经初步研判，需向苏州市检察院汇报后刑民联合展开调查。

数据分析方法

（一）数据来源

1. 司法拍卖信息（来源于法院、淘宝网司法拍卖平台）
2. 执行信息（来源于执行信息公开网、法院）
3. 民事裁判文书（来源于法院、苏州政法平台）
4. 人口信息（来源于公安局）
5. 关联人员银行交易流水（来源于金融机构）

（二）数据要素

针对有待拍资产的被执行人，筛选所涉及的执行文书、裁判文书，以原告、被告、起诉时间、诉讼请求、诉讼标的、主要证据、庭审情况、判决依据、判决时间、申请执行人、被执行人、执行立案时间、执行标的等进行整理，分析同类型案件的模式化特征。

（三）数据分析步骤

第一步：从司法拍卖网不动产竞价标的调查情况表中，提取被执行人的身份信息、拍卖标的、执行文书案号、首次拍卖时间。

第二步：通过被执行人信息，在苏州检察数字监督平台查找与其相关的诉讼案件、在执行信息公开网查找其作为被执行人的执行案件。将司法拍卖信息、诉讼案件被告信息进行碰撞，筛选出有司法拍卖情形的诉讼案件，提取相关要素：原告、被告、案由、立案时间、结案时间、标的。

第三步：对诉讼案件文书进行解构，提取以下要素信息：原告、被告、案由、立案时间、结案时间、结案方式、标的。以执行信息公开网、司法拍卖网提取执行案号，在中国裁判文书网中反查执行案件信息，并进行解构，提取相关要素：申请执行人、被执行人、案由、立案时间、标的。

第四步：将筛选出的案件，碰撞首次拍卖的执行案件立案时间、诉讼立案时间、申请执行立案时间，筛选出在首次拍卖的执行案件立案后起诉的案件。

第五步：推送快速审结、双方无实质争议，结案后两个月内申请执行的案件线索（若案由为民间借贷、首次拍卖时间与诉讼立案时间在一年内案件，虚假诉讼的可能性更大，但为保障推送线索不遗漏，暂不列入筛选规则）。

（四）思维导图

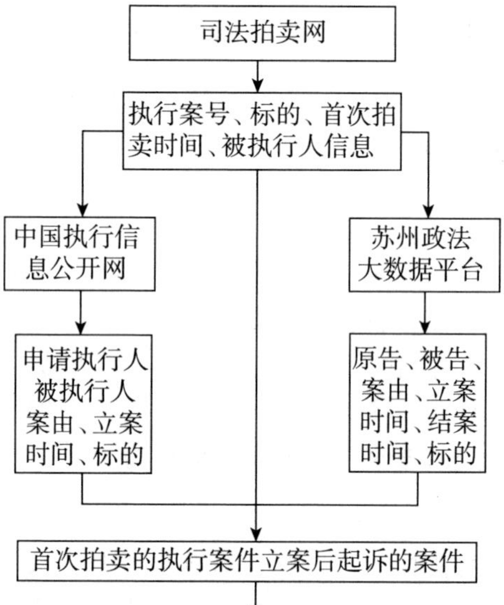

检察监督

（一）民事检察监督

民事检察部门可从以下两方面进行监督：一是针对被执行人与他人串通捏造的虚假诉讼，民事检察部门查实后，以再审检察建议等方式向法院提出监督意见。二是针对虚假诉讼关联的执行案件开展民事执行监督，可向法院执行局提出检察建议，建议对以虚假诉讼方式获取裁判文书的执行案件停止执行，对已执行到位的案件查证后执行回转。对于司法拍卖中的不合规之处，建议执行局加以改善。

（二）刑事检察监督

刑事检察部门指派检察官提前介入公安侦查活动，同步引导取证固证，收集民事检察监督需要的相关证据。民事检察部门积极协助刑事案件的办理，在第一时间移送涉嫌虚假诉讼罪、拒不执行裁定、判决等的案件线索，并将外围调查的证据等同步移送。

（三）社会治理

与公安、法院开展打击拒不执行裁定、判决罪的联席会议，并就参与分配虚假诉讼逃避执行案件的办理、衔接等问题达成共识。

社会治理成效

虚假诉讼侵害民事主体合法权益，严重扰乱诉讼秩序、侵害司法权威、破坏社会诚信，人民群众反映强烈。近年来，部分被执行人与他人恶意串通，通过虚假诉讼方式逃避履行债务，尤其在不动产司法拍卖领域，通过虚假诉讼、虚假仲裁等方式虚构、虚增债务，参与拍卖款分配，侵害他人合法权益情况时有发生，引发社会广泛关注。

在该类虚假诉讼案件办理中，检察机关积极争取党委政府支持，由政法委统筹协调专项行动，牵头公检法成立工作专班，厘清各自分工职责、定期会商交流，就虚假诉讼以及相关刑事犯罪的法律适用、证据采信等方面达成共识，提升虚假诉讼行为打击成效。同时复制推广该类案件办理经验，对涉及民事、刑事监督线索交叉案件，明确由公检法联合办案，助推形成数据共享、信息互通、情况互商的司法协同惩治格局。同时，张家港市检察院与张家港市法院达成共识，会签《打击参与分配逃避执行工作机制》，凝聚合力共同防范司法拍卖领域虚假债权。

法律法规依据

1.《中华人民共和国民法典》

第一百四十六条 行为人与相对人以虚假的意思表示实施的民事法律行为无效。

以虚假的意思表示隐藏的民事法律行为的效力，依照有关法律规定处理。

2.《中华人民共和国民事诉讼法》

第一百一十五条 当事人之间恶意串通，企图通过诉讼、调解等方式侵害国家利益、社会公共利益或者他人合法权益的，人民法院应当驳回其请求，并根据情节轻重予以罚款、拘留；构成犯罪的，依法追究刑事责任。

当事人单方捏造民事案件基本事实，向人民法院提起诉讼，企图侵害国家利益、社会公共利益或者他人合法权益的，适用前款规定。

第一百一十六条 被执行人与他人恶意串通，通过诉讼、仲裁、调解等方式逃避履行法律文书确定的义务的，人民法院应当根据情节轻重予以罚款、拘留；构成犯罪的，依法追究刑事责任。

第二百五十二条 被执行人未按执行通知履行法律文书确定的义务，应当报告当前以及收到执行通知之日前一年的财产情况。被执行人拒绝报告或者虚假报告的，人民法院可以根据情节轻重对被执行人或者其法定代理人、有关单位的主要负责人或者直接责任人员予以罚款、拘留。

3.《中华人民共和国刑法》

第三百零七条之一 以捏造的事实提起民事诉讼，妨害司法秩序或者严重侵害他人合法权益的，处三年以下有期徒刑、拘役或者管制，并处或者单处罚金；情节严重的，处三年以上七年以下有期徒刑，并处罚金。

单位犯前款罪的，对单位判处罚金，并对其直接负责的主管人员和其他直接责任人员，依照前款的规定处罚。

有第一款行为，非法占有他人财产或者逃避合法债务，又构成其他犯罪的，依照处罚较重的规定定罪从重处罚。

司法工作人员利用职权，与他人共同实施前三款行为的，从重处罚；同时构成其他犯罪的，依照处罚较重的规定定罪从重处罚。

第三百一十三条 对人民法院的判决、裁定有能力执行而拒不执行，情节严重的，处三年以下有期徒刑、拘役或者罚金；情节特别严重的，处三年以上七年以下有期徒刑，并处罚金。

单位犯前款罪的，对单位判处罚金，并对其直接负责的主管人员和其他直接责任人员，依照前款的规定处罚。

4.《全国人民代表大会常务委员会关于〈中华人民共和国刑法〉第三百一十三条的解释》

5. 最高人民法院《关于防范和制裁虚假诉讼的指导意见》

6. 最高人民法院、最高人民检察院《关于办理虚假诉讼刑事案件适用法律若干问题的解释》

7. 最高人民法院、最高人民检察院、公安部、司法部《关于进一步加强虚假诉讼犯罪惩治工作的意见》

8. 最高人民法院《关于深入开展虚假诉讼整治工作的意见》

9. 最高人民法院、最高人民检察院《关于办理拒不执行判决、裁定刑事案件适用法律若干问题的解释》

办案心得体会

在司法拍卖领域，以虚假诉讼的形式参与执行分配不仅严重损害司法权威，也损害其他当事人的合法权益，应当予以严厉打击。由于虚假诉讼具有隐蔽性，检察机关难以发现线索，实现精准打击。但通过构建数据模型，可以有效破局，通过在海量信息中设置规则，发现监督线索，能大大提高检察机关查办虚假诉讼的案件质效。参与分配虚假诉讼逃避执行类案监督模型聚焦检察机关监督主责，实现案件信息快速筛查、监督线索精准推送，主要做法如下：

一、总结异常特征

司法实践中，由于虚假诉讼双方达成攻守同盟，仅凭个案难以发现监督线索。检察机关需对办理的虚假诉讼案件结合一领域、一类型总结普遍有效的模式化特征。

张家港市检察院在办理张某某、陈某民间借贷纠纷案件中，发现张某某因名下多个房产被执行拍卖，张某某与多人串通，或与原告王某某等伪造借款制造虚假诉讼，双方达成一致骗取法院调解书后参与执行分配；或与已自行清偿到位且执行终结的申请执行人串通，由申请执行人谎称尚未清偿参与执行款分配。

吴中区检察院在办理吴中区某食品厂（以下简称食品厂）民间借贷纠纷检察监督案中，发现食品厂因未履行另案生效判决确定的义务，该厂名下厂房（含该土地使用权范围内的无证房屋、固定装修及附属设施）于 2023 年 6 月 9 日被吴中区法院通过淘宝网司法拍卖网络平台拍卖，成交价格 3619.373 万元。金某某为参与该执行拍卖款的分配，与五名原告恶意串通，采取虚构借款事实、隐瞒还款真相等方式向法院提起诉讼，在诉讼中迅速达成和解，骗取法院生效民事调解书，参与执行分配，稀释其他债权人合法债权，其中4起案件隐瞒还款总计134.9万元，1起案件虚构债务810万元。

在多起虚假诉讼案件中，检察机关发现的共性特征，也就是模式化特征，如案件数量多、诉讼时间节点在执行拍卖之后、诉讼标的额大、庭审缺乏对抗性、审理结果调解结案、审理时间短、代理人同一等。

二、发现监督线索

以淘宝网司法拍卖平台的不动产等大宗拍卖品为线索切入点，对该拍卖品所有权人即被执行人涉及的案件进行梳理，从起诉时间、诉讼标的、主要证据、抗辩情况、审理结果、代理人信息等进行梳理，筛查分析监督线索。

（一）确定检索项，筛选文书

通过淘宝网司法拍卖平台或者法院共享信息确定不动产权利人作为被执行人明细；以该被执行人为检索项，通过执行信息网或者法院共享信息排查该被执行人涉诉情况，重点筛查借款合同纠纷、劳动报酬纠纷等；以民事诉讼数量多为要素进行筛查，梳理出被执行人的关联案件。

（二）提取要素，分析特征

提取已筛查文书中的立案时间、结案时间、原告代理人信息、审判程序、案件标的等要素，对比司法拍卖时间，是否存在在拍卖前集中起诉、快速调解、被告无抗辩、原告代理人同一等明显异常情况，分析是否存在类型化特点。如张某某名下房产于2022年5月通过淘宝网进行司法网拍，2022年6月5日拍卖成功。2022年5月26日，王某某以借贷纠纷起诉张某某。就当前的执行案件来看，被执行人通过虚假诉讼转移财产，一般发生在不动产等高价值的财产拍卖前后，因此张某某与王某某串通制造虚假诉讼的可能性较高。

（三）收集信息，锁定异常

通过收集人口信息，调取银行交易流水等，对原被告双方的关系、涉案资金流向、双方资金往来等进行分析，分析双方是否存在亲属关系等，是否存在隐瞒还款、虚构借款、转变款项性质等情形，锁定虚假诉讼。

三、开展调查核实

在对此类参与分配虚假诉讼案件进行调查时，主要从当事人之间的关系、案涉款项的交付情况、借力公安侦查手段等开展调查工作。

（一）人物关系

检察机关通过向公安机关调取案件当事人的人口信息，发现张某某的配偶陈某与王某某的前夫陈某某系亲姐弟，张某某与王某某系姻亲关系。该案王某某根据张某某的指示汇款到董某某（张某某的丈母娘、王某某的婆婆）的账户，双方是否系真实借贷关系明显存疑。

（二）款项交付

通过分析原告提起诉讼的证据情况，锁定借条及交易往来。检察机关通过调查案涉银行流水，发现本案案涉50万元款项系王某某从第三人处借款后汇给董某某，但一周后董某某又将496100元汇款至王某某的银行账户，王某某再转汇至第三人账户50万元。从银行流水看资金存在回流，所谓借款，明显已经偿还。

（三）借力侦查

案件原被告双方当事人恶意串通，通过虚假诉讼方式妨害执行，涉嫌拒不执行判决、裁定罪，检察机关将线索移送公安机关，公安机关立案侦查。借助公安机关侦查优势，摸清涉案人员社会关系网络，为涉案人员“精准画像”，定制调查提纲，多名债权人坦白为多分执行款，与债务人制造虚假诉讼情况。刑事检察部门同步介入，引导公安机关瞄准刑事犯罪构成开展侦查。固定多名原告陈述、微信聊天记录等，通过还原事实真相，形成完整证据链。

四、拓展监督成效

（一）做强民事检察，实现精准监督

民事检察部门充分运用调查核实权，在充分调取客观证据的基础上，着力突破人员口供，实现精准监督。民事法律关系纷繁复杂，检察机关必须聚焦突出问题，精准履行监督职责，摘掉虚假诉讼“毒瘤”，提高监督的精准性和权威性，对虚假诉讼案件开展全过程、全链条式监督。针对被执行人与他人串通捏造的虚假诉讼，以抗诉、再审检察建议等方式予以监督，对自行清偿的执行案件却欺骗法院执行人员再次参与执行分配的，可向法院发出民事执行监督检察建议，如执行回转等。

（二）加强侦查协作，刑民融合监督

在发现民事案件中涉及虚假诉讼的犯罪线索，可及时向公安机关移送，由公安机关立案侦查，并同步移送刑事检察部门，以刑事案件提前介入为抓手，通过引导侦查等方式取证固证。集成运用审查、调查、侦查手段，打破部门职能条块分割的传统格局，多部门协同配合提升案件办理能力，以刑民融合监督防范打击司法拍卖领域虚假债权。

（三）助力社会治理，多元防范共治

对模型推送的线索，检察机关加强分析研判，加强与公安、法院的协同配合，共同构建打击参与分配逃避执行联动机制。通过加强线索移送，打通信息壁垒，实现跨部门信息互联互通，为防范虚假诉讼提供数据支撑。对司法拍卖领域虚假诉讼案件加强联动惩处，形成有效的法律威慑。

模型团队成员：卞叶、刘芬、张天琪

民事诉讼主体资格瑕疵类案监督

江苏省苏州市吴江区人民检察院

关键词

民事诉讼主体资格　注销登记　诉讼主体不适格

要旨

检察机关通过碰撞民事裁判文书数据与企业注销数据，筛选出在裁判文书作出前案涉企业已注销登记的裁判文书，作为存在主体资格瑕疵的问题线索，向人民法院所在地同级人民检察院推送。检察机关结合案件的执行情况，向人民法院制发检察建议，督促人民法院强化主体资格瑕疵问题意识，畅通与市场监督管理部门的信息共享，在裁判文书作出前主动嵌入前置查询程序，防止出现主体资格瑕疵问题。

基本情况

2022 年 3 月以来，苏州市吴江区人民检察院（以下简称吴江区检察院）立足检察职能，在民事检察领域全面开展主体资格瑕疵摸排工作，探索构建民事诉讼主体资格瑕疵大数据法律监督模型。初期通过企查查等平台查询辖区内企业名称、经济性质、经营状态、核准日期，筛选出已注销企业的名称及注销时间，同时通过裁判文书网等相关数据平台，提取已注销企业所涉及的民事裁判案件信息，进行比对分析，最终得到在企业注销登记之后作出相关民事裁判的问题线索 11 条，向人民法院发出再审检察建议 5 件，均获采纳。后期该模型在苏州市检察机关推广，截至 2025 年 3 月 30 日，已累计推送线索 684 条，制发检察建议 20 余份。

线索发现

2020 年 3 月，吴江区检察院收到一份民事再审申请监督书，申请人 A 公司（原审被告）与B公司（原审原告）存在租赁合同法律关系，原审原告B公司向苏州市吴江区人民法院（以下简称吴江区法院）起诉A公司要求支付396万元的设备租赁费用，A公司称其租赁费用已全部履行完毕，且B公司在吴江区法院判决前已经注销，已不具备民事主体资格，不能作为民事案件当事人，故向吴江区检察院申请再审监督。吴江区检察院通过调取法院案件卷宗，查询涉案企业组织名称、核准日期、经营状态、注销时间等相关信息，查明B公司于2017年1月23日向法院申请破产，2018年5月24日，法院裁定终结B公司的破产程序，2018年7月24日，B公司被申请注销工商登记，2018年6月13日，法院受理B公司与A公司租赁合同纠纷，A公司未出庭参与庭审，2018年6月30日，法院判决A公司向B公司支付396万元租赁费用。吴江区检察院审查认定，B公司在判决之前已经注销了，存在判决没有履行对象的尴尬局面，遂向吴江区法院发出再审检察建议，吴江区法院采纳该检察建议，作出再审裁定，撤销原判决，并驳回B公司的诉讼请求。

数据分析方法

（一）数据来源

1. 民事裁判数据（来源于政法协同平台或裁判文书网）
2. 企业注销数据（来源于企查查等平台）

（二）数据要素

通过对民事裁判数据、企业注销数据进行清洗、梳理，提取民事裁判作出日期、作出民事裁判的人民法院、民事裁判原（被）告涉及的企业名称、案涉企业注销日期等数据要素。

（三）数据分析步骤

第一步：民事裁判数据同企业注销数据进行分析碰撞，筛选出案涉企业已注销的民事裁判数据。

第二步：从案涉企业已注销的民事裁判数据中提取民事裁判作出日期，同企业注销时间进行比较，筛选出企业注销时间早于民事裁判文书作出时间的数据，获取“民事诉讼主体资格瑕疵”的生效裁判监督线索。

第三步：在存在“民事诉讼主体资格瑕疵”的民事裁判数据中提取作出民事裁判的人民法院，向法院所在地同级人民检察院推送“民事诉讼主体资格瑕疵”线索。

（四）思维导图

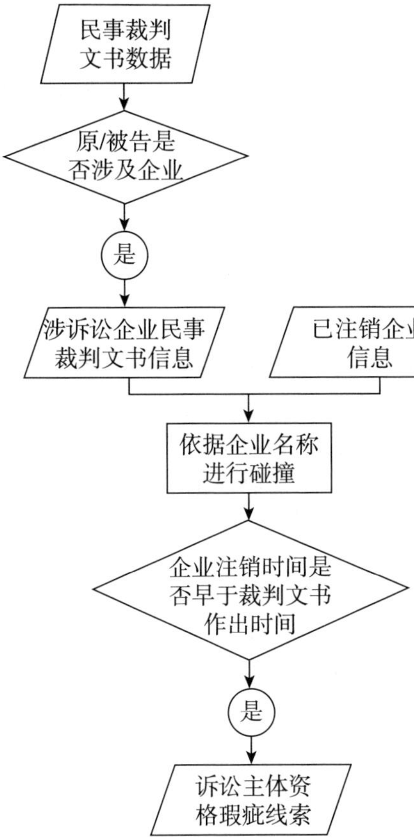

检察监督

民事诉讼主体资格瑕疵主要适用于民事检察监督。吴江区检察院通过将民事裁判数据同企业注销数据进行碰撞比对，挖掘人民法院在作出裁判时可能存在的程序瑕疵。对裁判作出前相关企业已注销的民事案件，结合案件的执行情况，向人民法院制发 5 份民事再审检察建议，在保证个案程序公正的同时，推动人民法院自查自纠，关注诉讼主体资格，防止裁判文书中再次出现主体资格瑕疵问题。

社会治理成效

（一）推动司法行政良性互动

检察机关通过大数据监督模型，排查主体资格瑕疵监督线索，向人民法院制发个案或者类案检察建议，可以提升法院对诉讼主体存续状态的关注度，推动人民法院与市场监管部门之间加强信息共享。在作出裁判之前，主动嵌入民事主体资格查询前置程序，查询相关企业是否注销，避免出现主体资格瑕疵问题。

（二）维护司法公信力

裁判文书是人民法院行使审判权的直接表现，承载着社会正义，关乎人民群众的切身利益。生效裁判文书是申请强制执行的重要依据，其载明的承担义务的主体，如果在裁判文书作出前已失去主体资格，必然会影响生效裁判的强制执行。检察机关同人民法院针对主体资格瑕疵问题开展会商的同时，在规范裁判文书、维护司法公信力等方面达成共识。

（三）服务法治营商环境

民事裁判文书具有定分止争的功能定位，但在社会经济活动中，部分市场主体选择通过注销登记的方式逃避债务承担，这也导致在部分民事案件中，存在法院裁判作出之前案涉市场主体已经注销的情况。在这样的情况下，民事裁判无法得到有效执行，也无法让案涉争议得到有效化解。通过监督促进人民法院强化主体资格瑕疵问题意识，有效防止企业通过注销登记，扰乱市场秩序。

法律法规依据

1.《中华人民共和国民事诉讼法》

第一百五十三条 有下列情形之一的，中止诉讼：

（一）一方当事人死亡，需要等待继承人表明是否参加诉讼的；

（二）一方当事人丧失诉讼行为能力，尚未确定法定代理人的；

（三）作为一方当事人的法人或其他组织终止，尚未确定权利义务承受人的；

（四）一方当事人因不可抗拒的事由，不能参加诉讼的；

（五）本案必须以另一案的审理结果为依据，而另一案尚未审结的；

（六）其他应当中止诉讼的情形。

中止诉讼的原因消除后，恢复诉讼。

第二百一十一条 当事人的申请符合下列情形之一的，人民法院应当再审：

（一）有新的证据，足以推翻原判决、裁定的；

（二）原判决、裁定认定的基本事实缺乏证据证明的；

（三）原判决、裁定认定事实的主要证据是伪造的；

（四）原判决、裁定认定事实的主要证据未经质证的；

（五）对审理案件需要的主要证据，当事人因客观原因不能自行收集，书面申请人民法院调查收集，人民法院未调查收集的；

（六）原判决、裁定适用法律确有错误的；

（七）审判组织的组成不合法或者依法应当回避的审判人员没有回避的；

（八）无诉讼行为能力人未经法定代理人代为诉讼或者应当参加诉讼的当事人，因不能归责于本人或者其诉讼代理人的事由，未参加诉讼的；

（九）违反法律规定，剥夺当事人辩论权利的；

（十）未经传票传唤，缺席判决的；

（十一）原判决、裁定遗漏或者超出诉讼请求的；

（十二）据以作出原判决、裁定的法律文书被撤销或者变更的；

（十三）审判人员审理该案件时有贪污受贿，徇私舞弊，枉法裁判行为的。

第二百一十九条 最高人民检察院对各级人民法院已经发生法律效力的判决、裁定，上级人民检察院对下级人民法院已经发生法律效力的判决、裁定，发现有本法第二百一十一条规定情形之一的，或者发现调解书损害国家利益、社会公共利益的，应当提出抗诉。

地方各级人民检察院对同级人民法院已经发生法律效力的判决、裁定，发现有本法第二百一十一条规定情形之一的，或者发现调解书损害国家利益、社会公共利益的，可以向同级人民法院提出检察建议，并报上级人民检察院备案；也可以提请上级人民检察院向同级人民法院提出抗诉。

各级人民检察院对审判监督程序以外的其他审判程序中审判人员的违法行为，有权向同级人民法院提出检察建议。

2.《最高人民法院关于适用〈中华人民共和国民事诉讼法〉的解释》

第五十二条 民事诉讼法第五十一条规定的其他组织是指合法成立，有一定组织机构和财产，但又不具备法人资格的组织，包括：

（一）依法登记领取营业执照的个人独资企业；

（二）依法登记领取营业执照的合伙企业；

（三）依法登记领取我国营业执照的中外合作经营企业、外资企业；

（四）依法成立的社会团体的分支机构、代表机构；

（五）依法成立并领取营业执照的法人的分支机构；

（六）依法成立并领取营业执照的商业银行、政策性银行和非银行金融机构的分支机构；

（七）依法成立并领取营业执照的乡镇企业、街道企业；

（八）其他符合本条规定条件的组织。

办案心得体会

当前，“检察大数据战略”正驱动新时代民事检察监督提质增效。办案团队围绕民事诉讼主体资格瑕疵问题研发了“民事诉讼主体资格瑕疵类案监督模型”。

按照《民事诉讼法》及相关司法解释的有关规定，人民法院对于不符合起诉条件或者符合不予受理情形的，应当依法在再审程序中撤销原判，驳回起诉。但办案部门在履行检察监督职责中发现，人民法院在办理部分案件中未审查裁判文书中当事人的主体资格，比如有限责任公司是否注销、变更等，导致判决书中负有履行义务的当事人存在主体资格瑕疵，即出现案件没有履行对象的尴尬局面，这既不利于保护当事人的合法权益，也不利于维护司法权威。于是吴江区检察院着力研发“民事诉讼主体资格瑕疵类案监督模型”。

在模型研发过程中，团队克服了数据来源、数据质量等问题，获取到近年来的民事裁判文书数据以及企业注销信息，其中民事裁判文书来源于苏州市政法协同平台或裁判文书网，企业注销信息来源于企查查——苏州市院与企查查公司开展了相关合作，该数据可通过接口调用获取。通过数据碰撞，获取到民事判决书中存在的主体资格瑕疵线索后，办案部门以检察建议的方式，督促法院提升裁判文书的规范性。

2022 年以来，通过民事诉讼主体资格瑕疵类案监督模型，吴江区检察院向人民法院发出 5 件再审检察建议，推动人民法院同市场监管部门畅通信息沟通渠道，提升“主体资格”问题意识，避免出现裁判文书没有履行对象的尴尬局面，保障了民事裁判定分止争的功能实现。2022 年 7 月，该大数据法律监督模型被苏州市检察院转化为系统模型，在全市范围内推广应用，累计制发检察建议 20 余份。在 2023 年的青吴嘉民事行政工作座谈会上，三地交流大数据模型的实践成果，“民事诉讼主体资格瑕疵类案监督模型”在长三角示范区数智共享监督应用平台进一步推广运用。2024 年 6 月，“民事诉讼主体资格瑕疵类案监督模型”在最高检模型平台上架。

接下来，吴江区检察院将拓展“民事诉讼主体资格瑕疵类案监督模型”

的应用领域，将“企业已注销”的情形拓展到“企业变更”“自然人死亡”等关联场景，深化同市场监管部门、民政部门的府院联动，进一步推动司法裁判工作的规范化。

模型团队成员：张悦雯、魏光旭、沈姝平、汪丽、张荆卉、徐晓希

罪错未成年人分级干预监督

江苏省张家港市人民检察院

关键词

未成年人犯罪　严重不良行为　行政处罚　罪错分级干预

要旨

以检察机关办理的涉未成年人案件、公安机关行政处罚未成年人案件作为数据源，将检察机关刑事案件中涉罪未成年人，未成年证人、被害人个人信息与公安机关行政违法未成年人个人信息关联碰撞，发现曾有行政违法行为的未成年人个人信息。通过精准评价行为危害性，结合学校教育、家庭监护、就业等情况，实现对罪错未成年人精准分级，设置阶梯式矫治措施，督促教育主管部门、公安机关等依法履职。同时，依托案件信息，梳理本市违规接纳未成年人入住、提供服务等经营行为以及未成年人违法犯罪高发学校，同步推进涉未成年人检察监督履职。

基本情况

2023年初，张家港市检察院探索构建未成年人分级干预数字监督模型，将检察业务系统涉案未成年人信息与公安业务系统中的未成年人行政处罚数据整合，统一建库，通过关键字匹配、语义分析等，分类提取罪错行为、家校监管、就业情况，实现“涉罪行为、严重不良行为、不良行为”三类未成年人“清单式”管理，确保数据获取全面、更新及时、检索高效。其中，针对“严重不良行为”，再次评估分级为特别关注、重点关注、普通关注三个等级，分层次开展矫治教育、专门教育、专门矫治教育等帮教措施。现共采集近三年苏州市未成年人治安违法、刑事犯罪数据4000余条，助推罪错未成年人风险定级动态管理。

为做好后续跟踪工作，该院将监督模型与全市未成年人保护数据平台链接，实现罪错定级、方案制定、帮教落实、考察评价线上流转、全程留痕，并根据需求进行指标项可视化统计展示，精准考核悔罪表现情况，目前，共有30余名未成年人进入平台开展帮教。

线索发现

2022年底，张家港市检察院受理了一起涉未成年人恶势力团伙犯罪案件，犯罪人钟某某为壮大势力、获取非法利益，陆续拉拢、吸收校内外朱某某、徐某某、茅某某等未成年人，在张家港市等地有组织地实施介绍卖淫、强迫卖淫、聚众斗殴、寻衅滋事等多起违法犯罪活动，造成较为恶劣的社会影响。

经审查，本案涉案未成年人100余名，经联合市公安局、司法局对涉案未成年人“一人一表”逐个研判，发现涉违法犯罪未成年人共计40余人，其中12名涉罪未成年人中，有5人曾被多次行政处罚，30余名未成年人因不满行政、刑事责任年龄被不予行政处罚或行政处罚不执行。

为从源头上发现问题、根治类案病灶，张家港市检察院对2020年以来未成年人违法犯罪情况进行排查梳理，结合案件对未成年人保护职能单位、部分罪错未成年人走访调研。经调查核实，全市未成年人违法、犯罪人次均呈逐年上升趋势，其中涉罪未成年人曾被公安机关行政处罚的占比近30%，1名未成年人三年内被行政处罚20余次，10余名未成年人多次出现在不同刑事案件中。低龄化、团伙化、再犯率高成为近年未成年人违法犯罪的显著特征，针对已有违法犯罪倾向的未成年人，应尽早实施分级干预，切断未成年人违法犯罪的“感染”“传播”源。

数据分析方法

（一）数据来源

1. 行政处罚决定书（来源于公安业务系统）
2. 不予行政处罚决定书（来源于公安业务系统）
3. 刑事案件卷宗（来源于检察业务应用系统）

（二）数据要素

行政处罚决定书、不予行政处罚决定书中的未成年人的个人身份信息、行政违法数据；

刑事案件卷宗中的未成年人的个人身份信息、违法犯罪数据、个人监护、就业、就学、家庭监护、不良习惯、不良场所信息。

（三）数据分析步骤

第一步：将涉罪未成年人个人身份信息与行政违法未成年人个人身份信息碰撞，以涉罪人员为基础数据，匹配是否有其他行政违法行为。

第二步：将证人、被害人未成年人个人身份信息与行政违法未成年人个人身份信息碰撞，提取曾有行政违法行为的未成年人个人信息。

第三步：对第一、二步中碰撞出的罪错未成年人名单中的行政违法犯罪事实文本分析，筛出客观涉罪且应判处三年以上徒刑行为、轻罪涉罪行为（3 年以下）、3 次治安违法、1～2 次治安违法的未成年人信息。

第四步：从第三步未成年人笔录材料中匹配学校监管、家庭教育、就业情况，与罪错信息整合，依照特别关注、重点关注、普通关注予以分级。

附分级标准：

1. 特别关注

（1）未达法定刑事责任年龄，实施了刑法规定的可能判处三年以上有期徒刑的行为；

（2）未达法定刑事责任年龄，实施了刑法规定的可能判处三年以下有期徒刑的犯罪行为，辍学、长期旷课或无正当职业，且家庭管教能力较差；

（3）实施（含）3 次以上治安违法行为，辍学、长期旷课或无正当职业，且家庭管教能力较差。

2. 重点关注

（1）除特别关注外，实施（含）3 次以上治安违法行为；

（2）除特别关注外，实施涉罪行为但未达法定刑事责任年龄；

（3）实施 1、2 次治安违法行为，辍学、长期旷课或无正当职业，且家庭管教能力较差。

3. 普通关注

除重点关注外，实施 1、2 次治安违法行为。

（根据《未成年人保护法》《预防未成年人犯罪法》《家庭教育促进法》《刑法》等相关法律法规，结合办案实践及未成年人司法保护工作实际，制定本分级标准。）

（四）思维导图

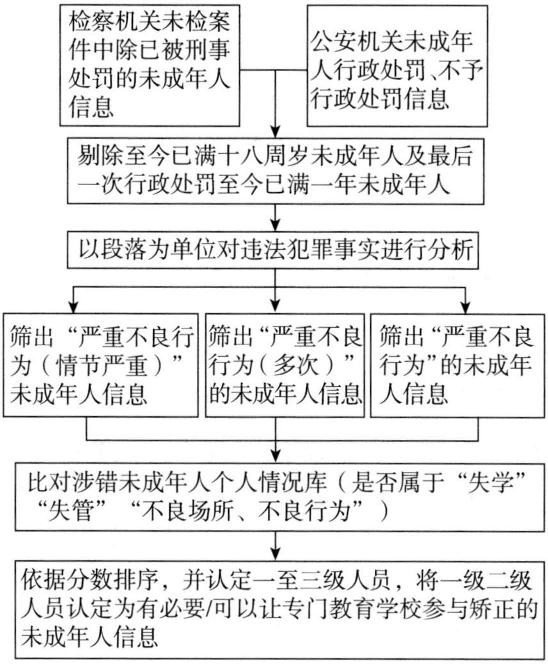

检察监督

（一）行政检察监督

全面摸排涉案罪错未成年人，依照社会危害性和监管条件对未成年人精准分级，设置专门矫治教育、专门教育、矫治教育措施等阶梯式矫治措施，将未成年人分级干预数字监督模型链接市未成年人保护数据平台，确保矫治教育全程留痕，督促教育主管部门、公安机关等相关主体依法履职。持续跟进帮教效果，根据情况机动灵活调整矫治教育期限与措施；对于主管单位不履行矫治职责的，依照法律法规制发检察建议予以督促。

（二）公益诉讼检察监督

筛选违规接纳未成年人的不良场所、向未成年人提供不良服务、应履行强制报告义务而未履行等公益诉讼监督线索，开展公益诉讼检察监督。从“个人情况库”中整合出违规经营的场所 18 家、未履行强制报告义务学校 2 所，依法向相关单位制发诉前检察建议、磋商函，并开展专项活动。

（三）刑事检察监督

对刑事卷宗笔录中频繁出现的人名进行提取，结合各未成年人所涉违法行为生成逻辑关系图，实质阅卷以核实是否有立案监督线索。通过10余名未成年人笔录中提取到主语“黄毛”，前后句中涉“提供场地”“安排”“跟我们说”等，且该类未成年人均涉及盗窃犯罪，经实质阅卷，发现“黄毛”有组织未成年人进行违反治安管理活动罪的嫌疑，向公安机关制发《要求说明不立案理由说明书》1份进行立案监督。

（四）监护权监督

筛选存在监护缺失的未成年人家庭，向未成年人监护人制发《家庭教育指导令》《督促监护令》。

社会治理成效

在构建大数据法律监督模型过程中，检察机关充分挖掘其他监督线索，开展“四大检察”融合监督。张家港市检察院联合公安、法院、教育等9部门会签《罪错未成年人分级处遇工作办法（试行）》，细分明确各部门工作职责、协作流程以及分级帮教措施。推动建立全市联席会议制度，由检察机关召集21家单位参与，每季度定期会商罪错处遇相关问题。深入搭建合作平台，针对不同需求，分别联合政府机关、社会团体等未成年人保护组织，以多样化管理服务助推矫治教育落实到位。

法律法规依据

《中华人民共和国预防未成年人犯罪法》

第六条 国家加强专门学校建设，对有严重不良行为的未成年人进行专门教育。专门教育是国民教育体系的组成部分，是对有严重不良行为的未成年人进行教育和矫治的重要保护处分措施。

省级人民政府应当将专门教育发展和专门学校建设纳入经济社会发展规划。县级以上地方人民政府成立专门教育指导委员会，根据需要合理设置专门学校。

专门教育指导委员会由教育、民政、财政、人力资源社会保障、公安、司法行政、人民检察院、人民法院、共产主义青年团、妇女联合会、关心下一代工作委员会、专门学校等单位，以及律师、社会工作者等人员组成，研究确定专门学校教学、管理等相关工作。

专门学校建设和专门教育具体办法，由国务院规定。

第四十一条 对有严重不良行为的未成年人，公安机关可以根据具体情况，采取以下矫治教育措施：

（一）予以训诫；

（二）责令赔礼道歉、赔偿损失；

（三）责令具结悔过；

（四）责令定期报告活动情况；

（五）责令遵守特定的行为规范，不得实施特定行为、接触特定人员或者进入特定场所；

（六）责令接受心理辅导、行为矫治；

（七）责令参加社会服务活动；

（八）责令接受社会观护，由社会组织、有关机构在适当场所对未成年人进行教育、监督和管束；

（九）其他适当的矫治教育措施。

第四十三条 对有严重不良行为的未成年人，未成年人的父母或者其他监护人、所在学校无力管教或者管教无效的，可以向教育行政部门提出申请，经专门教育指导委员会评估同意后，由教育行政部门决定送入专门学校接受专门教育。

第四十四条 未成年人有下列情形之一的，经专门教育指导委员会评估同意，教育行政部门会同公安机关可以决定将其送入专门学校接受专门教育：

（一）实施严重危害社会的行为，情节恶劣或者造成严重后果；

（二）多次实施严重危害社会的行为；

（三）拒不接受或者配合本法第四十一条规定的矫治教育措施；

（四）法律、行政法规规定的其他情形。

第四十五条 未成年人实施刑法规定的行为、因不满法定刑事责任年龄不予刑事处罚的，经专门教育指导委员会评估同意，教育行政部门会同公安机关可以决定对其进行专门矫治教育。

省级人民政府应当结合本地的实际情况，至少确定一所专门学校按照分校区、分班级等方式设置专门场所，对前款规定的未成年人进行专门矫治教育。

前款规定的专门场所实行闭环管理，公安机关、司法行政部门负责未成年人的矫治工作，教育行政部门承担未成年人的教育工作。

办案心得体会

未成年人罪错分级处遇由多个机关分别实施，工作衔接不够顺畅，致使罪错未成年人“脱管”“漏管”问题出现，张家港市人民检察院运用大数据法律监督思维，梳理背后的数据表现形式，为后续大数据法律监督模型的开发奠定了基础。张家港市人民检察院党组高度重视，组建模型研发团队，协调对接公安等行政机关，获取相关数据资源，助力防范消解未成年人再违法犯罪风险。

一、罪错未成年人帮教存在缺口

在司法实践中，由于信息不对称以及社会支持体系构建不完善，检察机关无法及时获取罪错未成年人尤其是未被刑事指控的未成年人的具体情况，导致犯罪预防具有滞后性。

（一）罪错未成年人信息获取、流转不畅

根据《中华人民共和国预防未成年人犯罪法》，罪错未成年人分为不良行为、严重不良行为、涉罪行为，除涉罪未成年人外，不良行为和严重不良行为未成年人的信息获取难度较大。不良行为未成年人涉及面较广，需教育部门、民政部门、社区三方协调统筹收集；虽公安机关对严重不良未成年人信息有相应文书记载，如行政处罚决定书、不予行政处罚决定书，考虑到未成年人信息保密规定，公安机关一般不予线上流转。

（二）教育矫治缺乏有效抓手

近年违法犯罪未成年人中多是家庭监护不力、学校无力教导的家校双失管人群，对于该部分未进入刑事司法程序的严重不良行为未成年人，现有法律法规并无相关强制力规制，帮教缺乏有力、强制性手段，在未成年人自身不具备自愿性、家长不予关注及支持的情况下，难以开展有效帮教。

二、多部门协同，运用大数据破解难题

（一）开展主动充分的调研论证

检察长主动带队走访民政、教育、公安等职能部门，未检部门干警主动询问专业帮教人员、社区工作人员、家庭教育指导老师等未成年人保护业内人士，通过充分的走访调研，摸清帮教难点痛点，梳理出教育矫治盲区，并形成调研报告，向张家港市市委、市政府进行专题报告，得到了市委市政府领导的高度关注和支持。在此基础上，反复推导、修改完善模型，确保研判规则的合理性、科学性。

（二）建构清晰明了的逻辑规则

梳理《中华人民共和国刑法》《中华人民共和国未成年人保护法》《中华人民共和国预防未成年人犯罪法》等相关规定，研究分级分类需要提取的数据要素以及评级标准，融入行政检察、公益诉讼检察、刑事检察、监护权监督

场景，路径清晰、技术可行。

（三）提出务实可行的数据需求

尽量精简数据来源，在已有刑事案卷数据的基础上，获取公安机关一家职能部门的行政处罚数据。囿于未成年人信息保密要求，张家港市检察院主动争取上级检察院的支持，由苏州市检察院协调会商苏州市公安局，通过自行制作简明扼要的数据表格向公安机关调取苏州市未成年人行政处罚数据。

三、由案及治，助推社会治理

（一）推动出台工作办法，形成合力明确职责分工

检察机关与公安、法院、教育等九部门会签《罪错未成年人分级处遇工作办法（试行）》，细分明确各部门工作职责及协作流程。对于不良行为、严重不良行为的干预矫治以公安局、教育局、社区为主，涉罪未成年人的干预矫治由检察院、法院、司法局牵头负责，同时引入社会工作专业服务机构开展社会调查和专业帮教。教育局、民政局、人社局、团市委等分别负责保障就学以及罪错未成年人救助、就业帮扶等工作。

（二）挖掘其他监督线索，全程流转提升履职质效

在开发大数据法律监督模型过程中，检察机关利用关键词云图，以卷宗笔录材料为基础数据，从医、食、住、学、娱五个维度，对未成年人社会保护开展精准分析研判，发现餐饮、旅馆、学校、娱乐场所等涉未成年人保护风险点。进一步筛查线索、调查核实后，针对仍存在的监管缺失、监督职责不明等问题，向相关单位制发磋商函、检察建议，推动行政监管更加完善。

（三）聚焦配套措施，多维保障夯实帮教基础

在大数据模型发挥监督成效的基础上，争取市政府托底经费保障支持，纳入政府民生项目，拨付罪错分级处遇专项经费，提升帮教针对性、教育挽救精细度。推动建立全市联席会议制度，由检察机关牵头召集21家单位参与，每季度定期会商罪错处遇相关问题。深入搭建合作平台，针对不同需求，分别联合政府机关、社会团体等未成年人保护组织，以多样化管理服务助推矫治教育落实到位。

模型团队成员：沈立珺、张天琪、郭梦真

餐饮企业违法排污影响城市水质公益诉讼监督

江苏省苏州市姑苏区人民检察院

关键词

餐饮企业　违法排污　城市水质

要旨

餐饮企业为节约成本违法向路边雨水管网排放餐饮污水，污水通过开放式雨水管网渗透至周边土壤中，最终导致城市地表水与地下水质量严重下降，相应区域内古井水质中的氨氮、总磷、化学需氧量等数据能直接反映出上述情况。检察机关通过大数据筛选出高危井对其水质进行检测，划定水污染区域，通过对比锁定该区域内高度可能违法排放餐饮污水的餐饮企业，通过行政公益诉讼督促行政机关精准履职，保护城市水环境。

基本情况

苏州市姑苏区是全国首个国家历史文化名城保护区，辖区内文物和文化遗产数量众多，水资源丰富，其中有古井639口，部分古井至今仍承担着为周边居民提供生活用水的功能。然而近年来，12345平台上关于古井水质问题的投诉不断增加，检察机关通过随机检测发现部分古井水质受污染情况严重，且呈现区域化特征。经进一步调查、邀请专家论证，古井周边餐饮企业违法向雨水管网倾倒餐厨废水可能是导致区域内古井水质呈现较差状态的原因之一。

该模型搭建以来，姑苏区检察院接到12345平台推送的反映古井及其水质问题的线索28条，划定高危区域2个，锁定违法倾倒餐厨废水的餐饮企业8家，制发检察建议书1件，磋商函1份；推动水资源保护检察公益诉讼履职成效转化为行政执法专项行动；与行政机关会签水系保护协作机制1项共同堵塞城市水资源监管漏洞，形成水资源保护综合治理格局。

线索发现

2023年9月，某平台推送位于姑苏区古吴路沿线的公共古井井水颜色发黑、散发异味，情况较为严重，如位于古吴路35号巷口的博济泉井，建造于清光绪三十四年（1908年），至今仍在使用，被反映水面漂浮油污，散发异味；位于古吴路64号巷口的康济泉双井，建造于清光绪三十三年（1907年），被反映井内蚊虫滋生，井水发黑，已无法使用等。

姑苏区检察院通过调查发现古吴路古井周边餐饮企业密度较大，餐厨废水违法排放情况时有发生。经同济大学国家历史文化名城研究中心专家对姑苏区古井水质问题进行分析论证，富含有机物质的餐厨废水，通过雨水管网等开放式渠道渗透至地下，是造成井水总磷、氨氮、化学需氧量超标的重要原因之一。通过对古井分布信息、12345平台移送的问题古井位置信息、古井周边餐饮企业注册信息、河道断面水质监测报告、油水分离设备清掏率等大数据开展综合分析，梳理出可能存在问题的重点区域，对该区域内的10余口古井进行取样检测，结果显示上述井水总磷含量均超过《地表水环境质量标准》五类水标准，仅能用于灌溉农田、培养农作物或者建造喷泉等观赏类建筑用水，无法作为生活用水使用。

因古井水质是反映城市水资源质量的重要"窗口"，针对古井水质普遍下降问题，姑苏区检察院部署开展"古城水系360度体检——净井有条"检察保护专项行动。结合调查情况，姑苏区检察院向涉案古井所在区域街道办事处制发行政公益诉讼诉前检察建议，建议加强对古井周边餐饮企业违法排放餐厨废水的监管，防止持续污染城市水资源。收到检察建议后，属地街道办事处立即组织整改，对8家违法排放餐厨废水的企业进行了行政处罚，组织人员对20余口古井进行了清理整治。

数据分析方法

（一）数据来源

1. 姑苏区重点断面水质日报（来源于姑苏区水质自动检测站）
2. 井的位置分布（来源于姑苏区古城保护委员会）
3. 井水水质检测数据（来源于苏区环保局）
4. 《地表水环境质量标准》《地下水环境质量标准》（来源于公开信息）
5. 井水问题投诉（来源于姑苏区联动中心12345投诉平台）
6. 持有餐饮经营许可证企业、个体工商户名单（来源于姑苏区行政审批局）
7. 持有排污许可证企业、个体工商户名单（来源于姑苏区水利局）

8. 餐饮企业违法倾倒废水、排污行为的行政处罚记录（来源于法信平台）

9. 安装隔油设施（油水分离器、隔油池）的餐饮企业、个体工商户名单以及清掏隔油设施的频率（来源于姑苏区水务管理中心）

（二）数据要素

对断面水质较差区域周边的古井检测记录进行分析，结合 12345 平台关于古井水质投诉信息，锁定问题古井所在区域，调查古井周边无排污许可证的餐饮企业油水分离设备清掏次数是否达标，从而确定违法企业。

（三）数据分析步骤

第一步：查看重点断面水质日报，取一个月的平均值，以总磷、氨氮等水质指标超出平均值 30% 为标准，初步筛选出水质较差的监测点位，将相关点位连接成片，划定疑似水质污染高危区域；

第二步：分析水质污染高危区域内井水检测记录，以总磷、氨氮等水质指标超出劣Ⅴ类水为标准，并将该数据与 12345 投诉井的水质问题相互交叉印证，确定存在水质污染问题的古井；

第三步：以水质超出劣Ⅴ类水的井为中心，向外辐射 200 米（姑苏城区内街巷道路长度一般为 400 米左右，取中间距离值），对这一范围内可能存在违法排污的餐饮企业进行分析，以一个月内油水分离设备清掏次数少于 1 次为标准，筛选出目标企业，再将其与曾因违法倾倒餐饮废水被行政处罚的数据进行碰撞比对，锁定可能存在违法排污的企业；

第四步：通过环境保护领域行政公益诉讼督促行政机关对高度可能违法排污的餐饮企业进行排查，及时查处。

（四）思维导图

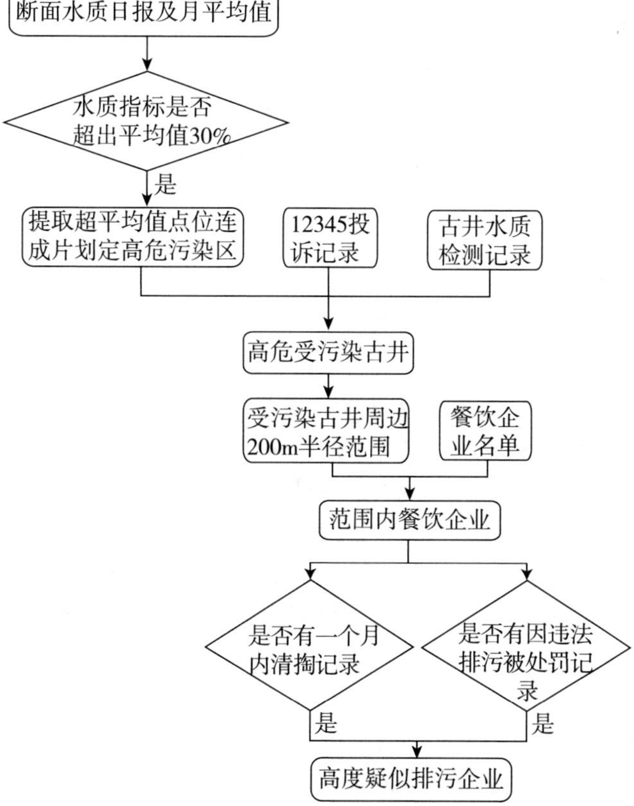

检察监督

（一）行政公益诉讼检察监督

对大数据筛选出来可能存在违法排污的餐饮企业，检察机关通过行政公益诉讼督促具有日常监管责任的行政机关进行监督检查，对查实存在违法排污行为的，依法予以处罚。

（二）行政检察监督

对于监督检查中发现的存在未依法申领排污许可证、排污许可证过期的餐饮企业，由行政检察部门向主管行政机关制发检察建议书开展行政检察监督。

社会治理成效

属地街道办事处对8家违法排放餐厨废水的企业进行了行政处罚，组织人员对20余口古井进行了清理整治，同时将该情况报送至姑苏区水务管理中心。全区推广开展“古城水系360度体检”专项执法行动，建立古井水质日常监测保护机制。通过运行该模型应用后，又发现多家餐饮企业存在排放污水影响水质问题，案件办理引起《姑苏晚报》等媒体关注，全面推动了古城水质保护。

法律法规依据

1.《城镇排水与污水处理条例》

第二十一条 从事工业、建筑、餐饮、医疗等活动的企业事业单位、个体工商户（以下称排水户）向城镇排水设施排放污水的，应当向城镇排水主管部门申请领取污水排入排水管网许可证。城镇排水主管部门应当按照国家有关标准，重点对影响城镇排水与污水处理设施安全运行的事项进行审查。

排水户应当按照污水排入排水管网许可证的要求排放污水。

第四十九条 违反本条例规定，城镇排水与污水处理设施覆盖范围内的排水单位和个人，未按照国家有关规定将污水排入城镇排水设施，或者在雨水、污水分流地区将污水排入雨水管网的，由城镇排水主管部门责令改正，给予警告；逾期不改正或者造成严重后果的，对单位处10万元以上20万元以下罚款，对个人处2万元以上10万元以下罚款；造成损失的，依法承担赔偿责任。

第五十条 违反本条例规定，排水户未取得污水排入排水管网许可证向城镇排水设施排放污水的，由城镇排水主管部门责令停止违法行为，限期采取治理措施，补办污水排入排水管网许可证，可以处50万元以下罚款；造成损失的，依法承担赔偿责任；构成犯罪的，依法追究刑事责任。

违反本条例规定，排水户不按照污水排入排水管网许可证的要求排放污水的，由城镇排水主管部门责令停止违法行为，限期改正，可以处5万元以下罚款；造成严重后果的，吊销污水排入排水管网许可证，并处5万元以上50万元以下罚款，可以向社会予以通报；造成损失的，依法承担赔偿责任；构成犯罪的，依法追究刑事责任。

2.《苏州市城市排水户分类管理办法》

第五条 根据排水水质情况，排水户分成以下五类：

第一类是生活污水排放类，包括机关事业单位、学校、商场、浴场等排水户（以下简称第一类排水户）；

第二类是餐饮污水排放类，包括宾馆、酒店和各类饮食店等排水户（以下简称第二类排水户）；

第三类是浓度较高、含杂物较多的污水排放类，包括公共厕所、垃圾中转站、粪便处理场和农贸市场等排水户（以下简称第三类排水户）；

第四类是含有沉淀物排放类，包括从事机动车清洗、建设工程施工排水等排水户（以下简称第四类排水户）；

第五类是有毒有害污水排放类，包括排放医疗机构污水的各类医疗机构和排放产业废水的厂矿企业等排水户（以下简称第五类排水户）。

第九条 向城市公共排水设施排放污水的排水户，应当按照不同的类别建设污水处理设施，设置符合城市排水规范要求的污水排放口和专用检测井。

第一类排水户在内部雨、污分流后可直接排入城市公共排水设施，内部设有餐饮、集中式公厕的，应当同时符合第二、三类排水户的要求。

第二类排水户应当按规范配置隔油池、格栅井、残渣过滤池等预处理设施，排水户的油烟不得排入排水设施。

第三类排水户应当按规定配置格栅井、沉淀池或化粪池等预处理设施，其污水不得排入城市集中住宅小区内部污水管道（有规划和设计要求的除外）。粪便处理场应当在排放口安装CODcr、氨氮的在线检测装置。

第四类排水户应当按规定设置沉淀池，沉淀池的大小应当与污水排放量相匹配。

第五类排水户应当根据排水量的大小和水质情况采用相应的污水处理工艺，并在排放口安装能够对水量、pH和主要污染物进行检测的在线检测装置。医疗机构应当做到医疗机构污水与一般生活污水（食堂、医务人员宿舍等）、雨水分流，传染病医院（含带传染病房综合医院）和拥有500床位以上的综合医院应当经过二级处理、其他医疗机构经过一级强化处理后，医疗机构污水方可排入公共排水设施。

第十一条 排水设施养护责任单位应当按照以下要求进行养护作业。

第一类排水户内部管道应当定期疏通、清淤，管道、窨井内积泥不超标，窨井盖丢失、损坏要及时补缺、更换。

第二类排水户应当落实油污、废弃物清捞责任人，每周不少于一次的清捞，防止油污大量堆积，确保管网畅通，并做好台账，保存连续六个月的清捞记录资料。

第三、第四类排水户应当负责定期清理各类预处理设施，防止城市公共排水设施的淤塞，确保排水设施正常运行，经处理产生的污泥、垃圾应当落实消纳场所，不得将污泥投入城市公共排水设施。

第五类排水户要保证污水处理装置的正常运行，加强对水质、水量在线监测仪的日常维护保养，不得擅自关停或闲置污水处理设施。遇突发事件需暂停污水处理设施的，应当立即采取应急措施并向环境保护主管部门和排水行政主管部门报告，同时告知可能受到污染、损害的单位。

办案心得体会

城市水系是城市生态系统的组成部分之一，城市水系的健康和保护对于维持城市生态平衡和提升居民生活质量至关重要。除了常见的河道、湖泊之外，城市地下水也是城市水系的重要组成部分。但因地下水隐藏在地表之下，受到污染经水系流动不断向周边土壤渗透稀释，水污染情况长期难以被发现。正是利用地下水污染难以立即显现这一点，姑苏区部分餐饮商家为降低污水处理成本，违法向周边雨水管网倾倒餐厨废水，而这种地下水污染情况最终在姑苏区遍布全城的古井中显现。

一、数字建模的必要性

在日常工作中，虽然古井水质污染投诉屡见不鲜，但存在着“头疼医头，脚疼医脚”的一次性治理问题，未能将古井水质污染问题与城市地下水系联系起来作整体考量。地下水质问题的成因较为复杂，餐饮企业长期、多次违法排污是重要因素之一，但是餐饮企业往往以较隐蔽的方式偷排偷放，违法行为难以查实。通过模型数据可以一次性将古井污染情况、地理位置以及周边餐饮企业进行串联比对，就能从大数据网中筛选出高度可能正在进行违法排污的企业，从而督促行政机关精准执法，保护城市水系健康。

二、模型数据利用规则

（一）锁定受污染古井

在水体的流动作用下，水污染呈现区域化特征。环境保护部门通过辖区内断面水质日报及日常平均值，可以直观看到近期水质的“健康指数”。挑选出超过平均值30%的点位，连点成面，划定水污染区域。在划定的范围内提取12345关于古井水质问题的投诉和环境保护部门对古井水质的检测记录，可以锁定已受污染的古井。对断面水质日报分析的目的是缩小地下水污染的范围，因水体流动受众多因素影响，若断面水质正常则可以忽略此步骤，仅通过对12345投诉记录和古井检测记录即可锁定受污染古井。对于古井受污染检测标准是参照《地表水环境质量标准》《地下水环境质量标准》划定一至五类水，古井根据其深度确定参照地表水抑或是地下水标准，一般城区内古井较深，为地下水。

（二）划定古井辐射范围

古井作为地下水质的“窗口”，可以直观反映出该区域内地下水质的现有状态。以姑苏区古井检测数据为例，餐饮聚集区的古井水质中的氨氮、化学需氧量等水质数据明显高于其他区域。餐饮聚集主要以街为单位，姑苏区内一般街道长度约为400米，所以以发现的受污染古井为中心点，向外辐射200米半径，基本可以涵盖餐饮聚集区域。

（三）找到古井辐射范围内的餐饮企业

分析从行政审批局获取的餐饮企业名单，找到古井辐射范围内的全部餐饮企业。这里需要注意的是，实践中众多餐饮企业的工商登记地址与实际经营地址是不一致的。而餐饮许可证的办理需要经过实地查看才予以发放，所以要从行政审批局获取的餐饮企业名单实际指的是餐饮许可证办理名单及地址等信息。

（四）输出高度疑似违法排污企业

对上述找到的餐饮企业进一步分析，提取出曾经因违法排污受到行政处罚的企业以及油污过滤设备清捞频率低的企业，即为本模型输出的高度疑似违法排污的企业。其中，对于“清捞频率低”的理解，目前苏州市餐饮企业作为二类排污企业，强制配置隔油池、格栅井、残渣过滤池等预处理设施，且需进行每周不少于一次的清捞，并做好清捞记录。本模型以餐饮企业一个月内未能完成一次清捞为标准过滤筛选，高度怀疑其未能规范排放餐厨废水。

三、监督方式的选择

（一）行政公益诉讼

古井受到污染作为“窗口”提示区域内地下水环境被污染，在此范围内的部分企业又未能完成清捞动作，或曾经因违法排污受到处分，其高度可能存在向周边雨水管网倾倒餐厨废水的行为，破坏城市地下水环境。对此，检察机关应当作为行政公益诉讼受理，向主管行政机关制发行政公益诉讼检察建议书，督促其对涉案餐饮企业现场监督检查，对确实存在违法排污的企业予以行政处罚。如姑苏区检察院通过大数据推送发现，古吴路多个古井水质检测记录存在氨氮、总磷、化学需氧量严重超标情况，散发恶臭，提示区域地下水环境受污染，随后向相关行政主管部门制发检察建议书提示高度疑似违法排污的餐饮企业。行政机关通过现场检查，查实8家餐饮企业违法排污，并对其予以行政处罚。

（二）行政检察监督

在对高度疑似违法排放餐饮企业进一步履职调查过程中可以发现，对比排污许可证办理企业名单，部分餐饮企业存在依法应办排污许可证而未办、排污许可证过期等情形，因不涉及公共利益损害，检察机关可以通过行政检察监督方式予以督促。

四、治理效果延伸

古井作为城市水资源的重要组成部分，有着重要的研究和使用价值，更是反映城市水资源质量好坏的“晴雨表”。检察机关不仅应着眼于古井本身的文化遗产保护价值，还应树立系统保护理念，关注古井水质保护。检察机关切实利用辖区内古井数量众多的便利性，依托大数据建模，对多项大数据信息进行叠加分析，为问题区域内古井“精准画像”，并通过专家论证的方式明确问题来源。在促进古井水质保护的同时，推动影响城市水资源保护问题的整改。检察机关还联合行政机关将水资源保护检察公益诉讼履职成效转化为行政执法专项行动，与区水务管理中心会签《关于加强水环境保护协作配合的实施意见》，共同堵塞城市水资源监管漏洞，形成水资源保护综合治理格局。

模型团队成员：吴建伟、吉亚辉、胡国华、颜一顺

“控辍保学”及违法招用童工未成年人综合保护监督

江苏省太仓市人民检察院

关键词

控辍保学　违法招用童工　未成年人保护　法律监督

要旨

为切实保障未成年人受教育权益及身心健康，预防和减少未成年人违法犯罪行为的发生，检察机关立足办案实际，提升未检履职质效，搭建“控辍保学”及违法招用童工未成年人综合保护监督模型，拓展监督案件来源。针对已办案件中发现的失学辍学问题，结合案发时间与在校时间的关系，依托本市妇联、民政等未成年人保护部门提供的数据，确定本市义务教育阶段适龄未成年人失学辍学高风险群体，通过与教育部门共享的数据比对碰撞，批量发现失学辍学、违法招用童工监督线索。检察机关以检察建议、书面通报等方式促推相关行政部门充分履职，推动未成年人综合保护体系紧密衔接，共护未成年人健康成长。

基本情况

太仓市检察院在办理犯罪嫌疑人单某某强奸、黄某某强制猥亵等案件时，发现部分义务教育阶段的涉案未成年人存在失学、隐性辍学等问题，并有违法招用童工的情况。这些三观尚未成熟的未成年人脱离学校、家庭监管，极易受不良思想影响卷入违法犯罪活动，成为加害人或被害人，严重侵害未成年人的合法权益。为此，太仓市检察院梳理了2020年以来涉未成年人案件中休辍学及违法招用童工的基本情况，调研分析休辍学原因、休辍学去向、复学障碍等问题，发现其中最关键的问题是未成年人失学辍学及违法招用童工线索发现难，无法有效监管，致使长期游荡在外的失学辍学人员容易成为社会不稳定因素，亟须综合施策、加强治理。

根据最高检、教育部联合印发的《关于建立涉案未成年人控辍保学协作配合机制的意见》，检察机关要深化与教育部门的协作配合，联合多方力量，提升未成年人权益保护实效。因此，太仓市检察院从个案切入，制定监督规则，充分利用“四大检察”案件的内生数据资源，整合其他部门数据，搭建大数据法律监督模型，以发现失学辍学监督线索为出发点，发挥未成年人检察工作社会支持体系的优势，链接多方资源捕捉、挖掘涉未成年人法律监督线索。通过对检察业务应用系统、教育行政部门信息、公安警务综合系统中涉未成年人数据进行碰撞分析，梳理出义务教育阶段适龄未成年人可能涉及失学辍学、被违法招用童工的线索，根据输出线索的危险性大小分级分类处理，经调查核实后，分别以书面通报、检察建议、个性化帮扶、救助、心理辅导、家庭教育指导等多种方式开展立体观护工作。

线索发现

2022 年 1 月初，犯罪嫌疑人单某某（2006 年 10 月生）与贺某某通过互加 QQ 好友相识并确定恋爱关系，2022 年 2 月某日凌晨，单某某将贺某某接至自己家中后，强行与贺某某发生性关系。经查，单某某从 2021 年下半年上学期开始就休学在家，其间通过互联网接触大量不良信息，家庭监管缺失，其通过微信群结识不满 14 周岁的被害人，将其诱骗至家中实施强奸。2022 年 5 月某日，被告人黄某某在太仓市双凤镇某工厂宿舍内，对被害人张某某实施猥亵。经查，被害人初三辍学，案发时只有 15 周岁，却已工作数月之久。该用人单位明知被害人未满 16 周岁，仍招用其在公司打工，系非法招用童工。此外，通过梳理近几年办理的涉未成年人案件发现，休学辍学人员涉及盗窃、性侵害等问题凸显，还伴随存在辖区内 KTV、酒吧等娱乐场所非法招用未成年人的现象。由于此领域存在监督线索发现渠道窄、措施成效反复等监管难问题，有必要推动各职能部门群策群力，通过有效融合各部门信息系统进行数据比对、碰撞，更准确地找到失学辍学、违法招用童工的监督线索。

数据分析方法

（一）数据来源

1. 涉案未成年人学习、就业信息（来源于全国检察业务应用系统）
2. 本市在籍学生信息（来源于本地教育部门）
3. 16 周岁以下未成年人员公安行政处罚信息（来源于本地公安机关）

4. 义务教育阶段涉失学辍学风险未成年人及违法招用童工信息（来源于妇联、团委、关工委、民政、12345 综治系统以及人社部门）

（二）数据要素

1. 涉案未成年人学习、就业信息

从全国检察业务应用系统涉未案件卷宗文书中，整理“姓名、身份证号、出生日期、案发时间、学习就业情况（包含打工、打短工、打零工、日结工、无业、中介、上班、不念书了、不上学了、休学、辍学、在家玩、初中、高中、小学、中专、读书、上学）”等要素。

2. 本市在籍学生信息

从教育部门提供的义务教育阶段在籍学生学籍数据中，整理“姓名、身份证号、学校、年级、在校时间”等要素。

3. 16 周岁以下未成年人的公安行政处罚信息

从公安机关提供的行政处罚数据中，整理“姓名、身份证号、年龄、出生日期、案发时间”等要素。

4. 义务教育阶段涉失学辍学风险未成年人及违法招用童工信息

从妇联、团委、关工委、民政、12345 综治、人社部门提供数据中，整理“姓名、身份证号、学习就业情况（包含上班、打工、打零工、疑似辍学、疑似休学、疑似失学）”等要素。

（三）数据分析步骤

第一步：要素提取，理出身份信息。通过梳理涉未案件不起诉决定书、附条件不起诉决定书、刑事判决书、行政处罚决定书，发现涉案时未满 16 周岁的犯罪嫌疑人、被害人、证人及被行政处罚人的基本身份信息。

第二步：关键词搜索，筛选待核查线索。梳理出未满 16 周岁涉案未成年人的学习、就业信息。

第三步：获取相关部门数据。包括公安部门提供未成年人行政处罚数据，教育部门提供的在籍学生学籍信息，妇联、团委等部门提供的失学辍学风险未成年人信息，人社部门提供的违法招用童工信息。

第四步：比对数据，筛选出失学辍学、违法招用童工线索。

1. 将未满 16 周岁涉案未成年人的学习、就业信息与本市在籍学生信息进行碰撞，筛选出本市疑似失辍学人员信息，对上述人员信息进行关键词判断，分别得出本市违法招用童工监督线索、控辍保学监督线索、疑似本市控辍保学监督线索。

违法招用童工监督线索的研判关键词包括打工、打短工、打零工、日结工、无业、中介、上班等。

控辍保学监督线索的研判关键词包括不念书了、不读书了、不上学了、休学、辍学、劝退等。

疑似本市控辍保学监督线索的关键词包括初中、高中、小学、中专、读书、上学等。

2. 将16周岁以下未成年人的公安行政处罚信息分别与本市在籍学生信息进行碰撞，筛选出本市有学籍的被行政处罚的未成年人，并将上述人员涉案案发时间与在校时间进行碰撞，筛选出疑似本市控辍保学监督线索或违法招用童工监督线索。

3. 将义务教育阶段失学辍学风险未成年人及违法招用童工信息与本市在籍学生信息进行碰撞，筛选出本市有学籍的辍学风险未成年人监督线索与本市无学籍的失辍学风险未成年人监督线索。

(四) 思维导图

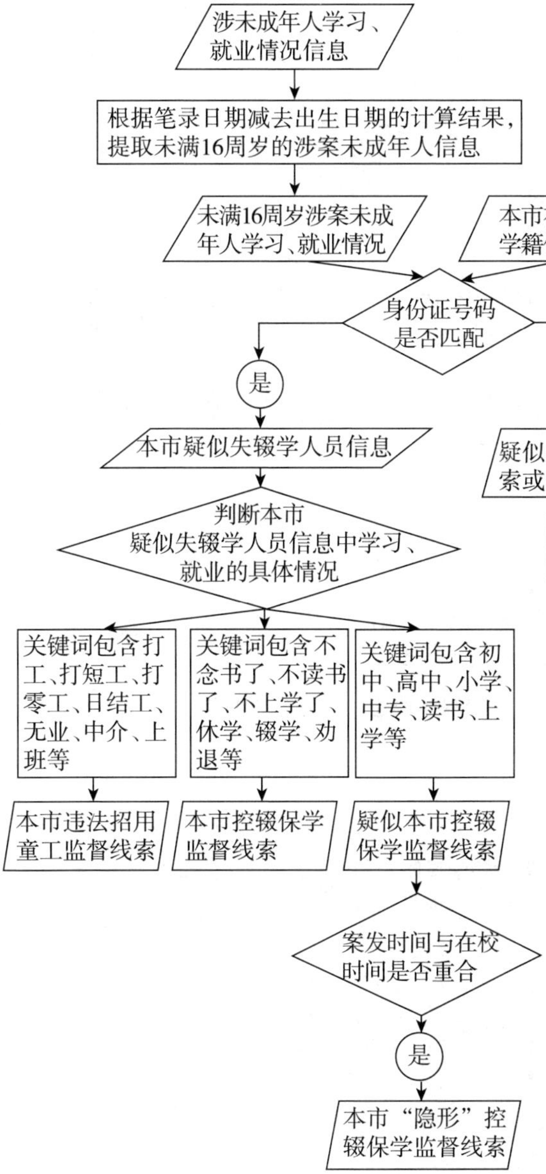

图1 “隐形”控辍保学线索

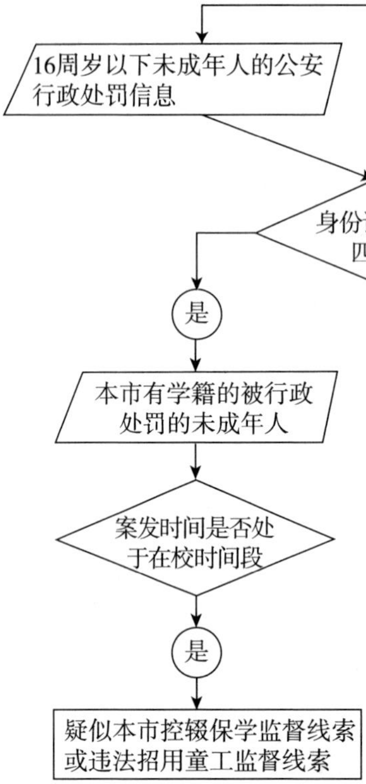

图2　控辍保学或违法招用童工线索

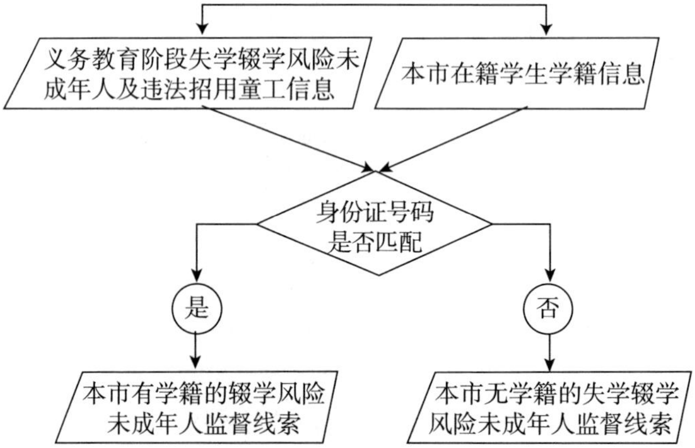

图3　控辍保学线索

社会治理成效

(一) 精准筛查，强化控辍保学及违法招用童工落实见效

太仓市检察院从教育行政部门获取全市义务教育阶段未成年人学籍信息8860条、休学学生信息29条，与在办案件逐一比对，排查出4名事实辍学的未成年人；从公安机关获取未成年人行政处罚信息453条，妇联、团委、关工委、民政等部门提供失学辍学风险信息264条，人社部门违法招用童工信息29条，经与教育行政部门学生学籍信息比对核查，发现义务教育阶段有失学辍学风险的未成年人45人，依法向相关部门制发通报函2份、移送线索函1份，并将上述未成年人全部纳入本市未成年人保护相关部门联合成立的“归雁”共护专班，“一人一档”针对性帮扶，已保障10名未成年人重返校园，其余未成年人未出现失学辍学情况。同时，发现有失学辍学风险未成年人被违法招用童工、进出娱乐场所、吸烟等情况，开展行政公益诉讼17件。

(二) 机制配套，参与专项整治持续提升源头治理成效

太仓市检察院同人社部门会签《关于建立保障未成年人劳动权益协作机制的实施意见》，建立联络员机制、线索移送机制、证据共享机制、结果反馈机制、情况互通机制五项工作机制。人社部门联合我院开展专项活动，向娱乐行业等3221家重点单位发放宣传册、要求501家劳务派遣公司签订不违法招用未成年人承诺书、约谈4家中介重点企业，促使人社部门2023年办理童工案件数量较2022年同比增加90%，加大了对违法招用童工的打击力度。

法律法规依据

1.《中华人民共和国义务教育法》

第五条　各级人民政府及其有关部门应当履行本法规定的各项职责，保障适龄儿童、少年接受义务教育的权利。

适龄儿童、少年的父母或者其他法定监护人应当依法保证其按时入学接受并完成义务教育。

依法实施义务教育的学校应当按照规定标准完成教育教学任务，保证教育教学质量。

社会组织和个人应当为适龄儿童、少年接受义务教育创造良好的环境。

第十三条　县级人民政府教育行政部门和乡镇人民政府组织和督促适龄儿童、少年入学，帮助解决适龄儿童、少年接受义务教育的困难，采取措施防止适龄儿童、少年辍学。

居民委员会和村民委员会协助政府做好工作，督促适龄儿童、少年入学。

第十四条 禁止用人单位招用应当接受义务教育的适龄儿童、少年。

根据国家有关规定经批准招收适龄儿童、少年进行文艺、体育等专业训练的社会组织，应当保证所招收的适龄儿童、少年接受义务教育；自行实施义务教育的，应当经县级人民政府教育行政部门批准。

第五十八条 适龄儿童、少年的父母或者其他法定监护人无正当理由未依照本法规定送适龄儿童、少年入学接受义务教育的，由当地乡镇人民政府或者县级人民政府教育行政部门给予批评教育，责令限期改正。

第五十九条 有下列情形之一的，依照有关法律、行政法规的规定予以处罚：

（一）胁迫或者诱骗应当接受义务教育的适龄儿童、少年失学、辍学的；

（二）非法招用应当接受义务教育的适龄儿童、少年的；

（三）出版未经依法审定的教科书的。

2.《中华人民共和国未成年人保护法》

第十七条 未成年人的父母或者其他监护人不得实施下列行为：

（一）虐待、遗弃、非法送养未成年人或者对未成年人实施家庭暴力；

（二）放任、教唆或者利用未成年人实施违法犯罪行为；

（三）放任、唆使未成年人参与邪教、迷信活动或者接受恐怖主义、分裂主义、极端主义等侵害；

（四）放任、唆使未成年人吸烟（含电子烟，下同）、饮酒、赌博、流浪乞讨或者欺凌他人；

（五）放任或者迫使应当接受义务教育的未成年人失学、辍学；

（六）放任未成年人沉迷网络，接触危害或者可能影响其身心健康的图书、报刊、电影、广播电视节目、音像制品、电子出版物和网络信息等；

（七）放任未成年人进入营业性娱乐场所、酒吧、互联网上网服务营业场所等不适宜未成年人活动的场所；

（八）允许或者迫使未成年人从事国家规定以外的劳动；

（九）允许、迫使未成年人结婚或者为未成年人订立婚约；

（十）违法处分、侵吞未成年人的财产或者利用未成年人牟取不正当利益；

（十一）其他侵犯未成年人身心健康、财产权益或者不依法履行未成年人保护义务的行为。

第二十八条 学校应当保障未成年学生受教育的权利，不得违反国家规定开除、变相开除未成年学生。

学校应当对尚未完成义务教育的辍学未成年学生进行登记并劝返复学；劝返无效的，应当及时向教育行政部门书面报告。

第六十一条 任何组织或者个人不得招用未满十六周岁未成年人，国家另有规定的除外。

营业性娱乐场所、酒吧、互联网上网服务营业场所等不适宜未成年人活动的场所不得招用已满十六周岁的未成年人。

招用已满十六周岁未成年人的单位和个人应当执行国家在工种、劳动时间、劳动强度和保护措施等方面的规定，不得安排其从事过重、有毒、有害等危害未成年人身心健康的劳动或者危险作业。

任何组织或者个人不得组织未成年人进行危害其身心健康的表演等活动。经未成年人的父母或者其他监护人同意，未成年人参与演出、节目制作等活动，活动组织方应当根据国家有关规定，保障未成年人合法权益。

第一百二十五条 违反本法第六十一条规定的，由文化和旅游、人力资源和社会保障、市场监督管理等部门按照职责分工责令限期改正，给予警告，没收违法所得，可以并处十万元以下罚款；拒不改正或者情节严重的，责令停产停业或者吊销营业执照、吊销相关许可证，并处十万元以上一百万元以下罚款。

3.《中华人民共和国劳动法》

第十五条 禁止用人单位招用未满十六周岁的未成年人。

文艺、体育和特种工艺单位招用未满十六周岁的未成年人，必须遵守国家有关规定，并保障其接受义务教育的权利。

4.《禁止使用童工规定》

第二条 国家机关、社会团体、企业事业单位、民办非企业单位或者个体工商户（以下统称用人单位）均不得招用不满 16 周岁的未成年人（招用不满 16 周岁的未成年人，以下统称使用童工）。

禁止任何单位或者个人为不满 16 周岁的未成年人介绍就业。

禁止不满 16 周岁的未成年人开业从事个体经营活动。

第四条 用人单位招用人员时，必须核查被招用人员的身份证；对不满 16 周岁的未成年人，一律不得录用。用人单位录用人员的录用登记、核查材料应当妥善保管。

第六条 用人单位使用童工的，由劳动保障行政部门按照每使用一名童工每月处 5000 元罚款的标准给予处罚；在使用有毒物品的作业场所使用童工的，按照《使用有毒物品作业场所劳动保护条例》规定的罚款幅度，或者按照每使用一名童工每月处 5000 元罚款的标准，从重处罚。劳动保障行政部门并应当责令用人单位限期将童工送回原居住地交其父母或者其他监护人，所需交通和食宿费用全部由用人单位承担。

用人单位经劳动保障行政部门依照前款规定责令限期改正，逾期仍不将童工送交其父母或者其他监护人的，从责令限期改正之日起，由劳动保障行政部门按照每使用一名童工每月处1万元罚款的标准处罚，并由工商行政管理部门吊销其营业执照或者由民政部门撤销民办非企业单位登记；用人单位是国家机关、事业单位的，由有关单位依法对直接负责的主管人员和其他直接责任人员给予降级或者撤职的行政处分或者纪律处分。

第八条 用人单位未按照本规定第四条的规定保存录用登记材料，或者伪造录用登记材料的，由劳动保障行政部门处1万元的罚款。

办案心得体会

一、数据赋能，提升工作质效

实践中，失学辍学与童工问题往往相互交织，控辍保学、打击违法招用童工的难点都在于发现线索。失学辍学人员大多进入餐饮、文娱等行业，这类劳动力密集场所数量多、分布范围广，常规的监督检查方式碎片化、短期化，导致监督成效难以有效巩固。针对失学辍学、违法招用童工线索发现难、监督难的问题，有效链接相关未成年人保护部门资源形成数据合力，实现跨部门大数据协同治理。检察机关以数字赋能推进未检融合履职，不断拓展监督视野和触角，畅通涉未成年人信息、数据对接和共享渠道，让数据发挥更大价值。通过数据碰撞主动去发现批量线索，扫除监管盲区，促进源头治理。

二、模型应用，推动更优履职

借助“控辍保学”及违法招用童工未成年人综合保护监督模型，检察机关通过多部门涉未数据对比碰撞，筛选出失学辍学、违法招用童工异常信息，及时向相关职能部门移送线索，共同调查核实。其间帮扶小组通过法治教育、心理辅导、志愿服务、经济救助等方式，帮助未成年人改变错误认知，树立正确价值观，劝其返校，消除复学心理障碍，防止失学辍学，助力生活重回正轨。同时，针对职责交叉的部门，从有利于整改落实的角度出发，制发检察建议，确保制发对象准确、措施建议可行。为进一步建立“禁用童工”的长效监管机制，检察机关加强履职联动，与人社部门联合就劳动密集行业、劳务派遣公司等用工情况开展专项整治行动，加大“禁止使用童工”的普法宣传力度。

三、划分风险等级，推进分类处理

对大数据监督模型输出线索进行划分，按照危险等级由高到低标注为红、黄、蓝三色作三级预警，然后分类作出处理，一是本市有学籍且未正常上学、处于事实辍学状态的，向同级教育部门发书面通报，同时逐级上报省级人民检察院未成年人检察部门备案；二是本市无学籍且未正常上学、处于失学辍学状态的，将线索移送其户籍所在地人民检察院，并跟进后续情况；三是发现家长怠于履行监护职责、相关行政机关怠于履行控辍保学、违法招用童工等职责，可通过家庭教育指导令、检察建议、公益诉讼、移送线索等方式督促履行失学辍学及违法招用童工未成年人保护职责；发现娱乐场所雇佣未成年人进行违反治安管理活动等违法犯罪情况，及时开展立案监督工作。

四、建章立制，构建联防联控体系

太仓市检察院与市未保委、民政部门、共青团等部门联合会签《太仓市义务教育阶段重点未成年人立体关护暂行办法（试行）》，成立“归雁”工作专班，组成“3+1+N”帮扶小组，根据归属地对市义务教育阶段有失学辍学风险未成年人进行帮扶、救助、心理辅导等立体关护工作；明确各成员单位职责分工，完善线索移送、处置、跟踪细则，健全立体关护体系，同向发力阻断重点未成年人“由错至罪”路径。

模型团队成员：刘娜娜、黄谱泓、唐华

行政罚没非诉执行监督

江苏省苏州工业园区人民检察院

关键词

行政罚没　非诉执行　行政检察　行政执法权威维护

要旨

本模型充分利用财政部门非税收入数据资源集聚优势，以行政罚没款项收缴为切入点，挖掘非诉执行监督线索，有效打破行政处罚数据收集涉及部门众多、协调困难、数据不全等局面。通过工业园区财政“行政罚没系统”，全面提取工业园区所有行政机关行政处罚案件，筛选其中罚没款未缴纳数据，再与行政机关行政复议和诉讼数据、申请强制执行数据、法院行政非诉执行数据进行碰撞，发现行政机关应申请执行而未申请、法院应受理而未受理以及应执行而未执行线索，依法开展行政检察监督，督促行政处罚执行到位、防止非税收入流失。

基本情况

工业园区检察院在与行政机关调研座谈的过程中了解到，小额处罚数量众多，执行到位比例偏低。囿于司法资源的局限性，法院对于受理此类非诉执行申请态度较为消极，“纸面处罚”情况突出。有鉴于此，工业园区检察院从财政端入手，积极与工业园区财政局开展对接，获取了近年来工业园区行政罚没的底数材料，夯实了模型顺利开展的数据基础。与此同时，工业园区检察院与司法行政机关、法院等积极开展对接，获取了行政复议、诉讼及执行等数据材料，使得该模型的运行更为成熟完备。在上述数据资源的基础上，该院通过对比筛选数据，挖掘潜在监督资源五十余条，办理案件二十余起，所提建议获得采纳，涉及罚款也已追缴到位，实现检察履职的闭环。

线索发现

2022年，园区检察院在与园区财政部门开展工作座谈过程中发现部分行政机关小额处罚收缴不到位，存在纸面处罚情况。园区检察院高度重视，先后走访相关行政机关、审判机关，并与财政等部门实现罚没数据共享。通过初步调查核实，园区检察院发现财政部门反映的问题确实存在，有必要通过大数据模型开展专项监督。

数据分析方法

（一）数据来源

1. 全区行政罚没基础数据（来源于财政局）

2. 行政复议数据（来源于司法局）

3. 行政诉讼、行政非诉执行数据（来源于法院）

4. 申请执行数据（来源于行政机关）

5. 行政处罚相关数据，包括处罚金额、涉复议诉讼、申请执行等（来源于行政机关）

（二）数据要素

1. 行政罚没基础数据

数据要素：行政机关、行政相对人、行政处罚日期、行政处罚文号、行政罚没金额、行政罚没款项状态。

2. 未收缴到位数据

数据要素：行政罚没款项状态匹配“未缴”。

（三）数据分析步骤

第一步：提取行政罚没基础数据。需要注意的是，除涉及复议的案件外，提取的数据应当是作出行政处罚决定距今至少已过六个月的数据。因为根据行政强制法的相关规定，行政机关提起强制执行申请应当在行政相对人可以提起行政诉讼的诉讼时效之后。

第二步：行政罚没款项状态匹配，筛查待核实数据。对行政罚没款未入账的，纳入筛查视野。

第三步：比对数据，筛选线索。将待核实的数据与行政复议及行政诉讼数据进行比对，排除被复议、诉讼撤销的行政处罚决定，进一步与行政机关申请执行数据、法院行政非诉执行数据进行碰撞、比对。筛查出应当进入行政非诉执行而未进入的线索，分析产生问题环节、确定责任单位，开展进一步监督。

（四）思维导图

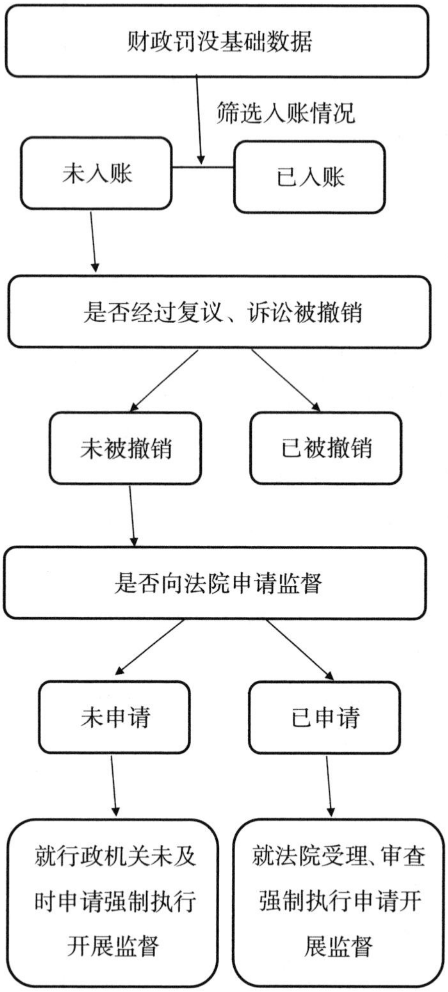

检察监督

该模式针对的主要是行政检察监督业务，通过该模型摸排工业园区“纸面处罚”情况，向相关行政机关和法院发出检察建议，督促其尽快推动小额处罚落地。监督的具体方式主要体现为行政非诉执行监督，针对行政机关怠于申请强制执行、法院在执行受理、裁定等方面存在违法等情形，均可适用这一监督形态。

社会治理成效

通过本大数据模型摸排行政罚没相关情况后，工业园区检察院积极向上报送信息材料，及时反馈该领域存在问题。与此同时，该院积极与行政机关、法院等开展座谈会，分析小额处罚强制执行难的破解之道，通过设置缴款二维码等方式便利行政相对人履行相关义务，综合运用联合释法说理、法院强制执行等多种手段助力行政管理完善，有效维护执法权威。

法律法规依据

《中华人民共和国行政强制法》

第五十三条 当事人在法定期限内不申请行政复议或者提起行政诉讼，又不履行行政决定的，没有行政强制执行权的行政机关可以自期限届满之日起三个月内，依照本章规定申请人民法院强制执行。

第五十六条 人民法院接到行政机关强制执行的申请，应当在五日内受理。

行政机关对人民法院不予受理的裁定有异议的，可以在十五日内向上一级人民法院申请复议，上一级人民法院应当自收到复议申请之日起十五日内作出是否受理的裁定。

第五十七条 人民法院对行政机关强制执行的申请进行书面审查，对符合本法第五十五条规定，且行政决定具备法定执行效力的，除本法第五十八条规定的情形外，人民法院应当自受理之日起七日内作出执行裁定。

办案心得体会

大数据技术为检察事业的发展插上了崭新的翅膀。面对新时代新征程，行政检察必须转变思路，不断开拓创新、推陈出新，取得新的进展。在行政执法过程中，小额处罚落地难问题一直困扰着行政机关，纸面处罚等顽瘴痼疾长期存在，不仅影响执法权威，也导致行政处罚的效果大打折扣。检察机关充分发挥行政检察职能，通过大数据技术的运用，全面、系统摸排分析行政处罚领域执行情形，分析其中的难点、痛点、堵点，通过检察履职助力行政管理的提升和完善。

一、拓展数据来源，奠定办案基础

数据是检察办案的“源”和“流”，要想实现有效监督，必须获得全面准确的数据来源。行政罚没相关数据涉及法院、财政、行政执法机关等多部门，各方顾虑重重，数据获取难度较大。检察机关由点入面，通过自身的履职有效地推动了相关罚款执行的完成，以实际行动践行“双赢多赢共赢”理念，打消各方顾虑。与此同时，充分发挥领导干部的关键少数作用，分管领导多次带队前往相关行政机关、法院等进行沟通协调，发出检察声音，广泛凝聚共识，最终实现数据有效获取。此外，针对数据涉及的保密、风险等因素，强化内部管理、完善风险管控机制，确保数据的正确、审慎使用，避免出现数据不当外泄。

在此基础上，检察机关注重分析未追缴到位案件特征，逐个领域、逐个部门摸排分析案件特征，聚焦综合执法、公安、市场监督等重点部门、关键领域，有针对性地调取相关执法卷宗，通过座谈、实地走访等多种方式、多重渠道了解问题现状。通过综合分析研判，检察机关发现综合执法领域小额处罚存在面广量大、落地困难、缺乏有力抓手等特征，具有相当的典型性、代表性、系统性，遂决定以此为切入点开展后续工作，为后续监督领域的扩展奠定重要基础。

二、找准病症，实现精准监督

检察机关通过数据分析发现，综合执法领域未能执行到位罚款主要涉及违章停车等领域，其具有单次罚款金额少、涉及主体众多等问题。纸面处罚现象的广泛存在不仅使得随意停车的问题难以得到有效解决，一定程度上助长了此类违法行为，有损交通管理秩序，更影响行政执法的权威性和严肃性。在此基础上，检察机关通过开展座谈、调取卷宗等方式，全面了解此类处罚难以落地的真实原因。

从法院维度而言，其囿于案件体量庞大等客观原因无法消化吸收大量案件，造成执行程序长期悬而未决。现行非诉执行程序具有一定的烦琐性，无法做到批量性、快速性处理，因此，大量执行案件事实上处于体外循环的状态，难以得到有效处理。就行政机关维度而言，其缺乏相应的强制执行权，自身授权的局限意味着其工作开展高度依赖司法机关的履职，这导致工作缺乏抓手，难以对行政相对人形成有力的约束。有鉴于此，检察机关与法院、行政机关通过联席会议方式，商议化解办法，在保持现行非诉执行程序既有框架的基础上，积极开发拓展简便执行机制，引入联合执法、便民服务等一系列创新做法，一方面，开发缴款二维码便利行政相对人履行义务，实现化繁为简；另一方面，针对拒不配合、情节严重的相对人，依托原有执行程序，确保行政处罚的刚性。

三、建立长效机制，做到久久为功

处罚并非目的本身，推动社会各界更加自觉遵守交通管理秩序，实现城市管理的精益求精更为重要和关键。为此，检察机关努力推动长效治理，实现检察履职助推社会治理。

一方面，强化与综合执法等行政机关的协作配合，提升执法能力和水平。推动行政机关贯彻落实科学文明执法理念，促使其综合运用首违不罚、强化日常管理、强化释法说理等机制，推动城市综合管理能力和水平的提升。与此同时，针对案件背后暴露出的社会各界停车需求无法得到充分满足的问题，与综合执法、公安等部门开展专题座谈调研，探索停车场增设、停车位布局完善等措施，从根源上解决停车难、违章停车、占道停车等问题。

另一方面，持续跟进监督行政非诉执行程序，从立案、受理等环节入手，切实督促法院加大执行力度。针对立案难、受理难问题，通过线索移送函等多种方式、多种手段，充分发挥检察履职作用，督促法院正确看待人案矛盾，切实避免出现执行案件体外循环的现象，推动小额处罚得以真正落地；与此同时，与法院探索相关案件简易办案机制，实现案件快捷、便利、准确办理，切实维护行政执法权威。

模型团队成员：曹燕飞、王涛、朱文超

违规留所服刑类案监督

江苏省张家港市人民检察院

关键词

留所服刑　流程异常　刑事执行检察　职务线索发现

要旨

为有效预防看守所内违法违规留所服刑，检察机关获取看守所在押留所服刑人员名单、看守所管理系统的入所时间、执行通知书登记时间、实际留所服刑时间、释放日期、刑事判决书、立功名单等数据，对以上数据进行交叉碰撞，筛查出存在违规操作留所服刑的事实。通过向法院或看守所制发纠正违法通知书等，督促更正违规留所服刑等情形，及时、准确将违规留所服刑的问题与可能存在的犯罪情况进行更正与追责，充分维护刑事判决权威。

基本情况

张家港人民检察院开展留所服刑检察专项行动中发现，于某豹于 2023 年 5 月 30 日被一审法院判处有期徒刑六个月（刑期自 2023 年 5 月 30 日起至 2023 年 11 月 29 日止），并处罚金二千元。但于某豹的执行通知书送达时间为 2023 年 9 月 7 日，判决时间与执行通知书送达时间之间相差超过 20 日，后检察机关拟对张家港市人民法院制发纠正违法通知书。经调查，了解到张家港市人民法院于 2023 年 6 月规定时间内已送达执行通知书，系看守所违规填录信息致使于某豹得以留所服刑，后对看守所制发纠正违法通知书，看守所回复并非故意违规操作该起留所服刑事件，系罪犯于某豹盗用其弟身份，判决书中信息为其弟信息，致使监狱核对个人信息不一致无法投牢，其本名为于某虎，张家港市人民检察院将该情况反馈给法院，后法院做出刑事裁定更正判决信息。关于于某虎冒用他人信息的相关违法行为，张家港市人民检察院已移送相关办案部门处理。

线索发现

张家港市人民检察院开展留所服刑检察专项行动中，调取了看守所管理系统中的留所服刑罪犯相关信息、全国统一检察业务应用系统中的判决信息，以看守所系统内的入所时间、执行通知书登记时间、实际留所服刑时间、释放日期、对应的判决书中刑期起止日期作为数据源，以判决生效期间与送达期间作为附加条件，进行数据碰撞筛查，发现于某豹盗窃案存在异常点，即于某豹的执行通知书送达时间与判决时间之间相差超过 20 日。后经对比法院、看守所双方执行通知书时间，发现看守所存在违规填录信息致使于某豹得以留所服刑，遂针对看守所内违规留所服刑情况制发纠正违法通知书。

数据分析方法

（一）数据来源

1. 留所服刑人员信息（来源于看守所监管系统）
2. 刑事案件案卡信息（来源于统一业务应用系统）

（二）数据要素

留所服刑人员信息：姓名、身份证号、刑罚类型、判决书送达时间、执行通知书收到时间、刑期截止时间。

刑事案件案卡信息：姓名、身份证号、一审判决日期、一审判决生效日期、审查认定的情节。

（三）数据分析步骤

第一步：获取留所服刑人员信息。从看守所管理系统中抓取目前看守所留所服刑人员的名单、入所时间、收到执行通知书时间、留所服刑时间、违规记录。

第二步：获取留所服刑人员判决书信息。通过已经在手的留所服刑人员名单，从法院或者全国统一检察业务应用系统中获取留所服刑人员的判决书信息。对判决书中的判决日期、刑期、刑期起止时间进行抓取，形成留所服刑人员判决信息台账。

第三步：将已抓取的留所服刑人员判决时间与执行通知书送达时间进行碰撞。判决书送达时间延长 10 日为判决生效时间，判决生效后 10 日内法院要送达执行通知书，采用判决书当庭送达为最短送达时间，故执行通知书送达时间确定为在实际判决后的 20 日内，若超出 20 日，则推送报警，由人工核实相关信息。

第四步：将留所服刑罪犯的实际留所服刑时间减去入所时间得到已实际入所时间长度，将抓取的判决书中刑期长度减去已实际入所时间长度得到罪犯的剩余刑期，该刑期应小于等于 3 个月，超出 3 个月则推送报警。推送报警信息为拘役的，则忽略。

第五步：将留所服刑名单与检察院案管部门获取的罪犯立功名单进行对比碰撞，留所服刑一般为轻罪罪名，一般不会出现立功情况，如有重复项，则立即推送报警，人工核查。

第六步：将留所服刑人员名单与从看守所获取的违规违纪名单进行对比，有重复项即推送报警，后续进行有针对性的心理矫治。

（四）思维导图

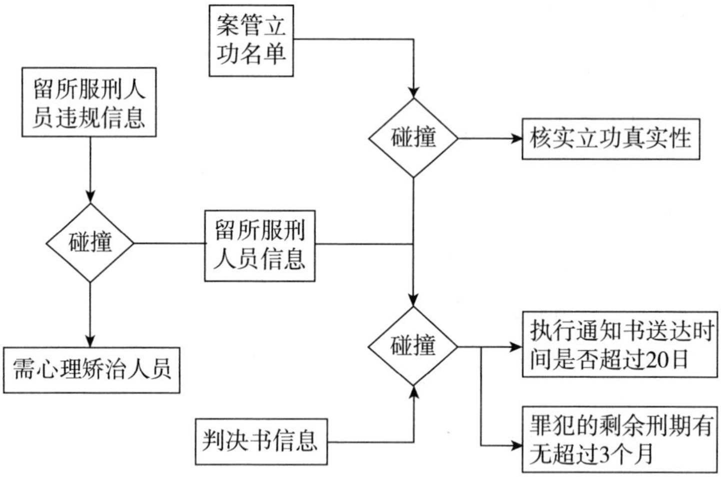

检察监督

（一）刑事执行检察监督

张家港市检察机关利用从法院获取的执行通知书信息与从看守所获取的留所服刑人员信息进行碰撞，批量发现法院超期送达执行通知书、看守所违规导致罪犯留所服刑等监督点，根据法律规定向法院、看守所制发类案纠正违法通知书，督促依法整改。

（二）职务犯罪线索侦查

对通过数据碰撞发现的异常监督点进行深挖彻查，如以立功案件、留所服刑名单作为数据源，对比筛选出具有轻罪立功的情形，对于一般不存在立功情形的罪名存在立功情形的进行核查，作为发现职务犯罪线索的来源。

社会治理成效

（一）严格依法履职，规范刑罚执行

通过对法院刑罚决定与看守所刑罚执行的多角度监督，建立确保刑罚执行的公平、公正、透明的长效治理机制。及时发现和纠正刑罚执行中的问题，在以往依法履职的基础上，充分发挥程序流转中数据监管模式的积极作用，强化刑事执行检察的监督作用，推动刑罚执行制度完善，提高刑罚执行公信力。

（二）推进刑罚执行监督，强化人权保障

加强对已判决罪犯合法权益的保障，加强与监管场所的协作配合，确保罪犯在改造过程中受到公平、公正的对待，避免对罪犯过度惩罚。根据轻罪的特点和性质，采取更为数字化的方式对刑罚执行进行监督，有针对性地对相关线索进行核查。

法律法规依据

《中华人民共和国刑事诉讼法》

第二百六十四条 罪犯被交付执行刑罚的时候，应当由交付执行的人民法院在判决生效后十日以内将有关的法律文书送达公安机关、监狱或者其他执行机关。

对被判处死刑缓期二年执行、无期徒刑、有期徒刑的罪犯，由公安机关依法将该罪犯送交监狱执行刑罚。对被判处有期徒刑的罪犯，在被交付执行刑罚前，剩余刑期在三个月以下的，由看守所代为执行。对被判处拘役的罪犯，由公安机关执行。

对未成年犯应当在未成年犯管教所执行刑罚。

执行机关应当将罪犯及时收押，并且通知罪犯家属。

判处有期徒刑、拘役的罪犯，执行期满，应当由执行机关发给释放证明书。

办案心得体会

在司法实践中，判处拘役或者在被交付执行刑罚前，剩余刑期在3个月以下的，由看守所代为执行刑罚。但在实际留所服刑流程中，由于法院送达疏忽或看守所登记疏忽，会导致罪犯由原本不符合留所服刑条件变为符合留所服刑条件，导致刑罚效果大打折扣。检察机关充分利用大数据监督，将刑罚执行中检察院、法院、公安局下属看守所等政法单位程序流转方面涉及的数据，进行交叉碰撞，筛查留所服刑人员在适用留所服刑过程中是否存在违规操作留所服刑的事实，从而督促刑罚执行的合法、有序落实。

一、发现线索

（一）通过数据碰撞筛选刑罚执行异常点

第一步：从看守所管理平台中导出或由看守所职能部门提供，建立包含留所服刑人员名单及对应的入所时间、执行通知书等内容的留所服刑人员数据信息库。

第二步：从法院或者检察机关统一业务应用系统中获取留所服刑人员的判决书信息，建立包含判决书及相对应判决日期、刑期、刑期起止时间等内容的判决信息台账。

第三步：将上述数据库及台账信息进行比对，尤其是将留所服刑人员判决时间与执行通知书送达时间进行碰撞。根据法律规定的10日判决生效+10日送达执行通知书划定执行通知书与判决书间隔时间为20日的标准线，发现含于某豹案件在内的十余件案件自判决后至执行通知书送达间隔时间超过20日，推送超期预警。

（二）通过多重方式进行验证

通过上述方式获取预警线索后，仍需运用形式与实质审核方法进行验证。首先，对上述线索计算是否属于剩余3个月刑期。其基本计算方法为，以判决书中载明的刑期年限减去已实际在所时间得出剩余刑期，而实际在所时间采取看守所监管平台中记录的转留所服刑监室日期减去入所时间的方式计算获取。其基本推断逻辑在于留所服刑人员刑期应小于等于3个月，超出3个月则存在异常。其次，对预警线索中是否包含拘役罪犯进行校验，校验方式既包括文书载明的拘役刑种，亦包括看守所监管平台录入的信息。最后，对文书信息进行审查研判，审查法院文书是否存在误写错写情形及看守所管理平台是否存在错误录入情形，在审查上述文书信息过程中发现，于某豹于2023年5月30日被一审法院判处有期徒刑六个月（判决书中刑期自2023年5月30日起至2023年11月29日止）。但看守所监管平台中出现于某豹的执行通知书送达时间为2023年9月7日，判决时间与执行通知书送达时间之间相差超过20日，于某豹案件存在无法解释的异常留所服刑情形。

二、调查核实

在留所服刑异常信息的调查核实上，要明确调查方向，以文书信息为辅助手段，向涉及的看守所、法院开展双边沟通问询，合理合法进行质证，必要时依托制发纠正违法通知书加强督促。

（一）调取程序流转文书并询问法院工作人员

于某豹案件中，张家港市检察院发现判决时间与执行通知书送达时间存在明显难以解释的时间差后，先行向该院案管部门核实判决书送达时间，在确认判决书送达时间与判决书载明时间基本一致的基础上，与法院沟通了解执行通知书送达过分迟延的缘由，调取法院送达执行通知书的送达回证，发现法院于2023年6月规定时间内已送达执行通知书，且有看守所接收人员签字及日期，故初步判断为看守所存在录入异常信息情形。

（二）以时间为切入点查找看守所操作违规点

后张家港市检察院至看守所进行调查，经出示法院送达文书，看守所接收人员认可确实在2023年6月接收到执行通知书，看守所监管系统内填写的2023年9月系违规操作。实质原因在于，本案罪犯真名为于某虎，于某豹是于某虎孪生弟弟的名字，法院判决时沿用了于某豹的前科情况，致使看守所在将于某虎送监狱执行时，监狱校验罪犯个人信息未通过，无法送监狱执行，看守所遂采取违规操作的方式致使于某虎留所服刑。根据上述情况，我院向看守所制发纠正违法通知书督促更正违规留所服刑的情况。

三、实现刑罚公正

检察机关作为法律监督机关，通过纠正看守所违规留所服刑，确保法律正确实施。看守所的职责定位为专门用于临时羁押有犯罪事实的罪犯和犯罪嫌疑人的刑事羁押机关，不当操作致使本不应该留所服刑的罪犯实质留所服刑，其实质上损害了刑罚的执行权威性。张家港市人民检察院在违规留所服刑大数据监督的基础上，添加罪犯立功、违规违纪碰撞数据，更便于及时、准确纠正看守所的违规操作行为，助力看守所管理和运作规范化，确保刑罚执行的有效性，更正侵害罪犯合法权益的行为，为罪犯提供改造和教育机会，从而更好地实现刑罚的目的，为社会治理提供更加坚实的法治保障。

模型团队成员：崔晨程、张天琪、鲍伟群、袁峰

重点场所违规接待未成年人监督

江苏省苏州市人民检察院　昆山市人民检察院

关键词

违规接待未成年人　涉未公益诉讼　融合式监督

要旨

为严格落实《未成年人保护法》要求，检察机关搭建重点场所违规接待未成年人监督模型，解决营业性娱乐场所、酒吧、网吧、住宿经营者、私人影院等新业态场所违规接待未成年人进入等问题。模型以数据筛选、关键词检索等方式，输出重点场所违规接待未成年人的场所线索，与公安、文旅等部门的行政处罚信息进行比对，筛选出行政主管部门应罚未罚的场所，以及相关场所是否存在处罚后仍继续违规接待的情形。检察机关通过行政公益诉讼制发检察建议书、线索移送函等方式，督促行政主管部门履职到位；对多次违规接待未成年人的场所，通过民事公益诉讼追究相关场所民事责任，提高经营者守法意识，净化未成年人成长的社会环境。

基本情况

苏州市检察机关在办理涉未成年人刑事案件中发现，营业性娱乐场所、酒吧、网吧、住宿经营者等违规接待未成年人的问题时有发生，成为未成年人违法犯罪或遭受侵害的重要社会原因之一，但相关行政主管部门难以及时发现商家违规接待未成年人的线索，或者发现后怠于监管处罚，个别商家屡罚不改、多次违规接待未成年人，侵犯未成年人合法权益。从检察机关履职现状来看，基层检察院虽对这一问题点状开展相关公益诉讼案件，但因涉未成年人刑事案件量大等原因可能会遗漏监督线索，且各区域监督线索不互通，存在跨区县域线索遗漏等问题。

为此，苏州市检察院在充分调研后，构建重点场所违规接待未成年人监督模型，通过涉未成年人刑事案件电子卷宗、法律文书等内生数据，结合“宾馆、旅馆、酒店、酒吧、KTV、网吧”等关键词检索、匹配，能够快速定位住宿、娱乐场所、商家违规接待未成年人线索，再结合人工研判分析、实地走访调查，可以进一步筛选有效监督线索。2021 年以来，全市检察机关依托该监督模型输出待核线索 2350 条；与行政主管部门行政处罚数据进行比对，精准锁定未处罚到位的问题场所线索 300 余条，据此立案办理公益诉讼案件 147 件、支持起诉 18 件。为加强对基层检察院公益诉讼工作质效的有效评判及监督，苏州市检察院利用模型筛查对基层院相关公益诉讼案件办理进行监督，督促所有基层院履职到位，提高全市未检综合履职质效。

线索发现

2022 年 11 月某日，被告人郑某某约被害人孙某某（女，时年 17 周岁）至昆山市某 KTV 包厢唱歌，其间郑某某将孙某某拉至包厢厕所内，不顾孙某某的反抗及报警，强行对孙某某实施猥亵。

为进一步查明未成年人涉案与酒吧、KTV 等场所的关联度，以及相关场所违法经营的情况，昆山市检察院依托重点场所违规接待未成年人监督模型，对三年来办理的涉未成年人刑事案件进行全面梳理，筛选出作为案发地的场所和出现频次较高的场所线索 23 条，再与文旅部门行政处罚数据进行比对，锁定未处罚到位的问题场所线索 5 条。针对多家娱乐场所违法接待未成年人进入问题，昆山市检察院向昆山文体广电和旅游局发出行政公益诉讼诉前检察建议，市文旅局对涉案 5 家违规 KTV 给予罚款 12.19 万元的行政处罚。

数据分析方法

（一）数据来源

1. 刑事案件案卡信息、侦查卷宗、审查报告等文书（来源于检察业务应用系统）

2. 娱乐场所、宾馆等行政处罚信息（来源于文化广电和旅游局、公安局等）

（二）数据要素

刑事案件侦查卷宗、审查报告中的违规接待未成年人场所名称。

娱乐场所、宾馆等行政处罚信息。

（三）数据分析步骤

第一步：通过“案件类别”的数据要素，筛选一审公诉案件（未检），提取涉未成年人犯罪案件的刑事案件侦查卷宗、审查报告等文书，整合为涉未成年人基础数据。

第二步：对第一步筛选出的文书卷宗材料进行关键词检索，分别检索娱乐场所、住宿场所、新业态场所等内容。娱乐场所检索“酒吧”“酒馆”“夜店”“歌舞厅”“BAR”“KTV”“会所”“网吧”“网咖”等关键词。住宿场所检索“宾馆”“旅馆”“酒店”“客栈”“民宿”“旅舍”“公寓”“招待所”等关键词。新业态领域场所检索“私人影院”“电竞酒店”“密室逃脱”“剧本杀”等关键词。对检索出的关键字段通过上下文比对、分析研判，得出违规接待未成年人场所数据。

第三步：将违规接待未成年人场所数据与行政处罚数据进行比对碰撞，以违规接待未成年人场所名称与被行政处罚场所名称字段进行比对。输出三类线索：一是输出未对违规接待未成年人场所进行处罚的线索；二是输出已对违规接待未成年人场所进行处罚但处罚时间在立案时间之前的案件，发现不是针对本次违法进行的处罚线索；三是输出已对违规接待未成年人场所进行处罚且处罚时间在立案时间之后的案件，发现处罚不到位的线索。

(四) 思维导图

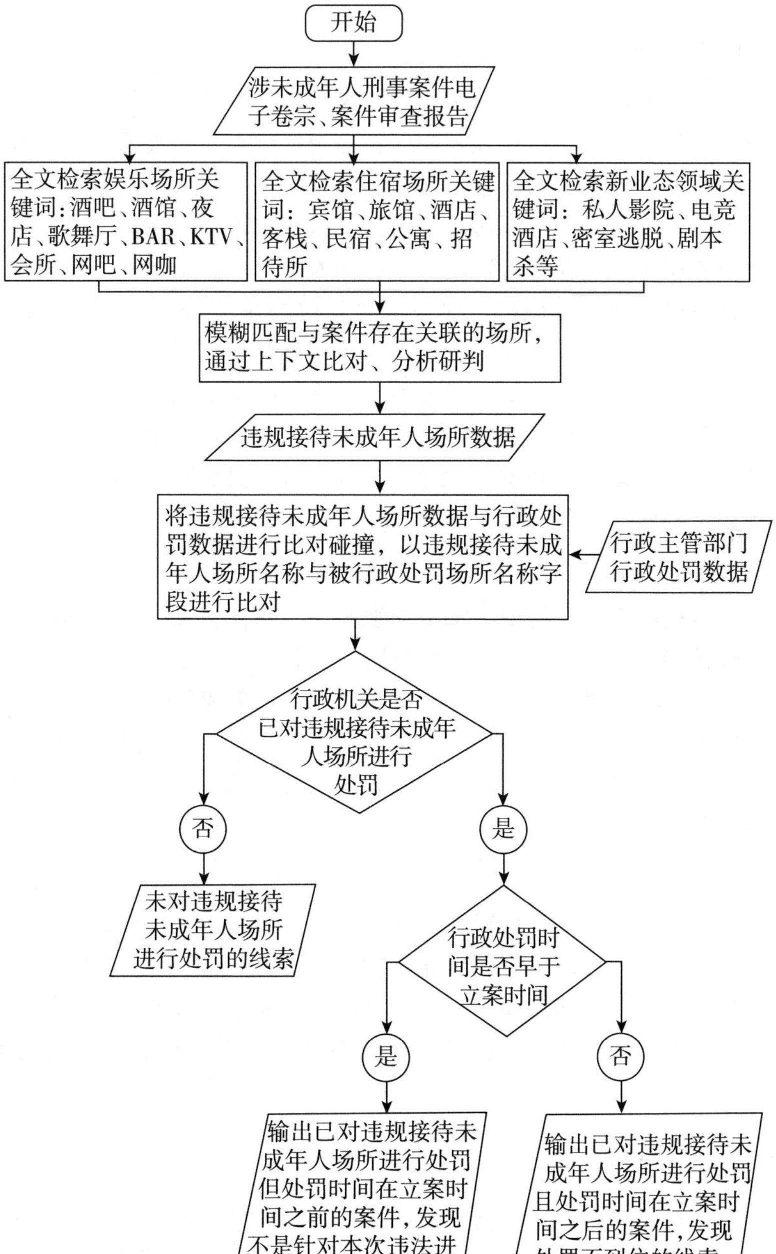
开始
涉未成年人刑事案件电子卷宗、案件审查报告
全文检索娱乐场所关键词:酒吧、酒馆、夜店、歌舞厅、BAR、KTV、会所、网吧、网咖
全文检索住宿场所关键词:宾馆、旅馆、酒店、客栈、民宿、公寓、招待所
全文检索新业态领域关键词:私人影院、电竞酒店、密室逃脱、剧本杀等
模糊匹配与案件存在关联的场所,通过上下文比对、分析研判
违规接待未成年人场所数据
将违规接待未成年人场所数据与行政处罚数据进行比对碰撞,以违规接待未成年人场所名称与被行政处罚场所名称字段进行比对
行政主管部门行政处罚数据
行政机关是否已对违规接待未成年人场所进行处罚
否
是
未对违规接待未成年人场所进行处罚的线索
行政处罚时间是否早于立案时间
是
否
输出已对违规接待未成年人场所进行处罚但处罚时间在立案时间之前的案件,发现不是针对本次违法进行的处罚线索
输出已对违规接待未成年人场所进行处罚且处罚时间在立案时间之后的案件,发现处罚不到位的线索

检察监督

（一）公益诉讼检察监督

未成年人检察部门充分发挥未检业务集中统一办理的优势，利用监督模型锁定酒吧、娱乐场所、宾馆在经营中存在违规接待未成年人的情形，对相关行政主管部门未依法行政处罚、怠于履行监管职责，侵犯未成年人公共利益的，检察机关可以启动行政公益诉讼，通过制发检察建议书、磋商函等方式督促行政主管部门履职尽责。在履行行政公益诉讼检察职能的基础上，还可以对检察建议的监督效果进行持续跟进，对被行政处罚的相关酒吧、KTV 等场所后续落实未成年人保护的情况跟踪监督。通过利用该监督模型对新受理案件进行二次筛查，发现相关场所拒不整改或者整改不到位的情形，可以调查其是否破坏不特定未成年人健康成长的社会环境，有持续扰乱社会秩序、侵害社会公共利益的趋势，进一步研究通过对相关酒吧、KTV 提起民事公益诉讼的方式，要求其停止侵害并向社会公众赔礼道歉，深入开展法律监督。

（二）民事检察监督

未成年人检察部门在刑事办案中加强对未成年被害人的权益维护，发现涉案场所违规接待未成年人且未尽安全保障义务，导致未成年人在场所内遭受侵害，造成人身、财产损失的，检察机关可以为涉案未成年人申请法律援助，并根据《民法典》《未成年人保护法》等相关法律规定，依法支持受侵害未成年人及其法定代理人对侵害人、场所经营者等另行提起包含精神损害在内的侵权损害赔偿民事诉讼。

（三）行政检察监督

运用模型，可快速筛查出行政主管部门应罚未罚、错误处罚等行政违法行为线索，特别是发现行政主管部门未按照修订后的《未成年人保护法》规定进行行政处罚的，以检察建议书、线索移送函形式移交行政主管部门，督促主管部门变更错误处罚决定，持续跟进监督处理结果，确保正确履行行政监管职责。

社会治理成效

苏州市检察机关未检部门依托监督模型快速定位住宿、娱乐场所等违规接待未成年人线索，再结合人工研判分析、实地走访调查，确定有效监督线索。2021 年以来，全市检察机关排查出待核线索 2350 条，经与行政主管部门行政处罚数据进行比对，锁定未处罚到位的问题场所线索 300 余条，据此立案办理公益诉讼案件147件、支持起诉18件。

（一）压实行政机关责任，推动行业监管

依托该模型，两级检察机关向公安机关制发检察建议8份，向文旅部门制发检察建议10份。推动苏州市公安局出台全省首个《关于办理旅馆经营者未依法接待未成年人入住案件的指导意见》，并发文明确网约房未依法接待未成年人入住案件参照旅馆业处罚处理，促成开发公寓楼宇人员管理系统，推广使用同步身份认证的智能门锁，加强网约房入住人员管理，破解新业态住宿监管难题，相关做法入选全省2022年第二季度典型案事例。

（二）推动多部门联合治理，形成保护合力

为实现经营场所综合治理，苏州市检察机关联合多部门召开未成年人保护座谈会，建立未成年人联动保护、线索移送、数据研判、风险预警等工作机制。推动全市公安、文旅、市场监管等部门开展娱乐场所未成年人保护联合执法检查30余次，对相关场所及个人作出行政处罚决定200余件。

（三）监督行业自治，提升治理效果

在推动未成年人保护形成共识的基础上，苏州市检察院指导基层院将旅馆业协会、娱乐服务业协会等纳入联合治理，联合文旅部门、行业协会对涉案违规经营业主开展联合训诫，指出违规接待未成年人进入等问题，分析违法原因，提出加强法律知识学习、依法落实整改等建议。同时为进一步促进行业自治，向行业协会制发《检察关注函》，呼吁行业协会发挥监督自律作用，跟踪督导违法娱乐场所认真整改，联合行政主管部门深入开展专项整治活动。

法律法规依据

《中华人民共和国未成年人保护法》

第五十七条 旅馆、宾馆、酒店等住宿经营者接待未成年人入住，或者接待未成年人和成年人共同入住时，应当询问父母或者其他监护人的联系方式、入住人员的身份关系等有关情况；发现有违法犯罪嫌疑的，应当立即向公安机关报告，并及时联系未成年人的父母或者其他监护人。

第五十八条 学校、幼儿园周边不得设置营业性娱乐场所、酒吧、互联网上网服务营业场所等不适宜未成年人活动的场所。营业性歌舞娱乐场所、酒吧、互联网上网服务营业场所等不适宜未成年人活动场所的经营者，不得允许未成年人进入；游艺娱乐场所设置的电子游戏设备，除国家法定节假日外，不得向未成年人提供。经营者应当在显著位置设置未成年人禁入、限入标志；对难以判明是否是未成年人的，应当要求其出示身份证件。

第五十九条 学校、幼儿园周边不得设置烟、酒、彩票销售网点。禁止向未成年人销售烟、酒、彩票或者兑付彩票奖金。烟、酒和彩票经营者应当在显著位置设置不向未成年人销售烟、酒或者彩票的标志；对难以判明是否是未成年人的，应当要求其出示身份证件。

任何人不得在学校、幼儿园和其他未成年人集中活动的公共场所吸烟、饮酒。

第六十条 禁止向未成年人提供、销售管制刀具或者其他可能致人严重伤害的器具等物品。经营者难以判明购买者是否是未成年人的，应当要求其出示身份证件。

第六十一条第二款 营业性娱乐场所、酒吧、互联网上网服务营业场所等不适宜未成年人活动的场所不得招用已满十六周岁的未成年人。

第一百二十二条 场所运营单位违反本法第五十六条第二款规定、住宿经营者违反本法第五十七条规定的，由市场监督管理、应急管理、公安等部门按照职责分工责令限期改正，给予警告；拒不改正或者造成严重后果的，责令停业整顿或者吊销营业执照、吊销相关许可证，并处一万元以上十万元以下罚款。

第一百二十三条 相关经营者违反本法第五十八条、第五十九条第一款、第六十条规定的，由文化和旅游、市场监督管理、烟草专卖、公安等部门按照职责分工责令限期改正，给予警告，没收违法所得，可以并处五万元以下罚款；拒不改正或者情节严重的，责令停业整顿或者吊销营业执照、吊销相关许可证，可以并处五万元以上五十万元以下罚款。

第一百二十五条 违反本法第六十一条规定的，由文化和旅游、人力资源和社会保障、市场监督管理等部门按照职责分工责令限期改正，给予警告，没收违法所得，可以并处十万元以下罚款；拒不改正或者情节严重的，责令停产停业或者吊销营业执照、吊销相关许可证，并处十万元以上一百万元以下罚款。

办案心得体会

营业性娱乐场所、住宿经营者违规接待未成年人导致未成年人犯罪或被侵害，已经成为影响未成年人健康成长的难点、痛点问题。检察机关在履职过程中应聚焦涉未成年人案件背后深层次、普遍性的社会治理问题，依托大数据赋能法律监督，综合运用刑事、民事、公益诉讼检察职能，通过法律援助、支持起诉、心理援助、家庭教育指导等方式做好未成年人综合救助，通过行政公益诉讼、联席会议等方式督促行政主管部门搭建监管模型、联合执法检查，通过联合训诫、制发检察关注函等方式促推经营业主自律自省、行业协会发挥监督教育作用，推动形成政府监管、行业自治、企业自律、法律监督“四责协同”的未成年人保护大格局，实现“个案办理—类案监督—社会治理”的源头治理效果，净化未成年人成长的社会环境。

一、个案办理：多措并举开展未成年人综合保护

未成年人被刑事犯罪侵害后往往产生心理抑郁、应激障碍等心理问题，检察机关可以与卫生部门合作，为被害人开展心理评估、心理援助，帮助未成年人尽快走出心理阴影。同时帮助被害人申请法律援助律师，帮助收集、固定证据，开展支持起诉必要性审查，经评估发现涉案场所违规接待未成年人且未尽安全保障义务，导致未成年人遭受侵害，而未成年人诉讼能力有限，有支持起诉必要的，检察机关依法支持被害人起诉涉案场所承担侵权责任，并持续跟进立案、开庭、调解、判决等情况。针对未成年人家庭贫困的情况，为未成年人申请司法救助金。针对未成年人父母或监护人怠于履行家庭监管责任，放任未成年人出入酒吧、KTV 等场所，对未成年人父母或监护人进行训诫，发出《督促监护令》，联合司法社工进行家庭教育指导。

二、类案监督：通过数字模型发现批量监督线索

依托重点场所违规接待未成年人监督模型，对三年来涉未成年人案件法律文书数据碰撞、比对，输出相关场所、商家违规接待未成年人的线索，再与行政主管部门行政处罚数据进行比对，锁定未处罚到位的问题场所线索。针对多家场所、商家违法接待未成年人，侵犯未成年人公共利益的，检察机关启动行政公益诉讼程序，向相关行政主管部门发出检察建议书，督促行政主管部门对涉案违规商家进行行政处罚，对相关责任人进行约谈，加大执法检查频次，开展多领域普法宣传，联合公安、文旅、市场监管等部门联合开展执法检查活动，推动多部门联合整治，形成司法保护与政府保护合力。对于模型推送的涉及其他区、县的监督线索，通过线索移送函等方式移送其他检察机关办理，不遗漏违法线索。

三、社会治理：凝聚多方合力推动源头治理

在应用监督模型推动未成年人保护形成共识的基础上，为实现重点场所综合治理，检察机关联合公安、文旅、市场监管、人社等多部门召开未成年人保护座谈会，建立未成年人联动保护、线索移送、数据研判、风险预警等工作机制。为加强对经营业主的警示教育，检察机关联合行政主管部门、行业协会开展对涉案违规经营业主的联合训诫，指出违规接待未成年人等问题，提出加强

法律知识学习、依法落实整改等建议。同时为进一步促进行业自治，检察机关制发《检察关注函》送达行业协会，呼吁行业协会发挥监督自律作用，跟踪督导违法商家认真整改，明确工作人员入职培训、场所分级监管、典型案例警示教育等措施，联合职能部门深入开展专项整治活动。同时检察机关可以对依托行业协会理事会对全体经营业主开展以案释法，加强广大经营业主依法经营及保护未成年人的意识。

模型团队成员：王国庆、卞叶、鲁家豪、卢晨、李龙

噪声污染防治公益诉讼监督

江苏省常熟市人民检察院

关键词

行政公益诉讼　噪声污染防治　社会治理

要旨

噪声污染主要包括社会生活、建筑施工、交通运输、工业生产四个主要领域，已经成为影响群众美好生活的重要因素，群众对噪声污染的投诉逐年上升。为有效开展噪声污染防治监督工作，检察机关可以调取市民投诉、行政处罚、企业噪声排污许可等数据，归集、比对、分析出噪声类型和噪声来源，发现行政机关怠于履职致使噪声污染侵害社会公共利益的线索，通过检察履职督促行政机关采取有效措施治理噪声污染，完善监管制度，有效守护群众的“安静权”。

基本情况

常熟某机械有限公司（以下简称某公司）为国内知名新能源汽车提供汽车钣金件冲压与焊接制造服务，2022 年公司产值达 2.5 亿元。该公司厂区的空压机、冷却塔分别位于厂区南侧、东侧，距离马路较近，处于 24 小时生产状态，且均未设置有效的降噪设施，在 2 台空压机正常开启时，最高噪声分贝达到 91.4 分贝，空压机旁平均噪声分贝在 80 分贝以上；在 6 组冷却塔开启 4 组的情况下，最高噪声分贝达到 86.9 分贝，超过《工业企业厂界环境噪声排放标准》（GB12348—2008）规定的限值。涉案公司与最近的小区分属同一十字路口的两端，小区居民受噪声影响较大。

线索发现

常熟市检察院与常熟市 12345 市民服务热线管理中心建立了信息互通机

制，可以查看全市居民与公益相关的投诉工单，发现某公司在短期内遭到多次投诉，投诉事由均为噪声扰民。常熟市检察院发现上述线索后，依托该市声学产业优势，邀请“苏州·中国声谷”国际声学技术产业研究院的“益心为公”志愿者共同前往涉案公司实地调查，发现现场噪声明显，投诉情况属实。经过技术人员测量后，发现厂区噪声均严重超过规定的限值，对周边居民生产生活造成影响。

数据分析方法

（一）数据来源

1. 噪声污染投诉信息（来源于12345便民服务热线、“益心为公”志愿者提报线索、媒体投诉平台等）

2. 企业信息（来源于企查查、天眼查等）

3. 工业噪声排污许可信息（来源于生态环境部门）

4. 噪声污染行政处罚信息（来源于生态环境部门、属地政府、城市管理局等噪声污染监管部门）

（二）数据要素

针对涉案企业噪声污染问题，提取企业信息、投诉工单、工业噪声排污许可证、行政处罚等数据要素。

（三）数据分析步骤

第一步：数据整合关联。通过12345便民服务热线等平台，收集筛选关于工业噪声的投诉信息，明确产生噪声污染的企业名称，并根据投诉次数由高到低进行排序，表明噪声污染处理的紧迫性或者是线索成案的可能性。在企查查、天眼查等软件中查询涉案企业的基本信息，主要包括企业全称、具体地址、涉及行业等信息，明确企业是否为工业企业，对属于工业企业的则归于工业噪声污染监督（监督点1），不属于工业企业的则视情况归于其他噪声污染监督（监督点2、3、4）。

第二步：数据汇总分析。对属于工业噪声污染监督的，向生态环境部门调取工业噪声排污许可信息，以“企业名称”为要素进行搜索比对，查明涉及工业噪声污染的企业是否具有工业噪声排污许可。如果被投诉企业未取得工业噪声排污许可的，则输出工业噪声污染防治行政公益诉讼线索；如果被投诉企业已经取得工业噪声排污许可的，则进入下一步。

第三步：数据比对碰撞。向生态环境部门、属地政府等职能部门调取被投诉企业的行政处罚信息，比对“企业名称”“处罚事由”和“处罚时间”等，如果被投诉企业未被处罚的，输出为线索；如果虽被处罚但处罚事由与投诉内容不一致（非针对工业噪声处罚）的，输出为线索；如果处罚事由是针对工业噪声，但是处罚时间早于投诉时间的，输出为线索。

第四步：加强调查核实。针对可能成案的线索，积极借助专业技术人员“外脑”，前往被投诉公司实地开展调查，及时固定证据。将实地测量的噪声与《工业企业厂界环境噪声排放标准》（GB12348—2008）规定的限值进行比对，如果超过限值，则依法立案办理；如果未超过规定限值，则协同职能部门、专家学者、企业、居民代表等召开座谈会，通过建议企业合理安排生产时间、适当采取降噪措施等手段，减少对周边居民的影响。

（四）思维导图

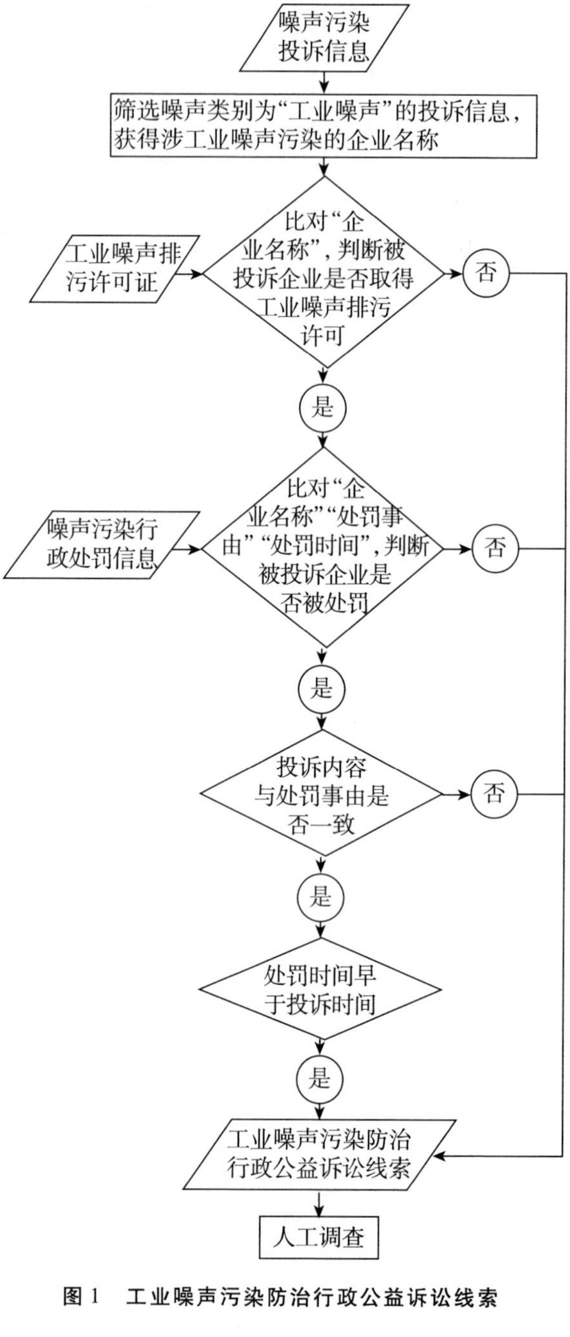

图1　工业噪声污染防治行政公益诉讼线索

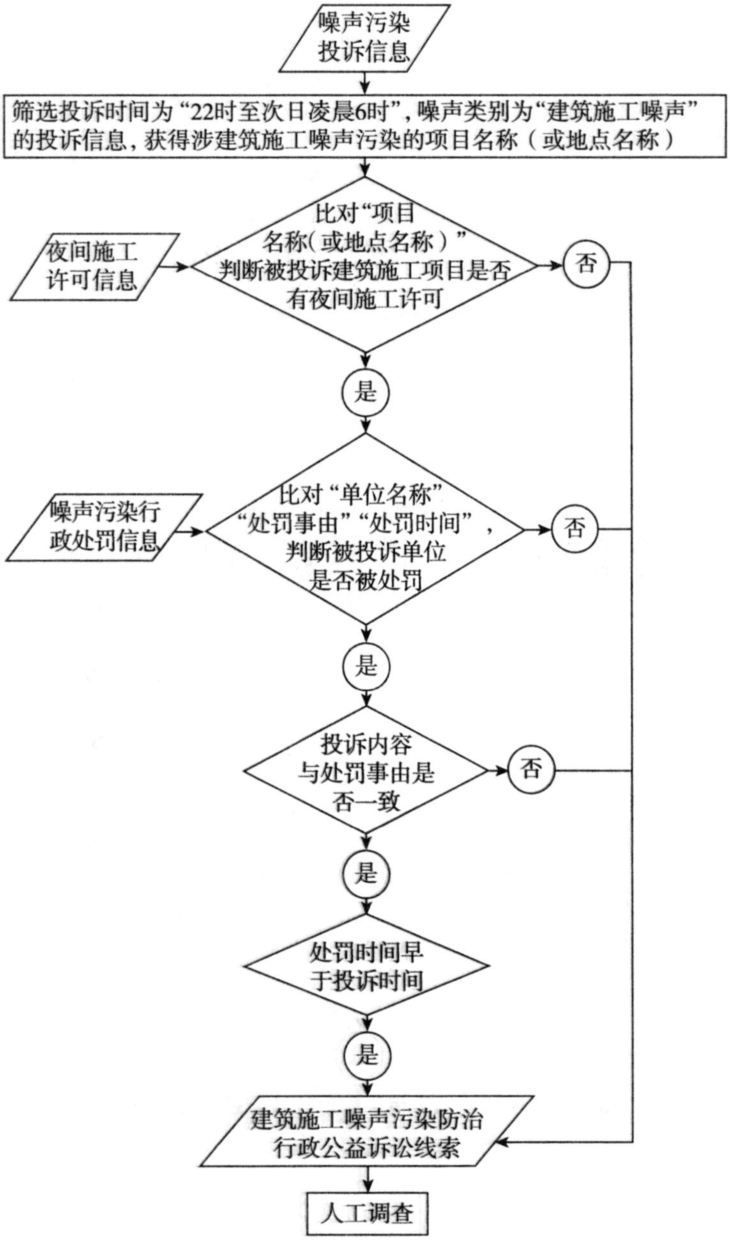

图 2　建筑施工噪声污染防治行政公益诉讼线索

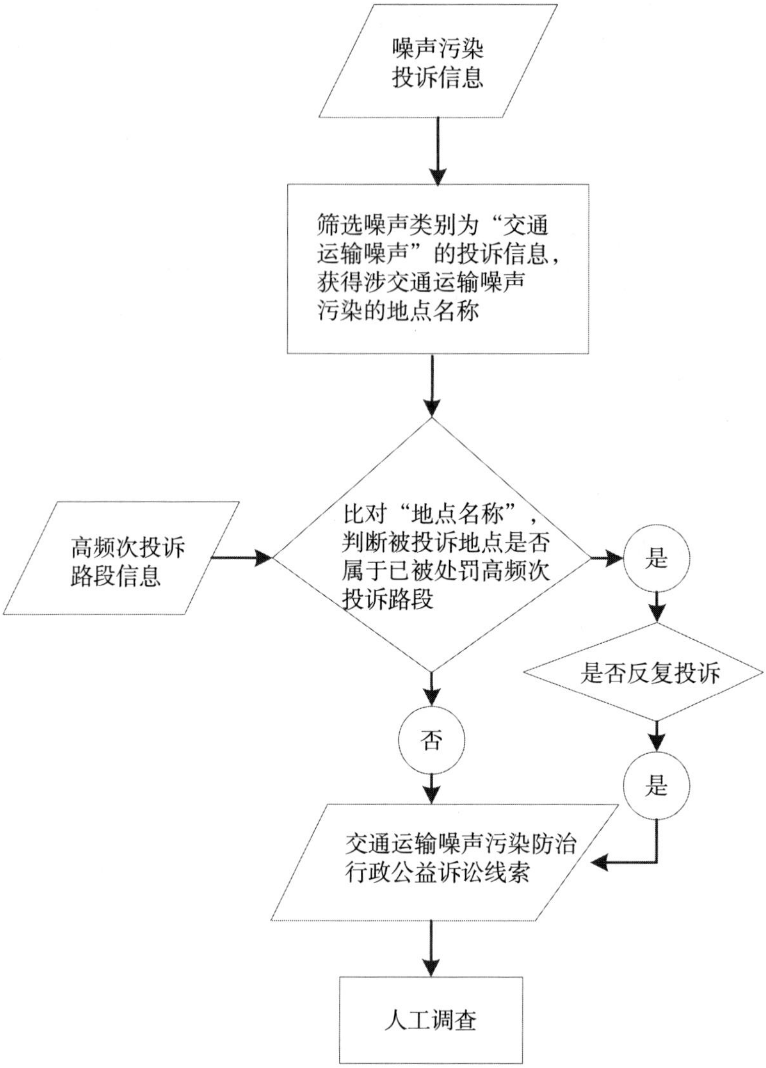

图 3　交通运输噪声污染防治行政公益诉讼线索

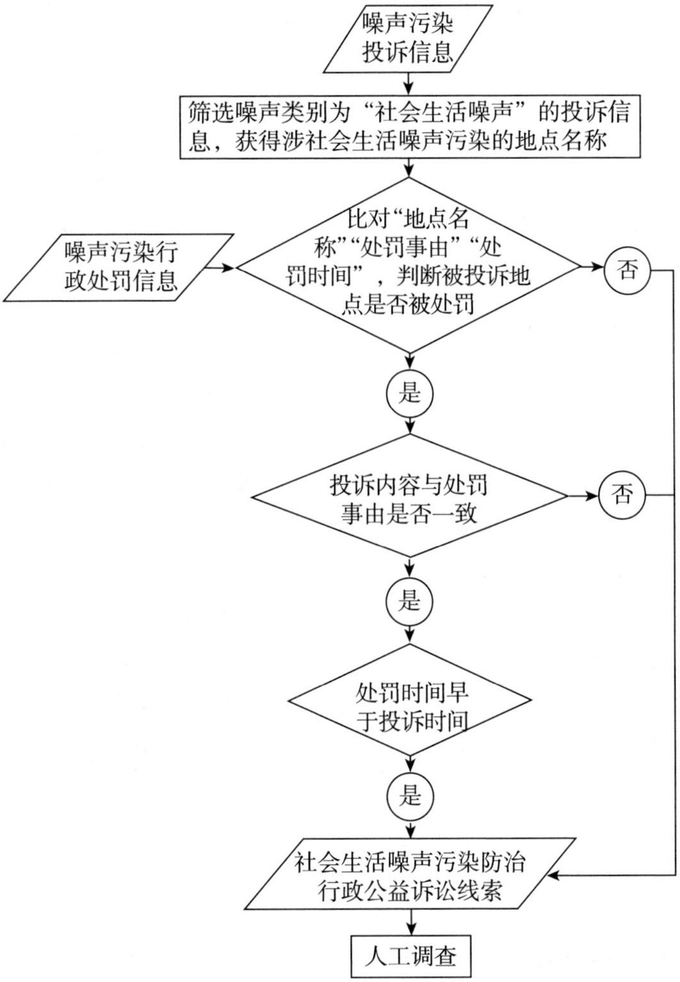

图 4　社会生活噪声污染防治公益诉讼线索

检察监督

常熟市检察院以常熟市 12345 市民服务通报线索、反映的问题为切入点，向大数据局调取全市全年污染防治类投诉工单，通过信息的要素提取、数据对比，在 2023 年的 238 条投诉信息数据中筛选出各类噪声污染的主要涉事主体，如对工业噪声扰民反复得不到解决的问题进行监督，对未办理夜间施工审批许可的夜间施工并造成施工噪声的建筑工地进行监督，对校园周边机动车“炸街”扰民投诉仍未有效处理的噪声投诉进行监督，综合运用起诉前磋商、公开听证、检察建议等方式，督促相关行政机关依法履职整改，同时充分发挥检察一体化优势，在苏州市检察院的指导下，开展噪声污染类案件专项监督，对筛查出的投诉线索分辖区统计并交由辖区基层院立案办理，督促、指导各基层院协同发力、持续跟进监督，确保监督质效，实现对公益的最大保护。全市检察机关通过起诉前磋商、公开听证、检察建议等方式，督促生态环境、城管、住建等部门积极主动依法履职，全市噪声污染类投诉量明显下降，专项监督取得明显成效。

社会治理成效

运用该模型，常熟市检察院依托常熟市声学产业优势，对接生态环境部门、“苏州·中国声谷”国际声学产业技术研究院等单位，在形成专业技术支撑下的噪声污染防治执法司法合力的基础上，突出重点履职、创新履职、高效履职，有效守护群众的“安静权”。

（一）抓住履职重点，紧盯工业噪声污染防治

常熟市经济发达，是全国综合经济竞争力十强县，工业企业众多，相关工业噪声污染投诉率高。为此，常熟市检察院联合将履职重点向工业噪声污染防治倾斜，已办工业噪声污染案件2件，其中一家为规上企业，确保企业发展兼顾经济效益和社会公益。为促进工业噪声污染解决技术化、专业化，联合生态环境部门、国际声学产业技术研究院召开常熟市噪声治理技术交流会，会议邀请了全市14个板块51家具有噪声污染防治需求的企业。会上开展了《噪声污染防治法》等法治宣传教育活动，介绍了噪声污染常见发生原因及有关防治技术，为企业提供工业噪声解决途径。为解决企业关于资金的相关顾虑，苏州市常熟生态环境局还邀请了常熟市农村商业银行对绿色金融专项支持、绿色金融产品进行宣讲，促进企业主动绿色发展。

（二）积极先试先行，推动城市噪声地图建设

2023年6月29日，生态环境部办公厅下发文件选取苏州作为第四批噪声污染防治（城市噪声地图应用）试点城市，苏州市生态环境局发文选取常熟市开展噪声地图软硬件建设工作，建设基于实时监测数据的动态城市噪声地图。常熟市检察院协同常熟生态环境局联合研究城市噪声地图可研性方案，同时借助国际声学产业技术研究院“外脑”完成相关软硬件的研发。城市噪声地图落地后，通过噪声数据与地理位置信息相结合，可以直观展现噪声污染的分布情况，实现噪声的实时监测与三维展示，为城市环境噪声管理、治理及预测预警提供科学依据。目前在噪声地图管理子系统嵌入检察监督板块，提供噪

声源定位、决策辅助、跨部门协作等功能，为噪声污染防治筑牢法治保障。

（三）凝聚保护合力，切实提升公益诉讼质效

通过在“苏州·中国声谷”国际声学产业技术研究院设立“公益诉讼联络站”，作为线索收集点、信息交换点和业务培训点，以“小站点”推动公益“大保护”。持续推动“益心为公”检察云平台工作，围绕“六长出题”及公益诉讼办案需要，建立“一专项一人才”的志愿者招募机制，从机关部门、企事业单位、公益组织等吸纳优秀志愿者12名，如根据噪声污染防治工作需要，吸收了2名声学工程师成为志愿者，2名志愿者参与办案2次，有效提高公益诉讼检察办案质效。为增强志愿者的使命感、荣誉感，依托《苏州市检察机关公益诉讼案件线索举报奖励办法（试行）》，对志愿者提供线索促进制发公益诉讼检察建议、提起公益诉讼等利于公益保护的行为进行表彰，目前已对10名优秀志愿者予以表彰。

（四）模型逻辑简单，推广成效显色度较高

实现噪声污染防治的全覆盖，将噪声污染投诉信息进行分类处理，工业噪声、建筑噪声、交通运输噪声、社会生活噪声均纳入筛查提取、比对碰撞范围，发现更多成案线索。完善数据库基础信息，丰富模型应用场景，以大数据法律监督平台为依托，在基础数据引入、关键词分类设置及提取事项上不断完善，提升用户使用顺畅度，实现高效、便捷的线索来源。

法律法规依据

1.《中华人民共和国噪声污染防治法》

第八条第二款、第三款 地方人民政府生态环境主管部门对本行政区域噪声污染防治实施统一监督管理。

各级住房和城乡建设、公安、交通运输、铁路监督管理、民用航空、海事等部门，在各自职责范围内，对建筑施工、交通运输和社会生活噪声污染防治实施监督管理。

第二十三条第二款、第三款 地方人民政府生态环境主管部门会同有关部门按照规定设置本行政区域声环境质量监测站（点），组织开展本行政区域声环境质量监测，定期向社会公布声环境质量状况信息。

地方人民政府生态环境等部门应当加强对噪声敏感建筑物周边等重点区域噪声排放情况的调查、监测。

第六十一条 文化娱乐、体育、餐饮等场所的经营管理者应当采取有效措施，防止、减轻噪声污染。

第六十二条 使用空调器、冷却塔、水泵、油烟净化器、风机、发电机、变压器、锅炉、装卸设备等可能产生社会生活噪声污染的设备、设施的企业事业单位和其他经营管理者等，应当采取优化布局、集中排放等措施，防止、减轻噪声污染。

第六十三条 禁止在商业经营活动中使用高音广播喇叭或者采用其他持续反复发出高噪声的方法进行广告宣传。

对商业经营活动中产生的其他噪声，经营者应当采取有效措施，防止噪声污染。

第七十七条 违反本法规定，建设单位、施工单位有下列行为之一，由工程所在地人民政府指定的部门责令改正，处一万元以上十万元以下的罚款；拒不改正的，可以责令暂停施工：

（一）超过噪声排放标准排放建筑施工噪声的；

（二）未按照规定取得证明，在噪声敏感建筑物集中区域夜间进行产生噪声的建筑施工作业的。

第八十一条 违反本法规定，有下列行为之一，由地方人民政府指定的部门责令改正，处五千元以上五万元以下的罚款；拒不改正的，处五万元以上二十万元以下的罚款，并可以报经有批准权的人民政府批准，责令停业：

（一）超过噪声排放标准排放社会生活噪声的；

（二）在商业经营活动中使用高音广播喇叭或者采用其他持续反复发出高噪声的方法进行广告宣传的；

（三）未对商业经营活动中产生的其他噪声采取有效措施造成噪声污染的。

2. 生态环境部办公厅《关于开展工业噪声排污许可管理工作的通知》

第一条 工作目标 依法逐步将排放工业噪声的企业事业单位和其他经营者（以下简称排污单位）纳入排污许可管理，推动排污单位申请取得排污许可证或者填报排污登记表，在“十四五”期间将工业噪声依法全部纳入排污许可证管理。

第二条 实施范围 按照《国民经济行业分类》（GB/T 4754）属于工业行业（行业门类为 B、C、D）的，且依据《固定污染源排污许可分类管理名录（2019 年版）》（以下简称《名录》）属于第 3 至 99 类应当纳入排污许可管理的排污单位。

属于《名录》第 3 至 99 类之外或者《名录》未作规定但确需纳入排污许可管理的排污单位，省级生态环境主管部门可根据《名录》第八条规定，提出其工业噪声排污许可管理建议，报我部确定。

第三条 适用标准 排污单位排污许可证的申请与核发适用《排污许可证申请与核发技术规范 工业噪声》（HJ 1301—2023）（以下简称《工业噪声技术规范》）要求。

第四条 实施方式 对于本通知发布后首次申请排污许可证的排污单位，应按照相关行业排污许可证申请与核发技术规范和《工业噪声技术规范》申请取得排污许可证，在排污许可证中一并记载工业噪声排污许可管理事项。

对于本通知发布前已经申请取得排污许可证的排污单位，应于2025年前完成工业噪声纳入排污许可证管理相关工作，可在排污许可证有效期届满或由于其他原因需要重新申请、变更排污许可证时，依据《工业噪声技术规范》，通过重新申请增加工业噪声排污许可管理事项。工业噪声排污许可管理事项可采用活页方式增加到排污许可证中，并在活页处加盖排污许可证审批部门公章。

对于纳入排污登记的排污单位，本通知发布后首次进行排污登记的，排污登记表中工业噪声管理相关内容应填报完整；本通知发布前已经进行排污登记的，待排污登记表延续或变更时增加工业噪声管理相关内容。

办案心得体会

自该项工作开展以来，常熟市检察院结合常熟市污染攻坚办公室推进的“两治一提升”专项治理行动，充分依托常熟市声学产业优势，主动对接生态环境部门、“苏州·中国声谷”国际声学产业技术研究院等单位，依法履职，推动形成专业技术支撑下的噪声污染防治执法司法合力，有效守护群众的“安静权”，相关做法被《检察日报》头版报道、在全省检察机关公益诉讼检察重点工作推进会上针对噪声污染防治工作作交流发言。

一、科技赋能监督，突出线索发现数字化

常熟市检察院与市便民服务中心建立民生热线公益诉讼线索移送机制，汇总全市群众反映的公益受损线索，目前已经收到涉噪声污染线索17条，经过检察官研判分析，共成案7件，覆盖社会生活、建筑施工、交通运输、工业生产四大领域。如推动整治深夜“炸街”、禁鸣笛区域乱鸣笛噪声污染案件，常熟市检察院调查核实后立案办理，通过检察建议、磋商函等形式推动问题治理。为解决交通领域噪声污染线索发现难和证据固定难的问题，常熟市检察院协同公安机关推进高速路、高架路集中区域属地政府在多个路段试点安装国际声学产业技术研究院开发的“违法鸣笛抓拍系统”，运用声学相机等声音监控设备作为执法辅助，从“捕捉噪声—定位车辆—车牌识别—固定证据—消息

推送”耗时不超过两秒，公安机关依托该系统对12人次12车辆进行行政处罚，推动整治交通领域噪声问题。

二、严格依法履职，推动解决问题技术化

结合常熟市工业企业众多，相关工业噪声污染投诉率高的现状，常熟市检察院将履职重点向工业噪声污染防治倾斜。联合苏州市常熟生态环境局、“苏州·中国声谷”国际声学产业技术研究院共同推进常熟市噪声治理技术交流会，会议邀请全市14个板块51家具有噪声污染治理需求或治理必要的企业参会，权威解读《噪声污染防治法》相关规定。会议还邀请了农村商业银行对绿色金融专项支持、绿色金融产品进行宣讲，让各企业充分了解金融领域在企业绿色发展上的资金支持政策，助力解决企业关于资金的相关顾虑，会议推动4家企业与“苏州·中国声谷”国际声学产业技术研究院达成合作意向，有利于解决噪声污染、降低投诉率。

三、凝聚治理合力，确保噪声防治长效化

常熟市检察院在“苏州·中国声谷”国际声学产业技术研究院挂牌设立“公益诉讼联络点”，作为线索收集点、信息交换点和业务培训点，以“小站点”推动公益“大保护”。联合公安、住建、城管、交通等7个相关职能部门及专家学者开展座谈，针对新修订的《噪声污染防治法》相关新增规定进行细化，协同生态环境局草拟《噪声污染防治法》部分条款部门职责分工方案。协同苏州市常熟生态环境局推动实施“噪声地图”试点项目建设，聚焦明职权、定方案、促治理，助力科学划定声环境功能区，提升群众品质生活。

模型团队成员：刘新、王睿智、刘宇

侵犯公民个人信息安全类案监督

江苏省昆山市人民检察院

关键词

政府信息公开　手机应用软件　个人信息保护　行政公益诉讼监督

要旨

为强化公民个人信息安全保障，检察机关构建侵犯公民个人信息安全法律监督模型，综合运用数据筛选、关键词检索等技术手段，筛查出违法违规获取、公开公民个人信息相关线索。针对部分行政机关违反规定直接公开未经处理的重要个人信息等行为，通过磋商沟通、检察建议等方式，督促相关行政机关对个人信息及时采取去标识化或隐匿化处理，并进一步健全信息公开审查制度，堵塞个人信息保护漏洞。同时，针对手机应用软件违规收集使用公民个人信息等问题，通过磋商，明细职责分工，由公安部门、市监部门督促应用软件开发、运营企业依法整改，消除公民个人信息违规收集、使用安全隐患，保障公民个人信息安全。

基本情况

昆山市检察院在开展个人信息安全领域公益诉讼专项行动中发现，住建部门在昆山市人民政府网站公开发布的文件中含有个人敏感信息，侵犯公民个人信息安全，有损社会公共利益。另发现，辖区内部分互联网企业开发、运营的手机应用软件未公开个人信息收集使用规则、未提供隐私政策，可能导致公民个人信息被泄露或滥用，存在安全隐患。由于网络信息总量较大且较为分散，昆山市检察院经充分调研后，探索构建侵犯公民个人信息安全法律监督模型，重点针对政务信息公开网站、手机应用软件开展监督。针对行政机关公开的政务信息，通过关键词筛查等方式对公开信息进行全面筛查，发现住建部门、卫健部门、乡镇政府等 5 家行政机关在信息公开过程中未充分履行审查义务，不当披露公民身份证件号码、家庭住址、家庭人均收入等敏感个人信息上千余条，对象涉及低保户等特殊群体。此外，针对手机应用软件，通过 App 权限检测技术对应用软件信息收集范围进行排查，并结合人工查验，共发现 5 款应用软件未提供用户账户注销功能；3 款应用软件未公开收集使用规则或隐私政策。

线索发现

2021 年底，昆山市检察院在开展个人信息安全领域公益诉讼专项监督中发现，住建部门在昆山市人民政府网站公开发布的《2014 年 3 季度低保低收入住房困难补贴家庭名单》、《2016 年度经适房和公租房符合申购条件名单》（索引号：014189633/2016 – 12277）、《2016 年低收入低保公示》（索引号：014189633/2016 – 09340）、《公租房租赁补贴年审家庭有关情况的公示》（文件编号：ksszfhcxjsj/2021 – 00085、索引号：ksszfhcxjsj/2021 – 00085）等多份文件中，公开披露申请人配偶姓名、身份证号码、家庭住址、私有住房人均面积、家庭人均收入等敏感个人信息，若被非法利用易导致自然人人格尊严或人身、财产安全受到侵害，有损社会公共利益。此外，在专项监督中发现我市互联网企业运营的“妈妈好服务端”“妈妈好母婴健康护理”等手机应用软件未公开个人信息收集使用规则和隐私政策，可能导致个人信息泄露或滥用，存在信息安全隐患。鉴于政务公开网站、手机 App 所涉信息数量巨大，可能存在其他类似的个人信息泄露或保护不当问题，故有必要通过构建侵犯公民个人信息安全法律监督模型开展类案监督。

数据分析方法

（一）数据来源

1. 手机应用软件开发单位及应用软件名（来源于企查查或天眼查等平台）
2. 行政机关公开信息（来源于政务信息公开官方网站）
3. 手机应用软件安装包（来源于互联网搜索引擎）

（二）数据要素

手机 App 信息数据要素包括：App 涉及的企业名称、App 软件名称、应用软件信息权限收集范围、是否超范围收集信息。

政务公开信息数据要素包括：来源网站、发布标题、发布时间、发布单位、姓名、证件号码、银行卡号、手机号码、居住地址。

（三）数据分析步骤

1. 政务信息公开官方网站

第一步：抓取并下载政务信息公开官方网站公示信息；

第二步：通过“住址”“出生日期”“公示”“名单”“账户”“身份证号”等关键词搜索定位疑似违规泄露个人信息相关内容，缩小线索筛查范围；

第三步：将筛选出来疑似违规泄露个人信息相关内容的线索进一步核验后，通过计算 Hash 值、屏幕录像的方式对包含敏感公民个人信息内容的网页进行固定，便于后续进行人工核实。

2. 手机应用软件

第一步：利用企查查、天眼查等平台，通过高级搜索限定省份地区和经营信息（在“App 应用”中选择“有”），筛选出手机应用软件开发运营企业，并在“知识产权”板块获取其享有软件著作权的应用软件名称；

第二步：利用百度、谷歌等搜索工具获取应用软件安装包，并利用 App 权限检测工具对应用软件信息收集范围进行排查，确认是否存在过度收集信息情形；

第三步：在前一步基础上，将筛选出来疑似违规泄露个人信息相关内容的线索，依托技术协助对 App 违规收集个人信息情形进行证据收集和固定。

（四）思维导图

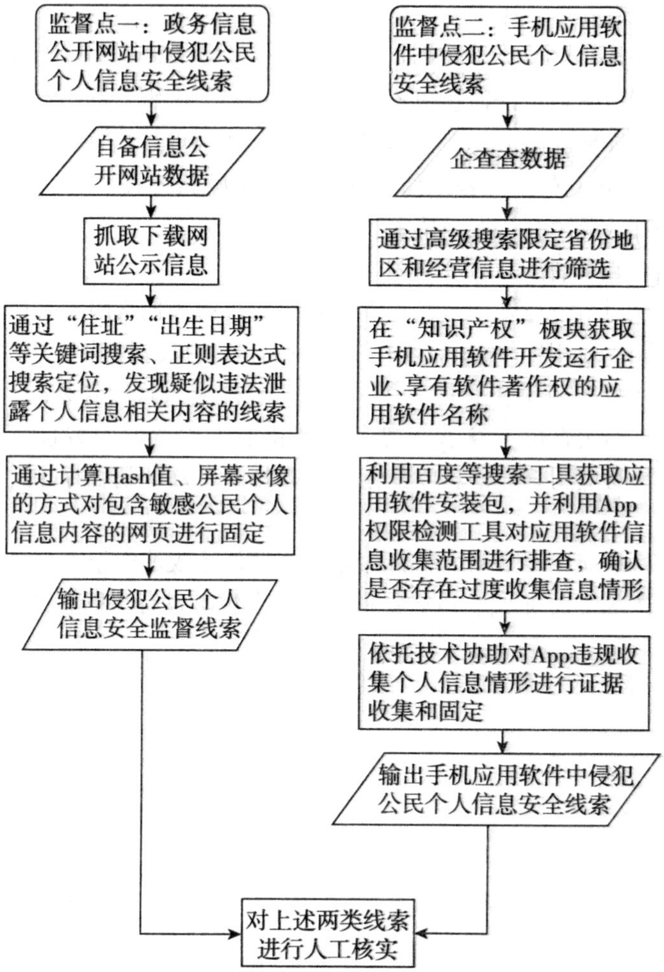

检察监督

依托监督模型发现住建部门、卫健部门等 5 家行政机关在政府信息公开过程中未充分履行审查义务，不当披露公民身份证件号码、家庭住址、家庭人均收入等敏感公民个人信息千余条，严重损害社会公共利益，遂启动行政公益诉讼诉前调查程序，向有关行政机关制发检察建议，督促其及时修正公示信息，堵塞公民个人信息泄露漏洞。有关行政机关及时开展全面排查，修正相关文件，对敏感公民个人信息进行去标识化处理，同时进一步完善信息公开审核流程，健全信息公开审核制度。此外，针对手机 App 违法违规收集、使用个人信息问题，在调查过程中发现该问题涉及多个监管部门，存在职能交叉。经与公安部门、市监部门充分磋商，明确各职能部门职责后，分别向公安部门、市监部门制发检察建议，督促行政机关加强公民个人信息安全保护，强化公共信息网络服务监管。

社会治理成效

为实现良好办案效果，推动个人信息保护工作长治长效，昆山市检察院得到市党委支持，依托《昆山市公益诉讼工作联席会议制度》，就手机 App 违法违规收集使用个人信息、政府信息公开内容侵权等问题会同住建部门等 8 家单位召开公益诉讼联席会议，多部门就统筹协调强化个人信息保护工作相关事项达成共识。为加强个人信息保护，最大限度消除个人信息泄露安全隐患，住建部门在落实检察建议要求整改到位的基础上进一步对信息发布相关系统予以优化，通过重新设计住房保障公示内容及模板，采用去标识化、匿名化处理身份证号码、住址等公示信息，确保个人信息使用不超出履行法定职责所必需的范围和限度。同时，对问题 App 企业集中送达风险提示函，倡导手机 App 开发运营企业签订绿色承诺书，推动企业依法依规经营。

法律法规依据

1.《中华人民共和国民法典》

第一百一十一条 自然人的个人信息受法律保护。任何组织或者个人需要获取他人个人信息的，应当依法取得并确保信息安全，不得非法收集、使用、加工、传输他人个人信息，不得非法买卖、提供或者公开他人个人信息。

第一千零三十四条 自然人的个人信息受法律保护。

个人信息是以电子或者其他方式记录的能够单独或者与其他信息结合识别特定自然人的各种信息，包括自然人的姓名、出生日期、身份证件号码、生物识别信息、住址、电话号码、电子邮箱、健康信息、行踪信息等。

个人信息中的私密信息，适用有关隐私权的规定；没有规定的，适用有关个人信息保护的规定。

第一千零三十八条 信息处理者不得泄露或者篡改其收集、存储的个人信息；未经自然人同意，不得向他人非法提供其个人信息，但是经过加工无法识别特定个人且不能复原的除外。

信息处理者应当采取技术措施和其他必要措施，确保其收集、存储的个人信息安全，防止信息泄露、篡改、丢失；发生或者可能发生个人信息泄露、篡改、丢失的，应当及时采取补救措施，按照规定告知自然人并向有关主管部门报告。

第一千零三十九条 国家机关、承担行政职能的法定机构及其工作人员对于履行职责过程中知悉的自然人的隐私和个人信息，应当予以保密，不得泄露或者向他人非法提供。

2. 《中华人民共和国网络安全法》

第八条 国家网信部门负责统筹协调网络安全工作和相关监督管理工作。国务院电信主管部门、公安部门和其他有关机关依照本法和有关法律、行政法规的规定，在各自职责范围内负责网络安全保护和监督管理工作。

县级以上地方人民政府有关部门的网络安全保护和监督管理职责，按照国家有关规定确定。

第二十二条第三款 网络产品、服务具有收集用户信息功能的，其提供者应当向用户明示并取得同意；涉及用户个人信息的，还应当遵守本法和有关法律、行政法规关于个人信息保护的规定。

第四十一条 网络运营者收集、使用个人信息，应当遵循合法、正当、必要的原则，公开收集、使用规则，明示收集、使用信息的目的、方式和范围，并经被收集者同意。

网络运营者不得收集与其提供的服务无关的个人信息，不得违反法律、行政法规的规定和双方的约定收集、使用个人信息，并应当依照法律、行政法规的规定和与用户的约定，处理其保存的个人信息。

3. 《中华人民共和国数据安全法》

第三十八条 国家机关为履行法定职责的需要收集、使用数据，应当在其履行法定职责的范围内依照法律、行政法规规定的条件和程序进行；对在履行职责中知悉的个人隐私、个人信息、商业秘密、保密商务信息等数据应当依法予以保密，不得泄露或者非法向他人提供。

4. 《中华人民共和国个人信息保护法》

第二条 自然人的个人信息受法律保护，任何组织、个人不得侵害自然人的个人信息权益。

第九条 个人信息处理者应当对其个人信息处理活动负责，并采取必要措施保障所处理的个人信息的安全。

第三十四条 国家机关为履行法定职责处理个人信息，应当依照法律、行政法规规定的权限、程序进行，不得超出履行法定职责所必需的范围和限度。

5. 《中华人民共和国居民身份证法》

第十三条第二款 有关单位及其工作人员对履行职责或者提供服务过程中

获得的居民身份证记载的公民个人信息，应当予以保密。

6.《中华人民共和国政府信息公开条例》

第十五条 涉及商业秘密、个人隐私等公开会对第三方合法权益造成损害的政府信息，行政机关不得公开。但是，第三方同意公开或者行政机关认为不公开会对公共利益造成重大影响的，予以公开。

第十七条第二款 行政机关应当依照《中华人民共和国保守国家秘密法》以及其他法律、法规和国家有关规定对拟公开的政府信息进行审查。

7. 全国人民代表大会常务委员会《关于加强网络信息保护的决定》

第一条 国家保护能够识别公民个人身份和涉及公民个人隐私的电子信息。

任何组织和个人不得窃取或者以其他非法方式获取公民个人电子信息，不得出售或者非法向他人提供公民个人电子信息。

第三条 网络服务提供者和其他企业事业单位及其工作人员对在业务活动中收集的公民个人电子信息必须严格保密，不得泄露、篡改、毁损，不得出售或者非法向他人提供。

第四条 网络服务提供者和其他企业事业单位应当采取技术措施和其他必要措施，确保信息安全，防止在业务活动中收集的公民个人电子信息泄露、毁损、丢失。在发生或者可能发生信息泄露、毁损、丢失的情况时，应当立即采取补救措施。

第十条 有关主管部门应当在各自职权范围内依法履行职责，采取技术措施和其他必要措施，防范、制止和查处窃取或者以其他非法方式获取、出售或者非法向他人提供公民个人电子信息的违法犯罪行为以及其他网络信息违法犯罪行为。有关主管部门依法履行职责时，网络服务提供者应当予以配合，提供技术支持。

国家机关及其工作人员对在履行职责中知悉的公民个人电子信息应当予以保密，不得泄露、篡改、毁损，不得出售或者非法向他人提供。

办案心得体会

公益诉讼检察是习近平法治思想在公益保护领域的原创性成果法制化，是大数据赋能的最佳“试验田”。检察机关在开展公益诉讼专项监督过程中，应主动践行“业务主导、数据整合、技术支撑、重在应用”要求，以案件办理为起点深化探索模型建设，以数字赋能促推法律监督工作提档升级。

一、突出业务主导，转变监督理念

在开展个人信息保护专项监督过程中，敏于发现、勤于思考，充分挖掘公益受损线索，及时分析总结隐患成因、问题规律。同时坚决摒弃就案办案观念，将监督思维与数据分析环环相扣、有机融合，主动探索构建类案监督模型，扩大监督覆盖面。

二、深化技术协作，盘活数据资源

充分发挥技术部门专业支撑作用，依托数据筛选、正则化算法等技术手段实现政务公开信息等海量数据的有效获取，同时通过数据处理手段让已有信息数据形式结构化、分析智能化，将海量网络数据从“沉睡”中唤醒激活，为公益诉讼线索发现奠定坚实基础。

三、注重完善治理，优化应用成效

为进一步拉长个人信息保护链条，推动个人信息保护工作长治长效，一方面应聚焦前端预防，通过倡导 App 开发运营企业集体签订绿色承诺书，优化企业法治营商环境；另一方面要聚焦末端治理，通过联席会议、圆桌会议等方式与职能部门深化沟通交流，凝聚公民个人信息保护共识，促进依法行政。

模型团队成员：谢玲玲、王亦泽、肖南、李龙、石俊峰

公共建筑无障碍设施配备不规范监督

江苏省张家港市人民检察院

关键词

无障碍设施　公共建筑　五同步　公益诉讼　强化监管

要旨

为提升公共建筑无障碍设施建设水平，检察机关聚焦公共建筑无障碍设施建设不规范问题，调取公共建筑信息，免图审项目信息，建筑施工图纸信息等数据与12345投诉公共建筑无障碍设施建设不规范数据进行关联碰撞，发现公共建筑无障碍设施未配备或配备不规范线索，进一步分析图纸设计阶段缺少无障碍设施设计和工程验收后不符合无障碍设施设计要求的监督线索，推动行政机关在督促整改、图纸审查、工程验收等环节加强监管，依法保障残疾人、老年人等特殊群体的合法权益，提升社会公共服务水平。

基本情况

2024年3月，张家港市检察院根据12345投诉相关内容反映，张家港市辖区内多处公共建筑存在无障碍设施建设不符合标准问题。如张家港市职工文体中心未按照图纸和无障碍建设规范施工，无障碍出入口、轮椅席位、无障碍厕所等设施不符合工程建设标准，妨碍残疾人、老年人自主安全进入和获取社会服务；张家港市第一集贸市场改建时未同步改造无障碍设施，临时改建后的出入口也不符合标准，极易导致车辆堵塞情况。检察机关通过实地走访、现场勘察、制发检察建议、召开磋商座谈会等方式，督促行政机关对近年来公共建筑无障碍设施情况开展专项整治，加强图纸审查、工程验收等环节的监管。

办案过程中，张家港市检察院通过调取公共建筑设计图、工程验收单等数据进行汇总比对分析发现，公共建筑无障碍设施建设在图纸设计、工程施工和工程验收阶段均存在不符合无障碍设施建设规范的问题。张家港市检察院针对上述问题搭建公共建筑无障碍设施图纸设计、工程验收环节监督模型，利用监督模型对公共建筑名单、免审公共建筑、免审图纸、工程验收单以及12345投诉公共建筑无障碍设施建设不规范等数据进行挖掘、分析，筛查出监督线索。

线索发现

张家港市检察院在办理公共建筑无障碍设施不规范案件中发现，个案背后有着一定的根源性问题。公共建筑无障碍设施在图纸设计、工程施工和工程验收等环节忽视了无障碍设施，并且问题存在一定的普遍性。经过进一步了解，设计环节问题主要发生在免审图的公共建筑上，验收环节主要是随意填写验收表格。通过调取公共建筑名单、免审公共建筑、免审图纸、工程验收单以及12345投诉公共建筑无障碍设施建设不规范的数据汇总、比对，筛查出监督线索，督促行政机关加强公共建筑图纸审查、施工监督和工程验收，从而提升公共建筑无障碍设施建设水平。

数据分析方法

（一）数据来源

1. 公共建筑信息、免图审项目信息、建筑施工图信息（来源于住建部门）
2. 12345数据（来源于12345便民服务中心）

（二）数据要素

针对公共建筑无障碍建设规范建设的要求，数据要素包括：公共建筑信息（建设单位、项目名称）、免图审项目信息（建设单位、项目名称）、建筑施工图信息（建设单位、项目名称、无障碍设施）（通过调取《建筑施工图设计说明》，运用OCR识别后通过关键词提取、梳理，是否包含“无障碍设施”关键词，若没有OCR识别等技术支持能力，可通过人工整理该字段项）、12345数据（标题或目的、诉求内容、场所名称、答复内容）。

（三）数据分析步骤

1. 无障碍设施未配备或未设计

第一步：将公共建筑信息的“建设单位”“项目名称”与免图审项目信息的“建设单位”“项目名称”进行关联，筛选出免图审的公共建筑信息。

第二步：将免图审的公共建筑信息的“建设单位”“项目名称”与建筑施工图信息的“建设单位”“项目名称”进行关联，筛选出“建设单位”“项目名称”一致的信息。

第三步：从上述数据中，筛选出“无障碍设施”为“无”的公共建筑，即为“公共建筑无障碍设施未配备或未设计”的线索。

2. 无障碍设施配备不规范或验收不规范

第一步：在12345数据的“诉求内容”中，筛选带有关键词“无障碍”的数据集合。

第二步：将上述数据集合中的“场所名称”与公共建筑信息中的“项目名称”关联，筛选出一致的信息，即为“无障碍设施配备不规范或验收不规范”的线索。

（四）思维导图

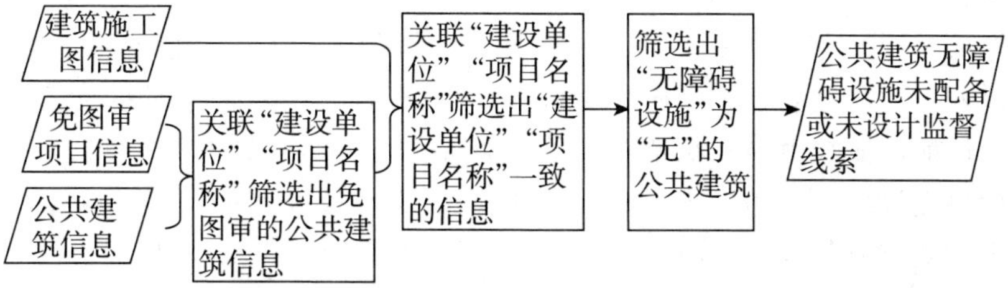

图1　无障碍设施未配备或未设计监督

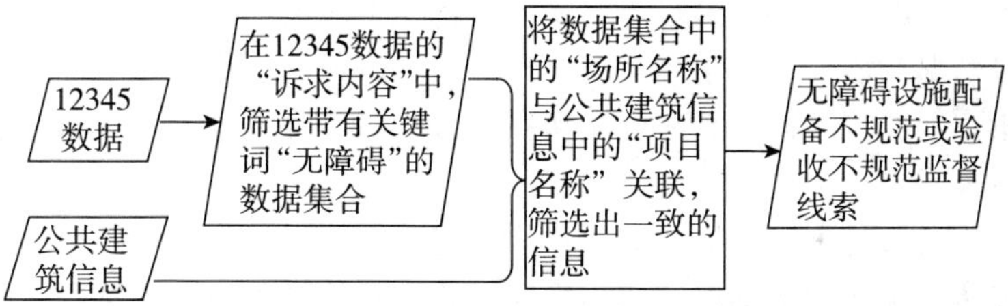

图2　无障碍设施配备不规范或验收不规范监督

检察监督

公益诉讼检察部门可以从以下三方面进行监督：一是对不符合无障碍设施要求的工程项目，督促行政机关加强监管，要求相关工程项目进行整改。二是针对图纸免审的公共建筑，未同步设计改造无障碍设施，督促行政机关加强对无障碍设施施工图的审查，进一步规范公共建筑无障碍设计。三是对未按照施工图施工，监理、验收不严，工程质量监管缺失，导致无障碍设施不符合工程建设标准、顺利通过验收的，督促行政机关加强对验收环节的监管，严格要求验收环节落实无障碍设施建设标准。

社会治理成效

（一）监督办案成效

运用该模型，张家港市检察院以公共建筑无障碍设施配备不规范以及未同步设计、未同步施工、未同步验收为监督重点，通过数据碰撞、分析、比对，发现监督线索。在此基础上，该院进一步将公共建筑无障碍设施建设延伸至同步规划和同步交付阶段，扩大监督线索发现范围。借助大数据模型，住建部门抽查本市 2024 年在建工程项目 20 个，对发现的 38 个问题要求施工单位整改并作为验收必查项。此外，检察机关对近年来涉民生项目公共建筑的无障碍设施建设情况开展专项整治，对高铁站、养老服务中心等公共建筑存在的缘石坡道、出入口坡度过高、无障碍厕所扶手设置细节不规范等 17 处问题集中督促整改。目前，该院由检察长带头办理相关行政公益诉讼案件 2 件，向住建部门发出检察建议 2 份。2024 年 10 月 21 日，该院与张家港市住建局会签《关于推进张家港市公共建筑无障碍环境建设协同治理的意见》，强化协作配合，加强对公共建筑无障碍环境建设的协同治理。

（二）推动类案办理

为做好类案监督，张家港市检察院对近年来涉民生项目公共建筑的无障碍设施建设情况开展专项整治，对高铁站、养老服务中心等公共建筑存在的缘石坡道、出入口坡度过高、无障碍厕所扶手设置细节不符合规范等 17 处问题集中督促整改。

以张家港市检察院开展的监督工作为基础，苏州市检察院通过对本市公共建筑无障碍设施建设情况综合研判推断，此类案件绝非个别现象，应当存在一批同类案件，有必要通过大数据分析开展专项监督。因此，苏州市检察院在全市检察机关推进开展公共建筑领域无障碍环境建设公益诉讼专项行动，通过创建及探索运用“公共建筑无障碍设施配备不规范监督模型”，对数据分析、比对，搜集、排查案件线索，全市检察机关立案办理相关行政公益诉讼案件 12 件，通过制发检察建议，督促行政机关依法履职。

（三）预期推广成效

1. 实现公共建筑无障碍设施“五同步”监管，扩大比对面。推动住建部门将无障碍设施建设作为验收必查项，将公共建筑无障碍设施的同步规划、同步设计、同步施工、同步验收、同步交付纳入筛查、比对碰撞范围，发现更多成案线索。

2. 丰富模型应用，提升碰撞精准度。以大数据法律监督平台为依托，在基础数据引入、关键词分类设置及提取等事项上不断完善，简化用户使用，实现高效、便捷获取相关线索。

3. 加强上下协同联动，推动区域无障碍环境建设。上下级检察院之间可以利用模型实现协同联动，通过专项行动推进类案监督办理，实现两级院联动督促监管，推动区域无障碍环境建设水平。

法律法规依据

1.《中华人民共和国无障碍环境建设法》

第七条 县级以上人民政府应当统筹协调和督促指导有关部门在各自职责范围内做好无障碍环境建设工作。

县级以上人民政府住房和城乡建设、民政、工业和信息化、交通运输、自然资源、文化和旅游、教育、卫生健康等部门应当在各自职责范围内，开展无障碍环境建设工作。

乡镇人民政府、街道办事处应当协助有关部门做好无障碍环境建设工作。

第十二条 新建、改建、扩建的居住建筑、居住区、公共建筑、公共场所、交通运输设施、城乡道路等，应当符合无障碍设施工程建设标准。

无障碍设施应当与主体工程同步规划、同步设计、同步施工、同步验收、同步交付使用，并与周边的无障碍设施有效衔接、实现贯通。

无障碍设施应当设置符合标准的无障碍标识，并纳入周边环境或者建筑物内部的引导标识系统。

第十五条 工程设计单位应当按照无障碍设施工程建设标准进行设计。

依法需要进行施工图设计文件审查的，施工图审查机构应当按照法律、法规和无障碍设施工程建设标准，对无障碍设施设计内容进行审查；不符合有关规定的，不予审查通过。

第十六条 工程施工、监理单位应当按照施工图设计文件以及相关标准进行无障碍设施施工和监理。

住房和城乡建设等主管部门对未按照法律、法规和无障碍设施工程建设标准开展无障碍设施验收或者验收不合格的，不予办理竣工验收备案手续。

第十八条 对既有的不符合无障碍设施工程建设标准的居住建筑、居住区、公共建筑、公共场所、交通运输设施、城乡道路等，县级以上人民政府应当根据实际情况，制定有针对性的无障碍设施改造计划并组织实施。

无障碍设施改造由所有权人或者管理人负责。所有权人、管理人和使用人之间约定改造责任的，由约定的责任人负责。

不具备无障碍设施改造条件的，责任人应当采取必要的替代性措施。

第二十一条 新建、改建、扩建公共建筑、公共场所、交通运输设施以及居住区的公共服务设施，应当按照无障碍设施工程建设标准，配套建设无障碍设施；既有的上述建筑、场所和设施不符合无障碍设施工程建设标准的，应当进行必要的改造。

第六十四条 工程建设、设计、施工、监理单位未按照本法规定进行建设、设计、施工、监理的，由住房和城乡建设、民政、交通运输等相关主管部门责令限期改正；逾期未改正的，依照相关法律法规的规定进行处罚。

第六十五条 违反本法规定，有下列情形之一的，由住房和城乡建设、民政、交通运输等相关主管部门责令限期改正；逾期未改正的，对单位处一万元以上三万元以下罚款，对个人处一百元以上五百元以下罚款：

（一）无障碍设施责任人不履行维护和管理职责，无法保障无障碍设施功能正常和使用安全；

（二）设置临时无障碍设施不符合相关规定；

（三）擅自改变无障碍设施的用途或者非法占用、损坏无障碍设施。

2.《无障碍环境建设条例》

第五条 国务院住房和城乡建设主管部门负责全国无障碍设施工程建设活动的监督管理工作，会同国务院有关部门制定无障碍设施工程建设标准，并对无障碍设施工程建设的情况进行监督检查。

国务院工业和信息化主管部门等有关部门在各自职责范围内，做好无障碍环境建设工作。

第九条 城镇新建、改建、扩建道路、公共建筑、公共交通设施、居住建筑、居住区，应当符合无障碍设施工程建设标准。

乡、村庄的建设和发展，应当逐步达到无障碍设施工程建设标准。

第十条 无障碍设施工程应当与主体工程同步设计、同步施工、同步验收投入使用。新建的无障碍设施应当与周边的无障碍设施相衔接。

第三十一条 城镇新建、改建、扩建道路、公共建筑、公共交通设施、居住建筑、居住区，不符合无障碍设施工程建设标准的，由住房和城乡建设主管部门责令改正，依法给予处罚。

办案心得体会

无障碍设施建设水平体现一个国家和社会的文明程度。公共建筑为人民群众使用，更应当关注无障碍设施的建设问题。合格的无障碍设施能够为残疾人、老年人带来生活便利，方便无障碍人士使用；不合格的无障碍设施影响到人民群众使用公共建筑。公益诉讼检察通过监督督促不合格的无障碍设施进行整改，并将检察办案覆盖设计环节、验收环节，从源头落实“五同步”的要求，提升公共建筑无障碍设施建设水平。具体做法如下：

一、提升监督质效

通过模型应用，发现公共建筑无障碍设施配备不规范的现象，检察机关通过办理行政公益诉讼案件督促相关部门整改的同时，在办案基础上还可以进一步提升监督质效延伸办案。

《中华人民共和国无障碍环境建设法》于2023年9月1日起实施，规定了无障碍设施应当与主体工程同步规划、同步设计、同步施工、同步验收、同步交付使用。从以往检察机关办理的无障碍设施行政公益诉讼案件看，检察机关的监督处于事后阶段，针对某一处无障碍设施提出整改意见，而未关注设计、验收环节的问题。在设计、验收环节如果未开展有效的监管，会造成更多的不达标建筑通过验收，造成反复施工的资源浪费，将监督的范围覆盖至设计、验收环节，更有利于从根源上解决问题。

根据《中华人民共和国无障碍环境建设法》《建设工程质量管理条例》的规定，建设行政主管部门对建设工程质量实施监督管理，工程建设、设计、施工、监理单位未按照无障碍环境的规定进行建设、设计、施工、监理的，建设主管部门应当进行监管。从法律依据上看，建设行政主管部门具有相应的监管职责。

二、发现监督线索

公共建筑包含的类型丰富，如医院、商场、文化中心、菜场、养老机构等，这些都与人民群众生活紧密相关，在无障碍设施的建设上应当严格按照规定配备、严格按照标准设计、严格按照标准组织验收。但实践当中，公共建筑无障碍设施出现的问题，都反映出在设计、施工、验收环节出现了监管漏洞。

（一）通过公共建筑信息、免图审项目信息、建筑施工图信息发现线索

公共建筑无障碍环境的设计问题大多出现在免审图的工程上，对于经过审图中心审定的图纸，因其有着严格的责任追究制度，所以审图中心审定的图纸很少会出现问题。根据审图的相关规定，对于三层以下民用住宅建筑、500平方米以下的市政配套用房、小于5000平方米的单项装饰装修工程等施工图纸属免审范围。因此，免审图的公共建筑是监督重点之一。

公共建筑设计资料均在城建档案馆保存，这些设计图纸形成了数据池，运

用OCR技术对设计图纸进行识别，判断该项目有无“无障碍设计”关键词，推送出设计环节缺少无障碍设施的图纸，这些图纸精准反映出在设计环节缺少无障碍设施的项目，检察机关经实地调查，开展公益诉讼办案。

（二）通过12345数据发现线索

人民群众在使用公共建筑无障碍设施过程中，能够发现相关问题，从12345关于无障碍设施的投诉进行筛选，与全市的公共建筑数据碰撞，筛选出关于公共建筑无障碍设施的投诉，发现公共建筑无障碍设施未配备或配备不规范问题。同时，可以根据这些问题进一步对比公共建筑数据（公共建筑投入使用视为已验收合格，因此也包含无障碍设施验收合格），对比数据，如验收合格，而实际却存在相应的问题，则可以得出结论，在验收环节未严格执行相关规定。公益诉讼检察办案在督促整改的同时，可以对验收环节进行监督，督促建设行政主管部门对施工、监理环节进行监管。

三、判断无障碍设施是否合格

无障碍设施的规则较为复杂，现行生效的标准主要有《无障碍设计规范》（GB 50763—2012）、《建筑与市政工程无障碍通用规范》（GB 55019—2021）、《无障碍设施施工验收及维护规范》（GB 50642—2021），具体判断时需要三个规则前后融会贯通。检察机关办案人员并不具备专业的设计及建筑知识，在这种情况下，需要向专业的人员学习和讨教，根据规则制作成重点监督表格。

在开发模型和检察办案中，将公共建筑无障碍设施的规则列为室外道路、无障碍机动车停车位、无障碍出入口、厕所、无障碍电梯、低位服务设施、无障碍标识七项内容，根据日常易出现问题的事项，又细化为71个监督点，制作公共建筑无障碍设施监督要点，融合了三个现行的无障碍规范。根据该办案要点，即可判断出此项无障碍设施是否合格，不仅解决了有没有的问题，还向好不好的标准看齐，提升了无障碍设施的建设标准。

四、做好源头治理

模型应用拓展了检察机关办理公共建筑无障碍设施的线索来源，办案中根据模型推送的线索，有针对性地提出检察建议，在指出公共建筑无障碍设施存在的具体问题后，进一步分析在设计和验收环节的监管不到位问题，提出的建议不仅注重无障碍设施的整改，还建议加强对设计、验收环节的监管，从源头上做好管控。

从办案实践中发现，无障碍设施工程验收由发包方、监理方、建设方自行组织，实践中存在对无障碍设施验收不重视的问题，无障碍设施验收表格简单，填表人随意填写，导致不符合无障碍设施验收标准的建筑通过验收。

针对此种情况，检察机关根据办案模型提取的监督规则，设计验收表格并函告住建部门推广使用。住建部门将检察机关专门设计的验收表格要求在验收中使用，大大增强了相关主体验收环节的责任心，从源头做好无障碍设施的监管工作。

模型团队成员：杨勇、闫振东、张天琪、蒋洲、袁峰

水域周边餐饮违法排污大数据监督

江苏省苏州市吴中区人民检察院

关键词

行政公益诉讼　水环境保护　违法排水　餐饮整治

要旨

针对水域周边部分餐饮主体违法排污的行为，调取水域周边行政审批部门市场经营主体信息筛选出从事餐饮服务的主体，再调取水务主管部门排水户办证数据，将两者通过数据比对初步锁定未办证餐饮清单，再通过与属地政府的雨污分流改造数据、污水预处理设施改造数据进行二次比对，进一步锁定存在污水直排、堵塞管网隐患的餐饮经营主体，根据线索情况实地调查走访，查明具体违法排水情形。综合运用圆桌会议、协调磋商、制发检察建议等方式开展专项监督，督促职能部门开展水域周边民宿（农家乐）等餐饮违法排污系统整治，助力水环境保护。

基本情况

苏州市吴中区人民检察院面对辖区内水域周边民宿（农家乐）数量众多，设立主体变更频繁，违法排水线索隐蔽性强、排查难度大等情况，立足公益诉讼检察职能，探索在办案中运用数字检察监督，调取行政审批局工商登记信息确定在营业的民宿（农家乐）清单，筛选出从事餐饮服务的经营主体，再剔除调取的水务部门已办证民宿（农家乐），得到未办证民宿（农家乐）清单，再次与属地政府雨污分流改造数据及污水预处理设施改造数据进行碰撞，筛选出存在违法排水隐患的民宿（农家乐）经营主体。细化线索后，实地走访调查，发现部分排水户未办理排水许可证或污水踏勘意见书，污水未排入城镇排水设施直排河湖，污水排放管道年久老化存在“跑冒滴漏”，排水户未安装油污预处理设施或进行隔油池改造导致油污处理不达标，污水井清掏不及时导致油污外溢污染环境等违法点。

线索发现

2022 年 12 月底，苏州市人民检察院向苏州市吴中区人民检察院移送市人大代表反映的线索，反映某民宿疑似存在违规排污情况，可能污染太湖水质。苏州市吴中区人民检察院初步调查发现，该民宿所在区域已经做了雨污分流，无明显生活污水直排太湖情况，选取 4 处点位进行水质采样，经检测水质均达到相关标准，但在走访过程中也发现多家民宿（农家乐）均存在未办证情况。根据相关法律法规，经营主体均应当办理排水许可证，苏州市水务局下发的《关于进一步规范餐饮业排水许可的通知》的文件要求，其中营业面积在 300 平方米以下的餐饮业排水户需办理污水现场勘查意见书；300 平方米以上的需按规定办理排水许可证。各类餐饮业排水户应当根据餐饮规模，配备符合要求的污水预处理设施（具体包括隔油池、格栅井、排水沟槽等），并要求定期、及时清掏和疏通，确保运行正常。通过走访水务部门座谈调研了解到，根据 2020 年的统计数据，苏州市吴中区民宿（农家乐）经营主体有 1000 余家，民宿（农家乐）数量众多，变更设立频繁，违法排水线索隐蔽性强，存在线索摸排发现的困难。

数据分析方法

（一）数据来源

1. 水域周边经营主体注册信息，包含经营状态、经营范围等（来源于行政审批部门）

2. 审批发放排水许可的餐饮商户信息（来源于水务部门）

3. 雨污分流工程改造信息、污水预处理设施改造信息（来源于属地政府）

（二）数据要素

1. 市场经营主体数据：来源于行政审批局，包含注册号、统一社会信用代码、企业名称、法定代表人、联系电话、经营状态、经营地址、经营范围

2. 排水许可信息：来源于水务局，包括县级市（区）、区域（具体到街道或乡镇）、行政相对人类型（法人及非组织、自然人、个体工商户）、企业名称、法定代表人姓名、行政许可决定文书名称、行政许可决定文书号、许可决定日期、许可有效期、许可机关

3. 完成雨污分流改造数据：来源于属地政府，包括企业名称、经营地址

4. 完成污水预处理设施改造数据：来源于属地政府，包括企业名称、经营地址

（三）数据分析步骤

第一步：针对水域周边经营主体注册信息中，经营范围为餐饮服务的进行过滤，得到从事餐饮服务的经营主体名单。

第二步：就步骤一中确定的经营主体名单与水务部门已发放排水证许可的数据进行比对碰撞，梳理出名单中尚未办理排水证的商户线索。

第三步：将得到的数据再次与调取的各区域雨污分流改造情况和污水预处理设施改造安装情况进行碰撞，梳理出存在污水直排、堵塞管网隐患的商户线索。

第四步：走访调查，深入核实。对筛选出存在违规排污隐患的民宿（农家乐）等餐饮经营主体进行实地走访调查，进一步确定是否存在污水直排河湖、排水管道堵塞、老化、滴漏、外溢等行为。根据走访调查情况形成排污违法点数据库，对于造成环境污染，损害社会公共利益的，依法开展行政公益诉讼检察监督。

（四）思维导图

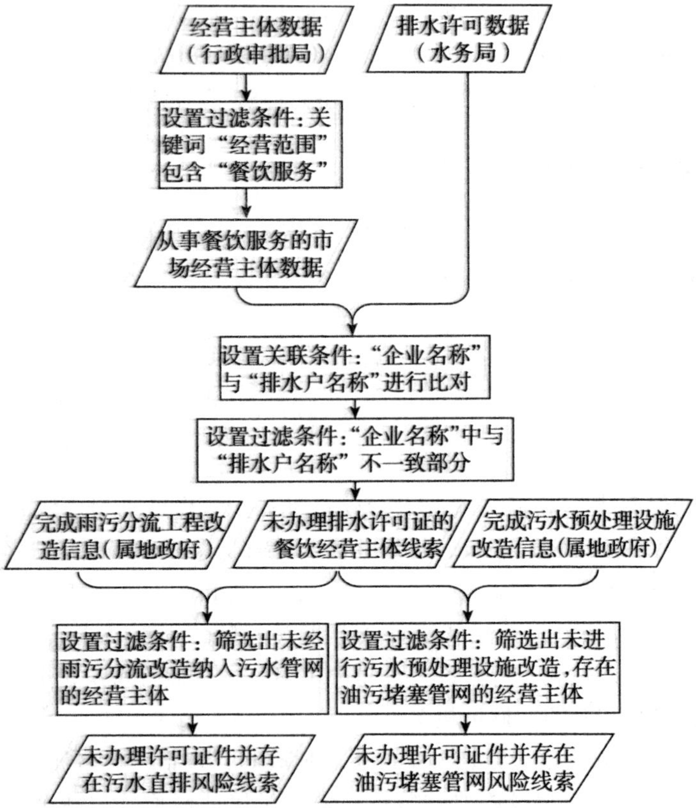

检察监督

2023 年 5 月 23 日、8 月 8 日吴中区院分别向金庭镇、东山镇人民政府制发检察建议，建议两属地落实主体责任，全面排查辖区内违法排水情况，对上述违法情形开展全面系统整治，依法依规推动辖区内民宿（农家乐）排水许可证、污水踏勘意见书办理。金庭镇、东山镇人民政府认真落实检察建议，成立排查整治小组，共排查民宿（农家乐）934 家，向存在问题的 146 家民宿（农家乐）下发整改通知单，完成 295 家民宿（农家乐）排水许可、踏勘备案工作。

社会治理成效

（一）监督办案成效

推动全市开展民宿（农家乐）违法排污专项监督，通过模型运用及实地调查，苏州市相城区、苏州工业园区、张家港市、太仓市、昆山市检察 5 家院累计发现排水户未办理排水许可手续，污水直排河湖，污水排放管道年久老化存在“跑冒滴漏”“管井外溢”，排水户未安装油污预处理设施或进行隔油池改造导致油污处理不达标、油污外溢污染环境等违法线索 49 处，应用立案 5 件，累计推动排查水域周边民宿（农家乐）等餐饮经营主体 1800 余家，推动 345 家水域周边餐饮服务机构办理排污许可手续、完善污水预处理设施。

（二）长效治理情况

吴中区院拓展案件办理成效，推动水务部门于 2024 年 3 月印发《关于进一步加强环太湖地区农家乐、民宿（含餐饮）排水行为整治的紧急通知》《吴中区农家乐、民宿（含餐饮）排水行为专项治理行动实施方案》，全面启动环太湖地区农家乐、民宿（含餐饮）排水行为排查，聚焦太湖新一轮综合治理方案，推进太湖地区农家乐、民宿（含餐饮）餐饮油污规范化管理。大数据法律监督模型全国上架后，被广东、江西等多地检察机关运用成案，有效助力各地水环境保护。

法律法规依据

1.《城镇排水与污水处理条例》

第二十一条　从事工业、建筑、餐饮、医疗等活动的企业事业单位、个体工商户（以下称排水户）向城镇排水设施排放污水的，应当向城镇排水主管部门申请领取污水排入排水管网许可证。城镇排水主管部门应当按照国家有关标准，重点对影响城镇排水与污水处理设施安全运行的事项进行审查。

排水户应当按照污水排入排水管网许可证的要求排放污水。

2.《城镇污水排入排水管网许可管理办法》

第四条 城镇排水设施覆盖范围内的排水户应当按照国家有关规定，将污水排入城镇排水设施。排水户向城镇排水设施排放污水，应当按照本办法的规定，申请领取排水许可证。未取得排水许可证，排水户不得向城镇排水设施排放污水。城镇居民排放生活污水不需要申请领取排水许可证。

在雨水、污水分流排放的地区，不得将污水排入雨水管网。

工程建设疏干排水应当优先利用和补给水体。

第十四条 排水户不得有下列危及城镇排水设施安全的活动：

（一）向城镇排水设施排放、倾倒剧毒、易燃易爆、腐蚀性废液和废渣；

（二）向城镇排水设施排放有害气体和烹饪油烟；

（三）堵塞城镇排水设施或者向城镇排水设施内排放、倾倒垃圾、渣土、施工泥浆、油脂、污泥等易堵塞物；

（四）擅自拆卸、移动、穿凿和接入城镇排水设施；

（五）擅自向城镇排水设施加压排放污水；

（六）其他危及城镇排水与污水处理设施安全的活动。

办案心得体会

苏州市吴中区地处太湖之滨，坐拥五分之三的太湖水域和近二分之一的太湖岸线，山水吴中孕育着传承千载的人文底蕴。生态是吴中区的立区之本，是发展优势所在，更是未来所系。模型设计研发以习近平生态文明思想为指导，以大数据法律监督工作方式为指引，深入贯彻党的二十大报告持续深入打好蓝天、碧水、净土保卫战，推动重要江河湖库生态保护治理，统筹水资源、水环境、水生态治理总体要求，结合本区域发展定位和环境优势，服务太湖水环境保护和高质量发展中心思想。

一、模型研发背景

太湖作为重要的水源地和涵养地，太湖水环境保护和整治有利于维护人民用水安全和社会环境效益，事关人民群众的共同的利益。近年来，民宿（农家乐）市场迅速发展，产品供给日渐多元，对促进文旅消费和满足群众个性美好生活提供了丰富的支持。民宿（农家乐）等水域周边餐饮主体设立变更频繁，存在违法排水线索隐蔽性强、排查难度大等问题，通过太湖沿线民宿（农家乐）专项整治，推动民宿基础设施完善、产业生态共建、区域品牌共创，更好助力乡村振兴和美丽江苏建设，为太湖治理与保护、“太湖民宿”品牌建设、乡村旅游经济发展注入检察动能。

二、模型运行路径

（一）数据获取是基础

模型构建依赖于四个方面的数据，皆来源于行政机关和地方政府，模型的成功运用以数据的成功调取为重要基础。承办人需要依托“检察长＋河长”府检协作机制，通过构建的会商机制、信息共享、案件办理上的联动方案，或行使调查核实权，调取相关餐饮经营主体办证数据、工商管理基础数据以及雨污分流改造和污水预处理设施改造情况。

（二）锁定调查方向为目的

模型运行后，通过对四组数据的筛选和碰撞可以得出具体的监督点，比如通过基础的市场经营主体工商信息与排水办证信息进行碰撞可以得出未办证餐饮经营主体这一监督点，根据相关法律规定，针对这一监督点可以开展公益诉讼监督。承办人根据办案实践发现，部分水域周边民宿（农家乐）虽然未办理相关许可手续，但已经完成雨污分流、污水预处理设施改造，不存在水环境污染隐患；部分民宿（农家乐）未办证且未进行雨污分流与污水预处理设施改造，存在污水直排、油污堵塞管道情况。通过数据的多次比对可以帮助锁定可能存在的污染问题的调查方向。

（三）辅助实地调查是关键

通过模型运行，碰撞出的可能存在违法情形的监督主体，通过实地踏勘、无人机航拍、水质快速检测等方式开展深入排查，确定具体违法情形。

三、模型运行意义

（一）以个案办理推动类案监督

检察机关以水污染防治为核心，聚焦民生关切，以水域周边餐饮违法排水为切入口，调取不同部门数据，通过简单数据碰撞、过滤精准筛查监督点，筛查未办理排水许可手续，存在污水直排、管道堵塞等隐患的餐饮经营主体线索，推动属地政府出台相关文件，开展全面整治，解决民宿（农家乐）等水域周边餐饮主体设立变更频繁，违法排水线索隐蔽性强、排查难度大问题。

（二）以推广应用提升监督成效

注重深入贯彻水环境保护和高质量发展中心思想，通过全国上架大数据法律监督模型在全国推广应用，服务各地区水域周边餐饮排污监督，扩大监督范围、提升监督质效，推动水环境溯源治理与保护，助力生态环境保护和乡村振兴发展。

模型团队成员：方振、袁灿华、张学丽、王学谦、顾正丰

司法救助线索筛查与监督

江苏省苏州市虎丘区人民检察院

关键词

大数据　弱势群体　司法救助

要旨

实践中检察机关控申部门开展司法救助工作，依靠人工摸排存在救助线索发现难、有遗漏问题。借助大数据思维，苏州市虎丘区人民检察院开发司法救助线索筛查与监督模型，将民政局、退役军人事务局、劳动监察部门等所涉欠薪案件，抚养费、赡养费未执行到位人员，低保人员、困难退役军人等困难群众数据，与检察机关案件所涉当事人、信访人数据进行碰撞，得到救助与监督线索。在人工审查的基础上，对符合救助条件的，不再要求申请人开具生活困难情况等相关证明材料，直接予以救助，提升救助质效。同时对碰撞出的线索主动开展支持起诉、执行监督、公益诉讼等监督评估，依职权开展监督。

基本情况

2023 年初，苏州市虎丘区人民检察院公益诉讼部门向控申部门移送了某生产、销售有毒有害食品案被害人之一陈某某可能存在需要救助的线索。控申部门在与陈某某取得联系后，详细了解到其系低保边缘重病困难户，智力残疾三级，患有高血压、肾功能积水等疾病需常年服药，在服用假药后原有基础疾病加重需救治，生活更加困难情况。核实情况后该院开通绿色通道及时予以救助。

线索发现

通过该救助案件的办理，虎丘区检察院发现案件中的被害人、其他当事人的具体困难、因案致困情况在案件卷宗中通常不会记录，需要检察机关主动联系当事人确定是否需要救助。而用大数据碰撞的方式可以更精准地挖掘救助线索，比如将检察机关刑事案件“被害人”信息与民政部门提供的“低保边缘”人群、“重症患者”、“残疾人”信息（姓名或身份证号）等进行碰撞，那么比对成功的被害人必然存在生活困难情况，如该案犯罪嫌疑人未予赔偿或无力赔偿，那么该被害人就符合司法救助的基本条件。针对该种情况，该院明确在核实被害人申请救助意愿、是否获得赔偿后，无须再要求提交各类证明，直接予以救助。对该线索，同步审查是否开展支持起诉、执行监督、公益诉讼等。

数据分析方法

（一）数据来源

1. 困难群众数据（来源于民政部门、劳动监察部门、退役军人事务局、法院执行部门、教育部门等）

民政部门低保、重症、残疾人等困难群众数据；劳动监察部门欠薪农民工数据；退役军人事务局困难退役军人数据；法院执行部门抚养、赡养、薪酬、人身侵权类执行未到位数据；教育部门贫困生数据等。

2. 检察环节涉及人员数据（来源于检察统一业务应用系统平台、网上信访信息系统）

检察业务应用系统刑事案件被害人、民事、行政、公益诉讼利益受损方数据、网上信访信息系统信访人数据。

（二）数据要素

困难群众的姓名、公民身份证号、户籍地等；检察环节涉及人员的姓名、公民身份证号、户籍地等。

（三）数据分析步骤

第一步：从检察业务应用系统中以“刑事案件被害人”“民事监督申请人”“行政监督申请人”为要素进行数据筛选，从信访信息系统中筛选信访人数据，将前述数据整合为检察环节涉及人员数据；

第二步：对民政部门低保、重症、残疾人等数据，劳动监察部门欠薪农民工数据，退役军人事务局困难退役军人数据，法院执行部门抚养、赡养、薪酬、人身侵权类执行未到位数据及教育部门贫困生数据等进行整合，归集为困难群众数据；

第三步：将检察环节涉及人员数据与困难群众数据以人员“姓名”为要素进行碰撞，碰撞出的重复人员即为救助与监督线索；

第四步：审核该线索是否符合救助条件，是否符合移送职能部门支持起诉、执行监督、公益诉讼等受理条件，从而启动相应办案程序。

（四）思维导图

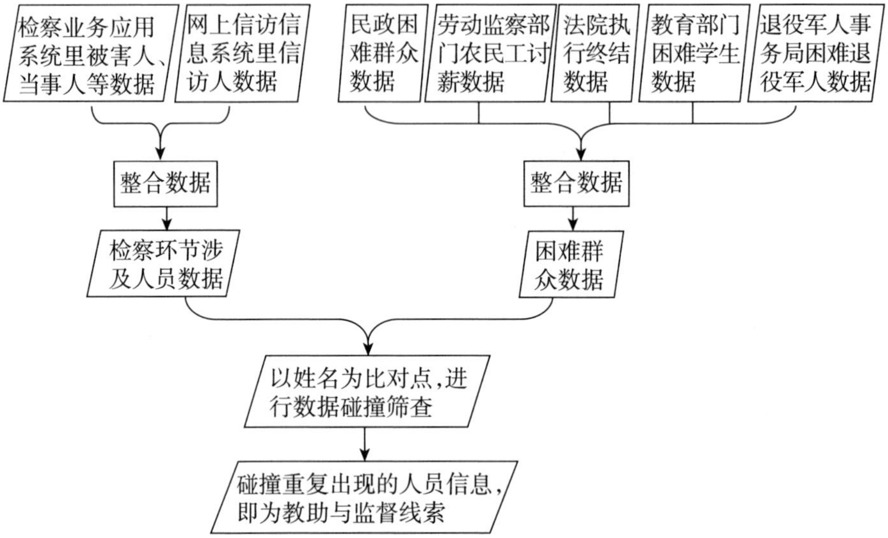

检察监督

（一）发现司法救助线索

虎丘区检察院运用大数据思维，将司法行政机关掌握的困难群众数据与本院业务系统中受理的刑事案件被害人、民行、公益诉讼案件利益受损方人员信息予以碰撞，重复人员即为司法救助线索，由控申部门承办干警进行进一步审查。

（二）与社会救助衔接，实现多元帮扶

以司法救助线索筛查为契机，与教育局、民政局、司法局、妇联、残联等单位协调会商，建立司法救助联盟，动员各方发挥职能和优势，采取多种救助帮扶措施，将“输血”式、“造血”式国家司法救助和社会救助有机结合起来，积极构建多方参与、多措并施的“1+N”多元救助格局，实现救助效果最优化。自机制建立以来，向相关部门移送社会救助线索5件，开展联合救助3件。

（三）移送支持起诉、执行监督、公益诉讼线索

模型碰撞出的线索，除应用于司法救助条件审查外，同步应用于检察监督线索审查，由相应业务部门审查是否启动支持起诉、执行监督、公益诉讼等办

案流程。如模型推送被欠薪农民工群体信息，将线索移送民事检察部门。该群体之前向劳动监察部门多次反映，又属于特殊弱势群体，民行部门经审查后作出支持起诉决定，控申部门对该群体区分个人困难情况进行救助。

社会治理成效

（一）充分挖掘救助线索，实现“应救助尽救助”

模型搭建以来，虎丘区检察院从区相关司法、行政部门获得外部数据5000余条，初步形成困难群众数据池。通过运行模型，已挖掘司法救助线索35件，成案30件，移送社会救助线索3件。

（二）拓宽救助对象范围

虎丘区检察院改变以往救助对象绝大多数为刑事案件被害人的情况，从民事侵权、民事执行、公益诉讼类案件挖掘新的救助增长点。比如，该院办理救助公益诉讼案件1件被害人5人，开展被欠薪农民工“支持起诉+司法救助”5件，救助民事侵权类未获赔偿的信访人3人等。

（三）简化办案流程，实现救助案件办理提质增效

对于模型推送的救助线索，虎丘区检察院通过简要核实家庭情况，不再要求申请人开具证明材料，让材料“瘦身”，让群众少跑腿，大幅缩减此类救助案件平均办案时长。

（四）实现司法救助为民和法律监督办案的双赢共进

通过大数据分析比对，在筛查司法救助为民线索的同时，能够挖掘法律监督线索，如对执行终结的案件，申请执行人前来信访，检察机关可依职权进行执行监督审查，又如对农民工讨薪案件，依职权启动是否支持起诉，更好地发挥信访的法律监督富矿功能。

法律法规依据

1. 最高人民检察院、国务院扶贫开发领导小组办公室《关于检察机关国家司法救助工作支持脱贫攻坚的实施意见》

第三条 人民检察院在办案过程中应当注重发挥司法人文关怀作用，依法开展对贫困当事人的国家司法救助工作，主动帮助其解决生活面临的急迫困难，改善生活环境。

扶贫部门在脱贫攻坚工作中应当将贫困当事人列为重点对象，突出问题导向，优化政策供给，实施精准扶贫、精准脱贫。

2. 最高人民检察院《关于全面加强未成年人国家司法救助工作的意见》

第六条　主动开展救助工作，落实内部职责分工

国家司法救助工作是检察机关的重要职能，对未成年人进行司法保护是检察机关的应尽职责，开展好未成年人国家司法救助工作，需要各级检察机关、检察机关各相关职能部门和广大检察人员积极参与，群策群力，有效合作，共同推进。

刑事申诉检察部门负责受理、审查救助申请、提出救助审查意见和发放救助金等有关工作，未成年人检察工作部门负责给予其他方式救助等有关工作。侦查监督、公诉、刑事执行检察、民事行政检察、控告检察等办案部门要增强依职权主动救助意识，全面掌握未成年人受害情况和生活困难情况，对需要支付救助金的，及时交由刑事申诉检察部门按规定办理；对需要给予其他方式帮助的，及时交由未成年人检察工作部门按规定办理，或者通知未成年人检察工作部门介入。

刑事申诉检察部门和未成年人检察工作部门要注意加强沟通联系和协作配合，保障相关救助措施尽快落实到位。

3.《人民检察院开展国家司法救助工作细则》

第二条　人民检察院开展国家司法救助工作，是人民检察院在办理案件过程中，对遭受犯罪侵害或者民事侵权，无法通过诉讼获得有效赔偿，生活面临急迫困难的当事人采取的辅助性救济措施。

第三条　人民检察院开展国家司法救助工作，应当遵循以下原则：

（一）应救助尽救助。凡是符合救助条件的当事人，均应当及时提供救助，有效化解矛盾纠纷。

（二）公平、合理救助。严格把握救助标准和条件，兼顾当事人实际情况和同类案件救助数额，做到公平、合理。

（三）属地救助。对符合国家司法救助条件的当事人，由办理案件地人民检察院负责救助。

（四）辅助性救助。对同一案件的同一当事人只救助一次，其他办案机关已经予以国家司法救助的，人民检察院不再救助。对于通过诉讼能够获得赔偿、补偿的，应当通过诉讼途径解决。

第七条　救助申请人符合下列情形之一的，人民检察院应当予以救助：

（一）刑事案件被害人受到犯罪侵害致重伤或者严重残疾，因案件无法侦破、已过追诉时效、加害人死亡或者没有赔偿能力，造成生活困难的；

（二）刑事案件被害人受到犯罪侵害致人身伤害，急需救治，无力承担医疗救治费用的；

（三）刑事案件被害人受到犯罪侵害致死或者丧失劳动能力，依靠其收入为主要生活来源的近亲属或者其赡养、扶养、抚养的其他人，因案件无法侦破、已过追诉时效、加害人死亡或者没有赔偿能力，造成生活困难的；

（四）刑事案件被害人受到犯罪侵害，致使财产遭受重大损失，因案件无法侦破、已过追诉时效、加害人死亡或者没有赔偿能力，造成生活困难的；

（五）举报人、证人、鉴定人因向检察机关举报、作证或者接受检察机关委托进行司法鉴定而受到打击报复，致使人身受到伤害或者财产受到重大损失，造成生活困难的；

（六）因道路交通事故等民事侵权行为造成人身伤害，无法通过诉讼获得赔偿，造成生活困难的；

（七）人民检察院根据实际情况，认为需要救助的其他情形。

办案心得体会

虎丘区院在贯彻落实“检护民生”专项行动中，以大数据赋能司法救助工作开展，升级打造司法救助线索筛查与监督模型，主动、高效、深度挖掘救助线索，切实推进“应救尽救”。

一、创新搭建数据模型，有效拓展救助覆盖面

积极从区相关部门获取低保、重症、残疾人等困难群众数据、欠薪农民工数据、困难退役军人数据等各类数据5000余条。从检察机关统一业务应用系统调取刑事案件被害人、民事、行政、公益诉讼利益受损方人员数据、从信访信息系统调取信访人数据。经比对，外部数据与内部数据重叠部分人员信息，即为涉案困难群众，有效拓展司法救助和帮扶覆盖面。通过模型碰撞，挖掘救助线索35件，已成案30件，与市院开展联合救助3件，移送社会救助线索3件，实现对因案致困的当事人更全面、更有效的帮扶。

二、实现证明材料免提交，帮扶效果高效长效

通过模型，开启司法救助工作实现由“被动”向“主动”上门问需的转变。同时，对于模型碰撞发现的救助线索，因前期各类外部数据已对其个人、家庭情况进行印证，只需核实司法救助申请人在案件中的损害赔偿情况与申请救助的意愿，无须申请人再提交各类证明材料。由此，模型推送的线索救助办理时长普遍缩短50%以上，真正实现及时高效。在办理被害人、残疾人陈某某救助案时，从发现线索到决定救助，用时仅5天。

三、积极拓展应用范围，扩大模型质效

模型碰撞出的线索，除应用于司法救助条件审查外，同步应用于检察职能

线索审查，由相应业务部门审查是否启动支持起诉、执行监督、公益诉讼等办案流程。如模型推送被欠薪农民工群体信访信息，将线索移送民事检察部门，经审查后依法作出支持起诉决定。目前，模型已推送支持农民工起诉线索5件，公益诉讼线索2件。

模型团队成员：田玲丽、胥飞飞、罗锐

涉企经济犯罪案件挂案清理刑事检察监督

江苏省苏州市人民检察院　苏州工业园区人民检察院

关键词

经济犯罪　监督撤案　强制措施

要旨

公安机关对涉嫌经济犯罪的企业或企业人员进行刑事立案后，因案件事实、证据未达移送审查起诉标准而未移送审查起诉，且不予撤案，使企业或者企业人员长期处于刑事诉讼不确定状态，影响企业正常经营发展。检察机关通过大数据模型，发现涉企挂案线索，监督公安机关对无继续侦查、起诉必要的案件及时撤案，为企业解除诉累。同时，通过排查公安机关对涉企人员采取强制措施情况，发现采取强制措施不当的侦查违法监督线索，进一步查明是否存在公安机关越权干预经济纠纷等违纪违法行为，切实保护企业合法权益，助力营造法治化营商环境。

基本情况

苏州工业园区人民检察院在办理郭某虚开增值税专用发票撤案监督案件过程中发现，公安机关存在立案1年以上未移送审查起诉、未作撤案处理的涉企经济犯罪案件，相关涉案企业及企业人员长期处于刑事诉讼不确定状态，影响企业正常经营发展。园区检察院以涉企经济犯罪案件挂案清理为出发点，探索经济犯罪案件撤案监督研判规则，助力涉企经济犯罪案件挂案清零。同时，通过运用大数据监督模型，一并排查公安机关对涉企涉案人员适用强制措施不当线索，发现并及时纠正公安机关越权干预经济纠纷问题，通过法律监督履职，减少经济犯罪案件办理对涉案企业产生的不利影响，为企业稳预期、强信心，激发市场主体发展活力，营造法治化营商环境，实现地区经济高质量发展保驾护航。

线索发现

江苏省苏州工业园区人民检察院在接受企业法律咨询时，收到苏州某电子科技有限公司实际控制人郭某反映称，其因涉嫌虚开增值税专用发票于2017年被公安机关立案侦查，至今该案未作出处理决定，影响企业正常经营发展。经与公安机关核实，郭某反映情况属实，该案立案后，公安机关于2017年5月对郭某取保候审，次年5月解除取保候审，但未将该案移送审查起诉、未作撤案处理，现该案处于“挂案”状态。

针对郭某反映的撤案监督线索，园区检察院随即依职权启动审查。经调取侦查卷宗，查明郭某为单位利益虚开增值税专用发票，抵扣税款7万余元。但郭某立案前已主动补缴全部税款，造成国家税款损失未达入罪标准，案件无继续侦查必要。根据《最高人民检察院、公安部关于公安机关办理经济犯罪案件的若干规定》第二十五条，2024年4月22日，园区检察院对该案监督撤案，同月24日，苏州市公安局苏州工业园区分局作出撤案决定。

经与公安机关沟通、获取经济犯罪案件办案数据，检察机关发现存在立案一年以上未结案的涉企经济犯罪案件需要分类清理，其中存在部分监督线索，有待运用大数据模型予以准确筛选识别。

数据分析方法

（一）数据来源

1. 公安机关涉企经济犯罪刑事案件信息（来源于公安机关）
2. 检察机关涉企经济犯罪刑事案件信息（来源于全国检察业务应用系统）

（二）数据要素

监督点1：“挂案”监督

1. 公安机关涉企经济犯罪刑事案件信息

案件名称、案由、犯罪嫌疑人或单位名称、立案日期、采取取保候审日期、解除取保候审日期、撤案或终止侦查日期。

2. 检察机关涉企经济犯罪刑事案件信息

案件类型、案件名称、案由、犯罪嫌疑人或单位名称、受理日期、审结日期、审结处理结果、一次退回日期、一次重报日期、二次退回日期、二次重报日期。

监督点2：强制措施适用不当监督

1. 公安机关涉企经济犯罪刑事案件信息

案件名称、案由、犯罪嫌疑人或单位名称、立案日期、采取刑事拘留日期、解除刑事拘留日期、采取监视居住日期、解除监视居住日期。

2. 检察机关涉企经济犯罪刑事案件信息

案件类型、案件名称、涉嫌案由、犯罪嫌疑人或单位姓名、受理日期、审结日期、审结处理结果。

监督点3：强制措施超期监督

公安机关涉企经济犯罪刑事案件信息

案件名称、案由、犯罪嫌疑人或单位名称、立案日期、采取刑事拘留日期、解除刑事拘留日期、采取监视居住日期、解除监视居住日期、采取取保候审日期、解除取保候审日期、拘传或传唤开始时间、拘传或传唤结束时间。

监督点4：强制措施程序不当监督

公安机关涉企经济犯罪刑事案件信息

案件名称、案由、犯罪嫌疑人或单位名称、立案日期、采取刑事拘留日期、解除刑事拘留日期、采取监视居住日期、解除监视居住日期、采取取保候审日期、解除取保候审日期、拘传或传唤开始时间、拘传或传唤结束时间。

（三）数据分析步骤

1. “挂案”监督

（1）立案后挂案

第一步：将公安机关涉企经济犯罪案件立案数据、撤案数据与检察机关受理案件数据相比对，得出公安机关已立案但未撤案且未移送审查起诉的涉企经济犯罪案件。

第二步：对发现的未移送、未撤案案件，将其中的取保候审适用情况作为检索条件，分别筛选已采取过取保候审强制措施及未采取过取保候审强制措施的案件。

第三步：对于已采取取保候审的案件，比对其解除取保候审时间距今是否已超过十二个月；对于未采取取保候审的案件，比对立案时间距今是否已超过二年。

第四步：对上述筛选出的案件进一步人工核查，根据案件不同情况进行分类处理。对于无继续侦查必要、无起诉必要的案件，依法监督撤案；对于仍有侦查必要、公安机关怠于侦查取证的案件，依法监督纠正。

（2）不捕或退查后挂案

第一步：将检察机关受理的涉企经济犯罪审查逮捕案件中审结处理结果限

定为“不批准逮捕”，将该不批准逮捕案件与检察机关受理的审查起诉案件相比对、与公安机关撤案数据相比对，得出检察机关不批准逮捕后长期未移送审查起诉、未撤案的涉企经济犯罪案件。

将检察机关受理的涉企经济犯罪一审公诉案件中“一次退查日期”“二次退查日期”不为空，但相应的重报日期为空的案件与公安机关撤案数据相比对，得出检察机关退回补充侦查后公安机关未重报的涉企经济犯罪案件。

第二步：对于前述筛选得出的案件，进一步人工核查，对于无继续侦查必要、无起诉必要的案件，依法监督撤案；对于仍有侦查必要、公安机关怠于侦查取证的案件，依法监督纠正。

2. 强制措施适用不当监督

（1）刑事拘留适用不当

第一步：将公安机关涉企经济犯罪案件中强制措施情况作为筛选要素，筛选得出采取刑事拘留强制措施的案件。

第二步：将公安机关采取刑事拘留强制措施的案件，与检察机关受理的涉企经济犯罪审查逮捕案件相比对，得出公安机关采取刑事拘留但未提请检察机关批准逮捕的案件。

第三步：进一步进行人工核查，对公安机关采取刑事拘留强制措施的必要性、合理性进行审查，分情况处理，得出公安机关对涉企人员不当采取强制措施、越权干预经济纠纷的侦查违法监督线索，或刑拘下行、降格处理的侦查违法监督线索。

（2）监视居住适用不当

第一步：将公安机关涉企经济犯罪案件中强制措施情况作为筛选要素，筛选得出采取监视居住强制措施的案件。

第二步：将公安机关采取监视居住强制措施的案件，与检察机关受理的涉企经济犯罪审查逮捕案件相比对，得出公安机关采取监视居住但未提请检察机关批准逮捕的案件和公安机关提请批准逮捕但检察机关不予批准逮捕的案件。

第三步：分类处理。

对于公安机关采取监视居住后未提捕案件，进一步人工核查，得出公安机关不符合法定条件采取监视居住强制措施的侦查违法监督线索。

对于检察机关不予批准逮捕，但公安机关采取监视居住强制措施的案件，进一步人工核查，得出公安机关对涉企人员不当采取强制措施、越权干预经济纠纷的侦查违法监督线索。

3. 强制措施超期监督

（1）刑事拘留超期限或不当延长

第一步：将公安机关涉企经济犯罪案件中的刑事拘留情况作为要素，比对采取刑事拘留日期和解除刑事拘留日期，得出刑事拘留日期超过七日、三十七日的案件。

第二步：分类处理。

对于刑事拘留超过七日的案件，进一步人工核查是否符合流窜作案、多次作案、结伙作案条件，得出刑事拘留不当延长的侦查违法监督线索。

对于刑事拘留超过三十七日的案件，得出刑事拘留超期的侦查违法监督线索。

（2）监视居住超期限

将公安机关涉企经济犯罪案件中的监视居住情况作为要素，比对采取监视居住日期与解除监视居住日期，得出监视居住期限超过六个月的侦查违法监督线索。

（3）取保候审超期限

将公安机关涉企经济犯罪案件中的取保候审情况作为要素，比对采取取保候审日期与解除取保候审日期，得出取保候审期限超过十二个月的监督线索。

（4）拘传或传唤超期限

第一步：将公安机关涉企经济犯罪案件中的拘传或传唤情况作为要素，比对拘传或传唤开始时间与拘传或传唤结束时间，得出拘传或传唤时间大于 12 小时的案件，得出拘传或传唤超期限的侦查违法监督线索。

第二步：进一步筛选未采取刑事拘留强制措施的案件，或筛选拘传或传唤时间大于 24 小时的案件，得出拘传或传唤超期限的侦查违法监督线索。

4. 强制措施程序不当监督

将公安机关涉企经济犯罪案件中，立案日期与首次采取强制措施日期相比对，筛选采取强制措施日期早于立案日期的案件，得出立案前对犯罪嫌疑人采取强制措施的侦查违法监督线索。

（四）思维导图

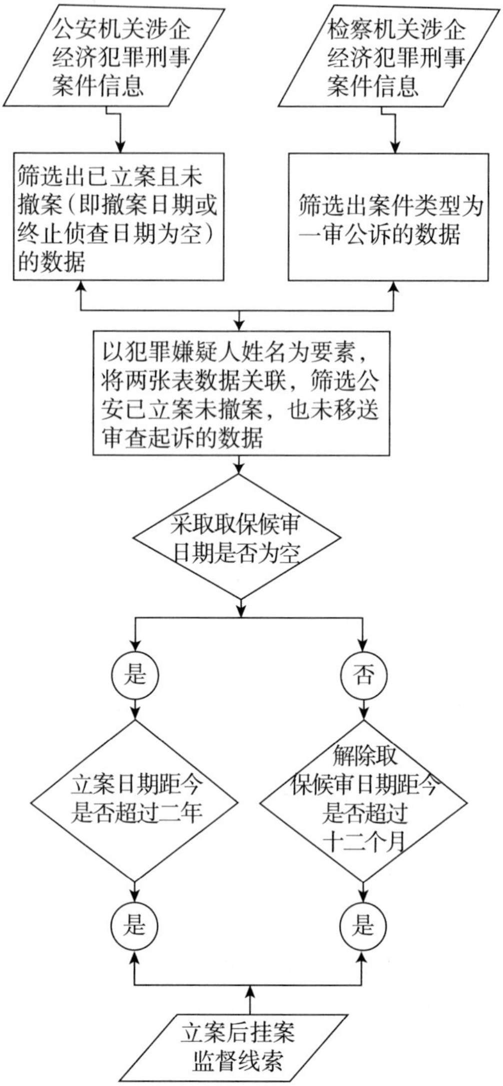

图1　“挂案”监督：立案后挂案

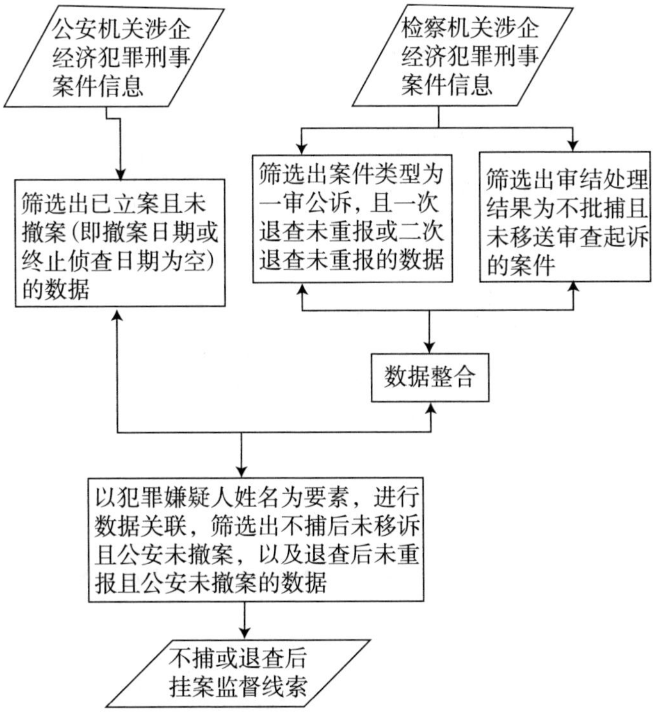

图 2　挂案监督：不捕或退查后挂案

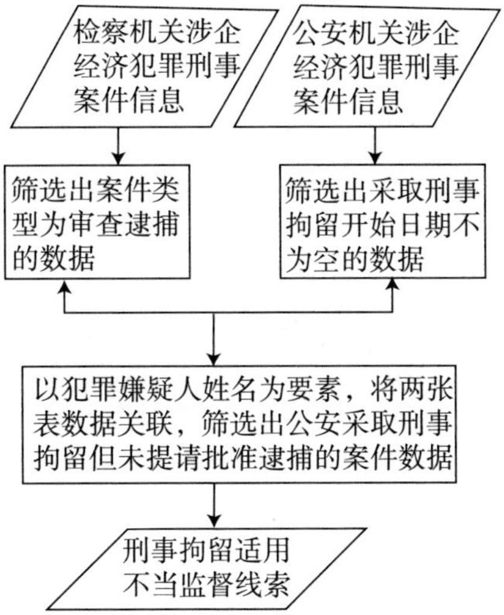

图 3　强制措施适用不当监督：刑事拘留适用不当

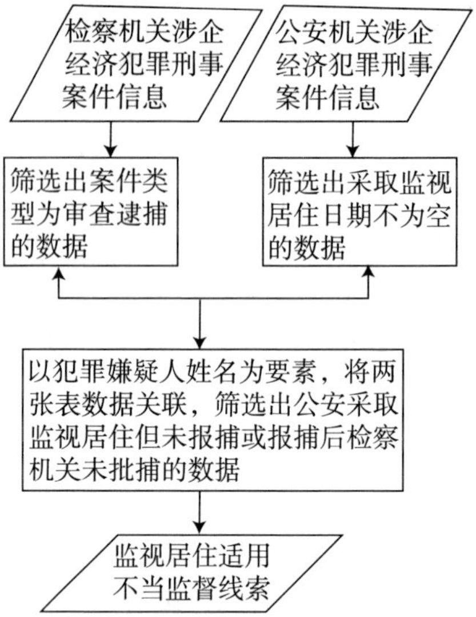

图 4　强制措施适用不当监督：监视居住适用不当

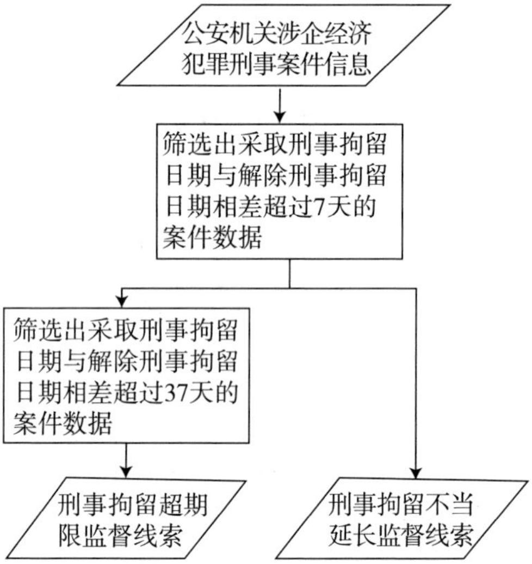

图 5　强制措施超期监督：刑事拘留超期限或不当延长

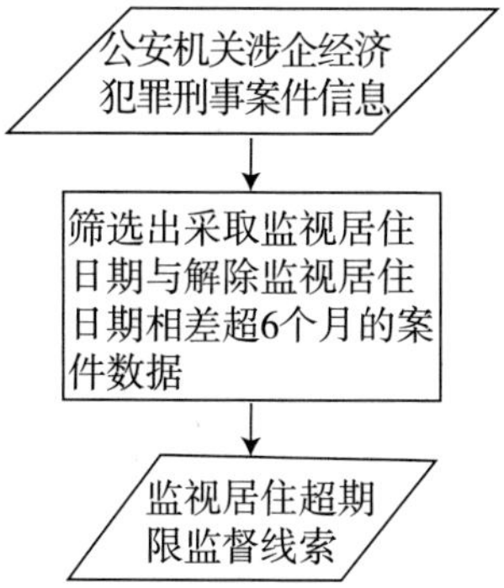

图 6　强制措施超期监督：监视居住超期限

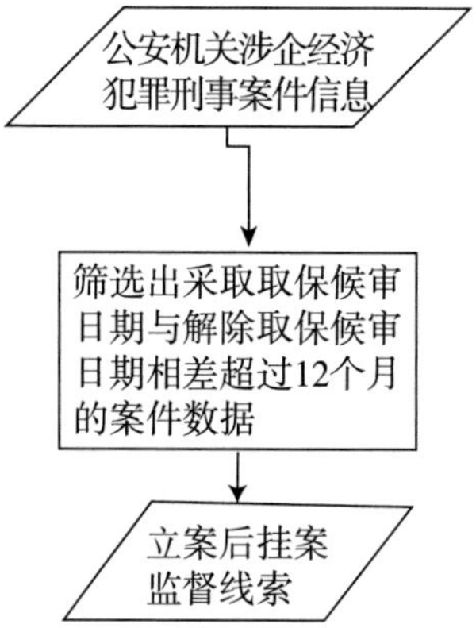

图 7　强制措施超期监督：取保候审超期限

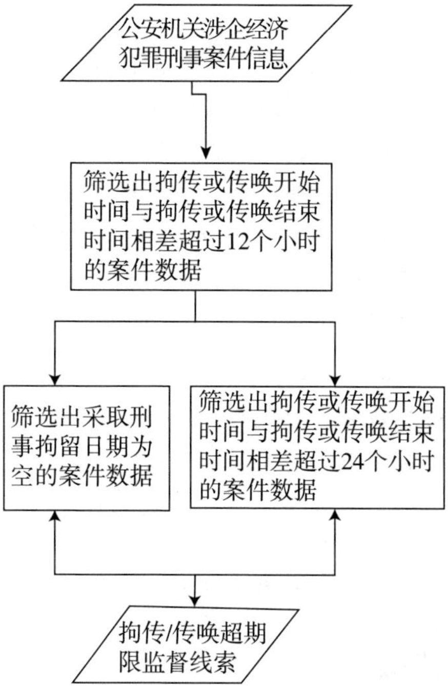

图 8　强制措施超期监督：拘传或传唤超期限

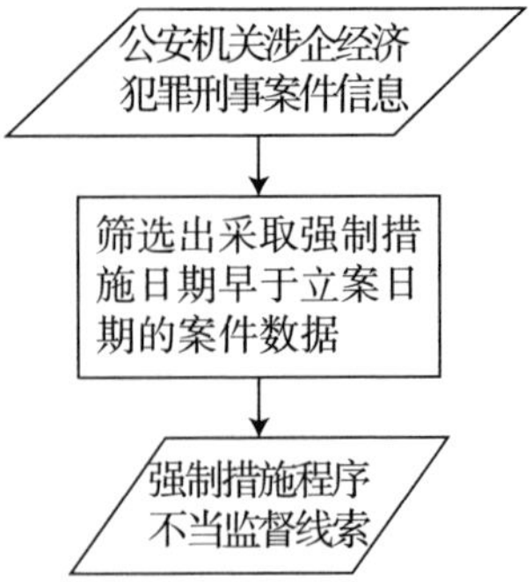

图 9　强制措施程序不当监督

检察监督

（一）涉企“挂案”撤案监督

苏州工业园区检察院运用大数据思维，依托侦查监督与协作配合机制，获取公安机关经济犯罪案件数据，通过运用涉企经济犯罪案件侦查监督模型进行筛查，发现 18 件涉企“挂案”并专人逐案核实，根据案件情况分别处理。通过调取侦查卷宗、与公安机关会商沟通，对于受损法益已经修复、无继续侦查起诉必要的案件，依法监督撤案或要求公安机关自行撤案。对于案件疑难复杂，有进一步侦查必要的案件，及时介入案件办理，引导公安机关加快侦查进展、移送审查起诉。现已将其中 17 件涉企“挂案”分类清理完毕。

（二）不当强制措施侦查违法监督

通过模型将公安机关对经济犯罪案件涉企涉案人员适用强制措施情况进行筛查，可发现公安机关对涉企人员采取刑事拘留强制措施但未提请检察机关批准逮捕的案件，进一步排查是否存在公安机关越权干预经济纠纷的监督线索。通过将公安机关对涉企人员采取强制措施起止时间进行运算，可排查是否存在强制措施适用超期限、立案前采取强制措施等侦查违法监督线索。

社会治理成效

苏州工业园区检察院通过建立并运用涉企经济犯罪案件侦查监督模型，扩大了撤案监督线索来源，促进系统、高效排查涉企“挂案”。在对已有涉企“挂案”监督清理的同时，为长效提升涉企经济犯罪案件办理质效，园区检察院与公安机关进一步建立涉企案件每月双向通报、案件数据共享、疑难案件定期会商机制。通过提前介入案件办理、引导侦查取证，将涉企“挂案”与不当强制措施消灭于未然。从而实现涉企经济犯罪案件办案质效的提升，促进公安机关规范执法，从源头减少企业因深陷刑事诉讼而遭受的不利影响，保障市场交易的稳定与安全，保障企业健康发展。

法律法规依据

1.《中华人民共和国刑事诉讼法》

第七十四条 人民法院、人民检察院和公安机关对符合逮捕条件，有下列情形之一的犯罪嫌疑人、被告人，可以监视居住：

（一）患有严重疾病、生活不能自理的；

（二）怀孕或者正在哺乳自己婴儿的妇女；

（三）系生活不能自理的人的唯一扶养人；

（四）因为案件的特殊情况或者办理案件的需要，采取监视居住措施更为适宜的；

（五）羁押期限届满，案件尚未办结，需要采取监视居住措施的。

对符合取保候审条件，但犯罪嫌疑人、被告人不能提出保证人，也不交纳保证金的，可以监视居住。

监视居住由公安机关执行。

第七十九条 人民法院、人民检察院和公安机关对犯罪嫌疑人、被告人取保候审最长不得超过十二个月，监视居住最长不得超过六个月。

在取保候审、监视居住期间，不得中断对案件的侦查、起诉和审理。对于发现不应当追究刑事责任或者取保候审、监视居住期限届满的，应当及时解除取保候审、监视居住。解除取保候审、监视居住，应当及时通知被取保候审、监视居住人和有关单位。

第九十一条 公安机关对被拘留的人，认为需要逮捕的，应当在拘留后的三日以内，提请人民检察院审查批准。在特殊情况下，提请审查批准的时间可以延长一日至四日。

对于流窜作案、多次作案、结伙作案的重大嫌疑分子，提请审查批准的时间可以延长至三十日。

人民检察院应当自接到公安机关提请批准逮捕书后的七日以内，作出批准逮捕或者不批准逮捕的决定。人民检察院不批准逮捕的，公安机关应当在接到通知后立即释放，并且将执行情况及时通知人民检察院。对于需要继续侦查，并且符合取保候审、监视居住条件的，依法取保候审或者监视居住。

第一百一十三条 人民检察院认为公安机关对应当立案侦查的案件而不立案侦查的，或者被害人认为公安机关对应当立案侦查的案件而不立案侦查，向人民检察院提出的，人民检察院应当要求公安机关说明不立案的理由。人民检察院认为公安机关不立案理由不能成立的，应当通知公安机关立案，公安机关接到通知后应当立案。

第一百一十五条 公安机关对已经立案的刑事案件，应当进行侦查，收集、调取犯罪嫌疑人有罪或者无罪、罪轻或者罪重的证据材料。对现行犯或者重大嫌疑分子可以依法先行拘留，对符合逮捕条件的犯罪嫌疑人，应当依法逮捕。

第一百一十九条 对不需要逮捕、拘留的犯罪嫌疑人，可以传唤到犯罪嫌疑人所在市、县内的指定地点或者到他的住处进行讯问，但是应当出示人民检察院或者公安机关的证明文件。对在现场发现的犯罪嫌疑人，经出示工作证件，可以口头传唤，但应当在讯问笔录中注明。

传唤、拘传持续的时间不得超过十二小时；案情特别重大、复杂，需要采取拘留、逮捕措施的，传唤、拘传持续的时间不得超过二十四小时。

不得以连续传唤、拘传的形式变相拘禁犯罪嫌疑人。传唤、拘传犯罪嫌疑人，应当保证犯罪嫌疑人的饮食和必要的休息时间。

2.《人民检察院刑事诉讼规则》

第五百五十一条 人民检察院对刑事诉讼活动实行法律监督，发现违法情形的，依法提出抗诉、纠正意见或者检察建议。

人民检察院对于涉嫌违法的事实，可以采取以下方式进行调查核实：

（一）讯问、询问犯罪嫌疑人；

（二）询问证人、被害人或者其他诉讼参与人；

（三）询问办案人员；

（四）询问在场人员或者其他可能知情的人员；

（五）听取申诉人或者控告人的意见；

（六）听取辩护人、值班律师意见；

（七）调取、查询、复制相关登记表册、法律文书、体检记录及案卷材料等；

（八）调取讯问笔录、询问笔录及相关录音、录像或其他视听资料；

（九）进行伤情、病情检查或者鉴定；

（十）其他调查核实方式。

人民检察院在调查核实过程中不得限制被调查对象的人身、财产权利。

3. 最高人民检察院、公安部《关于公安机关办理经济犯罪案件的若干规定》

第二十五条 在侦查过程中，公安机关发现具有下列情形之一的，应当及时撤销案件：

（一）对犯罪嫌疑人解除强制措施之日起十二个月以内，仍然不能移送审查起诉或者依法作其他处理的；

（二）对犯罪嫌疑人未采取强制措施，自立案之日起二年以内，仍然不能移送审查起诉或者依法作其他处理的；

（三）人民检察院通知撤销案件的；

（四）其他符合法律规定的撤销案件情形的。

有前款第一项、第二项情形，但是有证据证明有犯罪事实需要进一步侦查的，经省级以上公安机关负责人批准，可以不撤销案件，继续侦查。

撤销案件后，公安机关应当立即停止侦查活动，并解除相关的侦查措施和强制措施。

撤销案件后，又发现新的事实或者证据，依法需要追究刑事责任的，公安机关应当重新立案侦查。

第三十一条 公安机关决定采取强制措施时，应当考虑犯罪嫌疑人涉嫌犯罪情节的轻重程度、有无继续犯罪和逃避或者妨碍侦查的可能性，使所适用的强制措施同犯罪的严重程度、犯罪嫌疑人的社会危险性相适应，依法慎用羁押性强制措施。

采取取保候审、监视居住措施足以防止发生社会危险性的，不得适用羁押性强制措施。

4.《公安机关办理刑事案件程序规定》

第八十一条 公安机关对具有下列情形之一的犯罪嫌疑人，可以取保候审：

（一）可能判处管制、拘役或者独立适用附加刑的；

（二）可能判处有期徒刑以上刑罚，采取取保候审不致发生社会危险性的；

（三）患有严重疾病、生活不能自理，怀孕或者正在哺乳自己婴儿的妇女，采取取保候审不致发生社会危险性的；

（四）羁押期限届满，案件尚未办结，需要继续侦查的。

对拘留的犯罪嫌疑人，证据不符合逮捕条件，以及提请逮捕后，人民检察院不批准逮捕，需要继续侦查，并且符合取保候审条件的，可以依法取保候审。

第一百九十一条 公安机关对已经立案的刑事案件，应当及时进行侦查，全面、客观地收集、调取犯罪嫌疑人有罪或者无罪、罪轻或者罪重的证据材料。

办案心得体会

苏州工业园区人民检察院开发涉企经济犯罪侦查监督模型，运用大数据赋能检察监督，打破数据壁垒，全面、系统、高效排查涉企“挂案”及采取强制措施不当违法行为，有效提升涉企经济犯罪案件办理质效。

一、以监督模型突破数据壁垒，扩大监督线索来源，消灭涉企“挂案”存量

对立案侦查后事实、证据无法达到移送审查起诉标准的涉企经济犯罪案件，公安机关长期“挂案不结”，既未继续开展有效侦查，也未作撤案处理，导致企业是否应当受刑事处罚处于悬而未决状态，长期为刑事诉讼所累，严重影响企业正常生产经营，应当依法予以监督。但由于此类案件未进入检察环节，检察机关不掌握案件数据，以致无法及时发现监督线索。对此，不能以“等、靠、要”的方式被动等待线索出现，而应当建立数字检察思维，运用大数据监督模型化被动为主动。通过研判监督规则，对案件“关键数据”运算筛查，从海量数据信息中高效、准确发现监督线索，从而打破信息壁垒，全面、系统、准确筛查涉企“挂案”，赋能“挂案”清理工作的开展。

二、以个案提炼监督规则，围绕实践需求拓展模型监督事项，提升监督效能

检察机关监督办案，应当善于将监督思维与数据分析有机融合，从个案出发提炼监督规则，发现监督的“关键点”，以此推广适用于类案办理，实现“办案一件、治理一片”的良好监督效果。通过办理郭某虚开增值税专用发票撤案监督案，发现大量存在的“挂案”清理监督需求，通过对该案监督依据的分析，提炼“立案时间”“采取及解除强制措施时间”“撤案时间”等关键数据要素，以此设计模型运算筛选规则，可以实现对所有经济犯罪案件是否存在挂案情形的排查。在模型设计上，针对涉企案件中可能存在的对涉企人员不当采取强制措施、越权干预经济纠纷等问题，一并设计监督规则排查线索，拓展模型监督事项，丰富模型应用场景，以此实现对涉企案件侦查违法情形的全面监督，减少企业因陷入刑事诉讼产生的不利影响。

三、建立常态化协作沟通机制，长效提升涉企经济犯罪案件办案质效，遏制涉企“挂案”增量

运用模型清理既有涉企“挂案”只是第一步，提升涉企经济犯罪案件办案质效，从源头减少刑事诉讼对涉案企业合法生产经营带来的不利影响，更是“检察护企”专项行动的应有之义。为此，应当建立侦检协作配合的常态化机制，与大数据模型应用形成护企合力，在消灭“存量”的同时，遏制涉企“挂案”、不当强制措施“增量”。通过与公安机关开展涉企案件每月双向通报、共享涉企案件数据、疑难复杂案件会商等常态化机制，不仅能对已有的涉企挂案案件进行监督清理，更能通过提前介入涉企经济犯罪案件办理，引导公安机关侦查取证，以此促进公安机关规范执法，将侦查违法消灭于未然，从而实现涉企经济犯罪案件办案质效的长效提升。

模型团队成员：卞叶、吴玥、冯超男、王奕文、陈赟、柏露

校园周边违规经营及违规向未成年人销售烟、酒、彩票监督

江苏省苏州市人民检察院

关键词

售烟　售酒　彩票　校园周边　涉未公益诉讼

要旨

为严格落实《未成年人保护法》要求，检察机关搭建校园周边违规经营及违规向未成年人销售烟、酒、彩票监督模型，解决商家违规向未成年人销售烟、酒、彩票，以及校园周边违规设立烟、酒、彩票销售网点等问题。模型以数据筛选、关键词检索、地理坐标信息测算等方式，输出违规向未成年人销售烟、酒、彩票线索，在中小学、幼儿园周边违规设立烟、酒、彩票销售网点或违规经营等线索。检察机关通过行政公益诉讼检察建议书、线索移送函等方式，督促行政主管部门履职到位；督促商家提高经营者守法意识，净化未成年人成长社会环境。

基本情况

苏州市检察机关在办理涉未成年人刑事案件中发现，商家违规向未成年人销售烟、酒、彩票等问题时有发生，成为引发未成年人违法犯罪或遭受侵害的重要社会原因之一。但相关行政主管部门难以及时发现商家违规销售的线索，或者发现后怠于监管处罚，有些商家多次违规销售，屡罚不改，侵犯未成年人合法权益。基层检察院虽对这一问题点状开展相关公益诉讼案件，但因涉未成年人刑事案件数量大等原因可能会遗漏监督线索，且各区域监督线索不互通，存在跨区县线索遗漏等问题。

为此，苏州市检察院在进行充分调研后，搭建校园周边违规经营及违规向未成年人销售烟、酒、彩票监督模型，将涉未成年人刑事案件的电子卷宗、法

律文书导入模型，通过设置“烟、酒、彩票、福彩、体彩”等关键词进行全文检索及关键词匹配，快速定位商家违规销售线索，再结合人工研判分析、实地走访调查，确定有效监督线索。同时，延伸治理链条，通过地理坐标信息，测算出在学校周边特定距离以内设立销售烟、酒、彩票等场所的线索。2022年以来，全市检察机关依托该监督模型，办理涉未成年人公益诉讼案件55件，有效提升全市未检综合履职质效。

线索发现

2022年初，苏州市检察院通过梳理办案经验，构建违规向未成年人销售烟、酒、彩票监督模型，推送线索给全市基层检察院核查。昆山市检察院在核查线索时发现，某刑事案件中被害人任某某（女，时年13周岁）到昆山市某小区超市购买了6瓶酒精饮料（酒精度8%），与被告人张某某、刘某某在其租住的家中饮酒，后张某某、刘某某趁任某某醉酒，对任某某实施性侵。应用监督模型，昆山市检察院进一步梳理出商家向涉案未成年人售酒线索13条，与市场监管局行政处罚数据进行比对，锁定未处罚到位的问题场所线索3条。针对多家商家违法向未成年人售酒问题，昆山市检察院启动行政公益诉讼程序，向昆山市场监督管理局发出检察建议，市场监督管理局对涉案3家违规商家分别给予警告、没收违法所得、罚款等行政处罚。

数据分析方法

（一）数据来源

1. 违规销售商家信息（来源于检察业务应用系统）

2. 行政处罚信息（来源于烟草、市场监管、民政、体育等单位）

3. 学校信息（来源于教育局或企查查）

4. 学校周边经营场所信息（来源于地图信息）

（二）数据要素

1. 违规销售商家信息包含数据要素：部门受案号、案件名称、案件类别、立案时间、未成年人姓名、承办单位、承办人、商家名称、销售种类；

2. 行政处罚信息包含数据要素：行政处罚机关、处罚相对人名称、处罚内容、处罚时间；

3. 学校信息包含数据要素：学校名称、学校地址（通过学校地址，以API接口方式调取地图类应用程序信息中学校的地理坐标信息）；

4. 学校周边经营场所信息包含数据要素：店名、经营内容、地址、周边学校名称、离学校距离、地区（通过学校的地理坐标信息，在地图类应用程序中搜索距离200米以内、查询内容包含烟、酒、彩票、网吧等商家信息）。

（三）数据分析步骤

1. 商家违规向未成年人销售烟、酒、彩票线索

第一步：通过“案件类别”的数据要素，筛选涉未成年人一审公诉案件，提取涉未成年人刑事案件的侦查卷宗、审查报告等文书，整合为涉未成年人基础数据。

第二步：对第一步筛选出的文书卷宗材料进行关键词检索，检索包含“烟、酒、彩票、福彩、体彩”的案件，对检索出的关键字段通过人工智能提取出违规向未成年人销售烟、酒、彩票的商家信息（该信息也可以通过人工整理方式获取）。

第三步：将违规向未成年人销售烟、酒、彩票的商家数据与行政处罚数据进行比对碰撞，以商家名称与被行政处罚场所名称字段进行比对。输出三类线索：一是未对商家进行处罚的线索；二是已对商家进行处罚但处罚时间在立案时间之前的案件，发现不是针对本次违法进行的处罚线索；三是输出已对商家进行处罚且处罚时间在立案时间之后的案件，发现处罚不到位的线索。

2. 校园周边设立销售烟、酒、彩票等场所线索

第一步：从教育局或者企查查获取本地区中小学、幼儿园的名单，梳理出地址信息。以学校地址为圆心，筛选出周边经营范围包含烟、酒、网咖、网吧、彩票等的商家。

第二步：将中小学、幼儿园位置与经营内容包含烟、酒、彩票等的商家位置进行比对，通过地图信息自带的经纬度信息测算距离学校小于法定距离（目前设定200米，可调整）的商家，输出为学校周边违规设立或者违规经营烟、酒、彩票、网吧等线索。

（四）思维导图

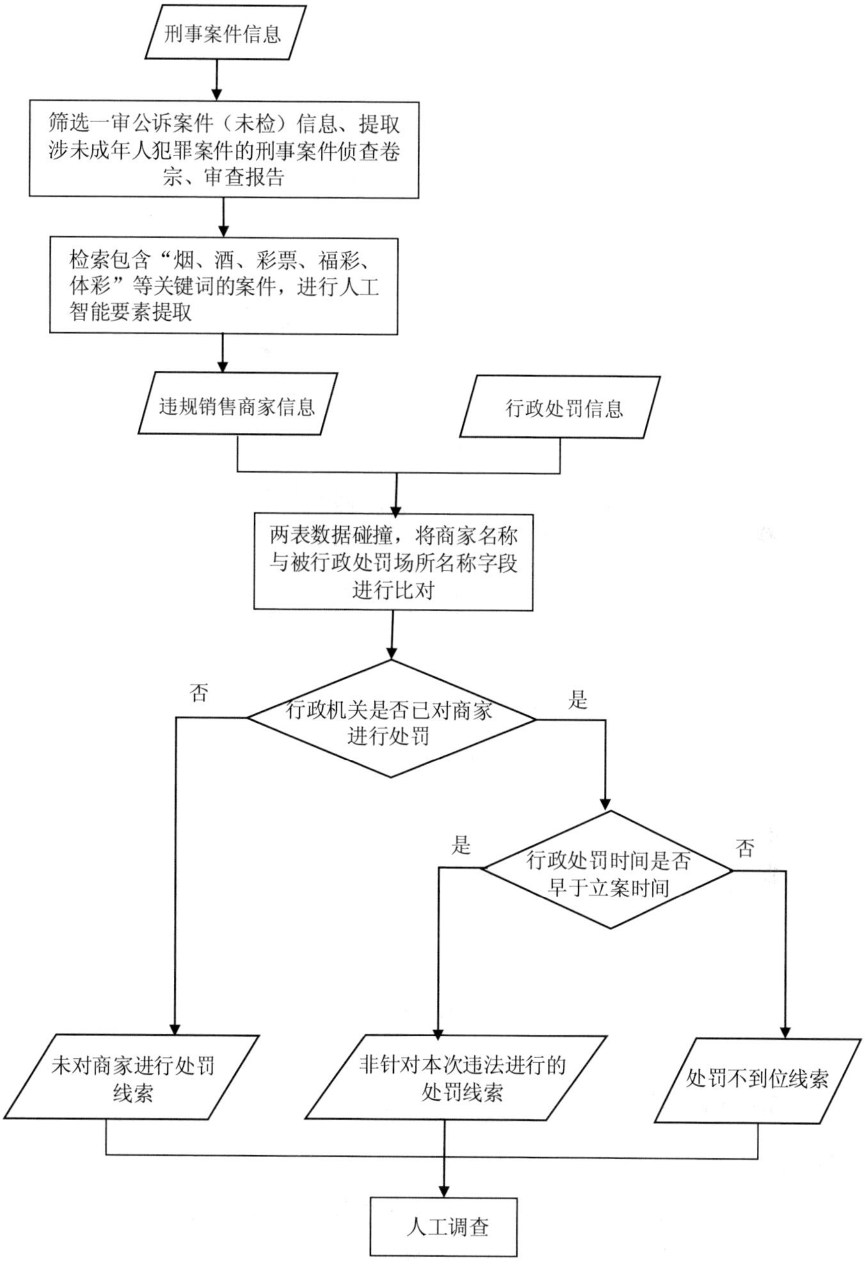

图1　违规销售烟、酒、彩票等线索

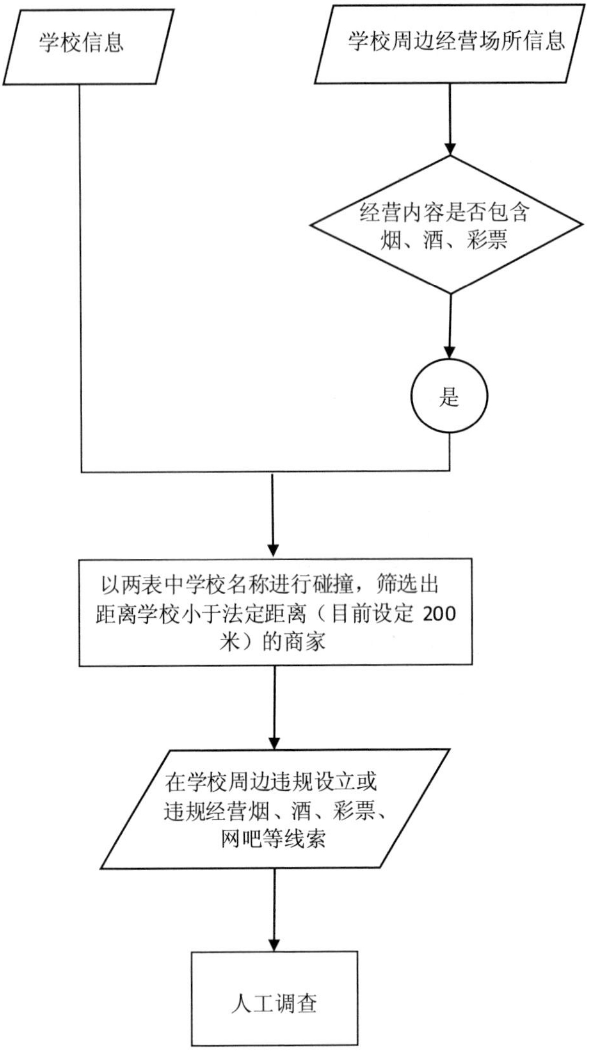

图 2　违规设立销售烟、酒、彩票等场所线索

检察监督

（一）公益诉讼检察监督

未成年人检察部门充分发挥未检业务集中统一办理的优势，在大数据检索筛查的基础上，发现在学校周边违规设置烟、酒、彩票销售点，或者烟、酒、彩票经营者在经营中存在违规向未成年人销售烟、酒、彩票情形，进一步调查发现相关行政主管部门未依法作出行政处罚，怠于履行监管职责，侵犯未成年人公共利益的，检察机关可以启动行政公益诉讼，通过发出检察建议书、磋商函等方式督促行政主管部门履职尽责。

针对校园周边违规设置烟、酒、彩票销售点以及违法经营问题，对市场监督管理局、烟草专卖局、文旅局等相关行政监管部门开展行政公益诉讼监督，区分销售点和学校成立时间的先后分类采取整改措施。对于烟酒彩票销售网点违规向未成年人销售烟酒彩票、未在显著位置设置不向未成年人销售烟酒彩票标志等违法经营行为，则督促有关部门对其依法处罚和限期整改。

在履行行政公益诉讼检察职能的基础上，还可以对检察建议的监督效果持续跟进，对被行政处罚的相关商家后续落实未成年人保护的情况跟踪监督，定期梳理涉未成年人刑事案件，利用监督模型对新受理案件进行二次筛查，发现相关商家拒不整改或者整改不到位的情形，可以调查其是否破坏不特定未成年人健康成长的社会环境，有持续扰乱社会秩序、侵害社会公共利益的趋势，进一步研究对相关商家提起民事公益诉讼，要求其停止侵害并向社会公众赔礼道歉，深入开展法律监督。

（二）行政检察监督

运用大数据法律监督模型结合人工调查发现违规向未成年人销售烟、酒、彩票，未在显著位置设置不向未成年人销售烟、酒、彩票标志等违法经营行为，督促有关部门对其依法处罚和限期整改。对于行政主管部门应罚未罚、错误处罚等行政违法行为线索，特别是发现行政主管部门未按照修订后的《未成年人保护法》的规定进行行政处罚的，以检察建议书、线索移送函形式移交行政主管部门，督促主管部门变更错误处罚决定，持续跟进监督处理结果，确保正确履行行政监管职责。

社会治理成效

（一）压实行政机关责任，推动行业监管

依托该模型，苏州市两级检察机关向烟草局制发磋商函或检察建议 30 份，向市场监督管理局制发磋商函或检察建议 16 份，向民政局、文旅局等制发磋商函或检察建议 9 份，有效压实行政机关主体责任。

（二）推动多部门联合治理，形成保护合力

苏州市检察机关联合多部门召开未成年人保护座谈会，建立未成年人联动保护、线索移送、数据研判、风险预警等工作机制。推动全市烟草、市场监管、民政等部门开展未成年人保护联合执法检查 30 余次，对相关场所及个人作出行政处罚决定200余件。

（三）促推行业自治，延伸治理效果

在大数据模型发挥监督成效、未成年人保护形成共识的基础上，苏州市检察院指导基层院将行业协会等纳入联合治理，联合烟草、市场监管等部门会同行业协会对涉案违规经营者开展联合训诫，指出违规接待未成年人进入等问题，分析违法原因，提出加强法律知识学习、依法落实整改等建议。同时为进一步促进行业自治，向行业协会制发《检察关注函》，呼吁行业协会发挥监督自律作用，跟踪督导违法商家认真整改，联合行政主管部门深入开展专项整治活动。

法律法规依据

《中华人民共和国未成年人保护法》

第五十八条　学校、幼儿园周边不得设置营业性娱乐场所、酒吧、互联网上网服务营业场所等不适宜未成年人活动的场所。营业性歌舞娱乐场所、酒吧、互联网上网服务营业场所等不适宜未成年人活动场所的经营者，不得允许未成年人进入；游艺娱乐场所设置的电子游戏设备，除国家法定节假日外，不得向未成年人提供。经营者应当在显著位置设置未成年人禁入、限入标志；对难以判明是否是未成年人的，应当要求其出示身份证件。

第五十九条　学校、幼儿园周边不得设置烟、酒、彩票销售网点。禁止向未成年人销售烟、酒、彩票或者兑付彩票奖金。烟、酒和彩票经营者应当在显著位置设置不向未成年人销售烟、酒或者彩票的标志；对难以判明是否是未成年人的，应当要求其出示身份证件。

任何人不得在学校、幼儿园和其他未成年人集中活动的公共场所吸烟、饮酒。

第一百二十三条　相关经营者违反本法第五十八条、第五十九条第一款、第六十条规定的，由文化和旅游、市场监督管理、烟草专卖、公安等部门按照职责分工责令限期改正，给予警告，没收违法所得，可以并处五万元以下罚款；拒不改正或者情节严重的，责令停业整顿或者吊销营业执照、吊销相关许可证，可以并处五万元以上五十万元以下罚款。

办案心得体会

商家违规向未成年人销售烟、酒、彩票，导致未成年人沾染不良习性，伤害未成年人身心健康，进而产生犯罪或被侵害的后果，已经成为影响未成年人健康成长的难点、痛点问题。检察机关在履职过程中应聚焦涉未成年人案件背后深层次、普遍性的社会治理问题，依托大数据赋能法律监督，综合运用刑事、民事、公益诉讼检察职能，通过法律援助、支持起诉、心理援助、家庭教育指导等方式做好未成年人综合救助，通过行政公益诉讼、联席会议等方式督促行政主管部门搭建监管模型、联合执法检查，通过联合训诫、制发检察关注函等方式促推商家自律自省、行业协会发挥监督教育作用，推动形成政府监管、行业自治、企业自律、法律监督的未成年人保护大格局，实现"个案办理—类案监督—社会治理"的源头治理效果，净化未成年人成长的社会环境。

一、个案办理：多措并举开展未成年人综合保护

未成年人被刑事犯罪侵害后往往产生心理抑郁、应激障碍等心理问题，检察机关可以与卫生部门合作，为被害人开展心理评估、心理援助，帮助未成年人尽快走出心理阴影。同时帮助被害人申请法律援助律师，帮助收集、固定证据，开展支持起诉必要性审查，经评估发现涉案场所违规接待未成年人且未尽安全保障义务，导致未成年人遭受侵害，而未成年人诉讼能力有限，有支持起诉必要的，检察机关依法支持被害人起诉涉案场所。要求承担侵权责任，并持续跟进立案、开庭、调解、判决等程序。针对未成年人家庭贫困的情况，为未成年人申请司法救助金。针对未成年人父母或监护人怠于履行家庭监管责任，放任未成年人抽烟、喝酒，进入网吧、酒吧等场所，对未成年人父母或监护人进行训诫，发出《督促监护令》，联合司法社工进行家庭教育指导。

二、类案监督：通过数字模型发现批量监督线索

依托苏州市检察机关违规销售烟、酒、彩票监督模型，通过对三年以来涉未成年人案件法律文书数据碰撞、比对，输出相关商家违规向未成年人销售烟、酒、彩票的线索，再与行政主管部门行政处罚数据进行比对，锁定未处罚到位的问题场所线索。针对商家违法销售问题，侵犯未成年人公共利益的，检察机关启动行政公益诉讼程序，向相关行政主管部门发出检察建议书，督促行政主管部门对涉案违规商家进行行政处罚，对相关责任人进行约谈，加大执法检查频次，开展多领域普法宣传，联合烟草、市场监管、民政等部门联合开展执法检查活动，推动多部门联合整治，形成司法保护与政府保护合力。对于模型推送涉及其他区、县的监督线索，通过线索移送函等方式移送其他检察机关办理，不遗漏违法线索。

三、社会治理：凝聚多方合力推动源头治理

在大数据模型发挥监督成效、未成年人保护形成共识的基础上，为实现重点场所综合治理，检察机关牵头烟草、市场监管、民政等多部门召开未成年人

保护座谈会，建立未成年人联动保护、线索移送、数据研判、风险预警等工作机制。为加强对经营者的警示教育，检察机关联合行政主管部门、行业协会开展对涉案违规经营者的联合训诫，指出违规接待未成年人进入等问题，分析违法原因，提出加强法律知识学习、依法落实整改等建议。同时为进一步促进行业自治，检察机关制发《检察关注函》送达行业协会，呼吁行业协会发挥监督自律作用，跟踪督导违法商家认真整改，明确工作人员入职培训、场所分级监管、典型案例警示教育等措施，联合职能部门深入开展专项整治活动。同时检察机关可以依托行业协会理事会对全体经营业主开展以案释法及合规培训，加强广大经营业主依法经营及保护未成年人的意识。

模型团队成员：卞叶、鲁家豪、吴瑶清、段聪聪、卢晨